富家益

富家益股市精讲系列

U0646853

BOLL 指标精讲

从入门到精通

富家益◎编著

中国财富出版社有限公司

图书在版编目（CIP）数据

BOLL指标精讲：从入门到精通 / 富家益编著. — 北京：中国财富出版社有限公司，2024.6

（富家益股市精讲系列）

ISBN 978-7-5047-8074-4

Ⅰ. ①B… Ⅱ. ①富… Ⅲ. ①股票投资—基本知识 Ⅳ. ①F830.91

中国国家版本馆CIP数据核字（2024）第025391号

策划编辑	杜　亮	**责任编辑**	敬　东　张思怡	**版权编辑**	李　洋
责任印制	尚立业	**责任校对**	卓闪闪	**责任发行**	董　倩

出版发行	中国财富出版社有限公司			
社　　址	北京市丰台区南四环西路188号5区20楼	**邮政编码**	100070	
电　　话	010-52227588 转 2098（发行部）	010-52227588 转 321（总编室）		
	010-52227566（24小时读者服务）	010-52227588 转 305（质检部）		
网　　址	http://www.cfpress.com.cn	**排　　版**	宝蕾元	
经　　销	新华书店	**印　　刷**	宝蕾元仁浩（天津）印刷有限公司	
书　　号	ISBN 978-7-5047-8074-4 / F·3674			
开　　本	710mm×1000mm　1/16	**版　　次**	2024 年 6 月第 1 版	
印　　张	14.5	**印　　次**	2024 年 6 月第 1 次印刷	
字　　数	214 千字	**定　　价**	43.80 元	

前　言

炒股有很多"招数"，每个招数都有它独到的地方。如果能够将这些招数融会贯通、综合运用，自然是最好的。但是，对于大多数普通投资者而言，试图将所有招数学全学会，往往会出现"贪多嚼不烂"的问题。

人的精力毕竟有限。很多投资者看似把每个招数都学会了，但其实只学到了皮毛。在实战操作中用这些一知半解的"大杂烩"炒股，很容易手忙脚乱、顾此失彼。就好像古代的一个士兵，背着五花八门的刀枪棍棒上了战场，仗一开打，还没等士兵想明白该用哪个武器、该怎么用，敌人的刀已经架在脖子上了。

俗话说，"一招鲜，吃遍天"。那些在某个领域"专精"的人，往往会胜过所谓的"全才"。哪个都会用，往往就意味着哪个都用不太好。在股市中，综合研判固然能够提高胜率，但这里有个前提，就是在这些招数里投资者要分清主次。就好比打仗，各兵种需要协同作战，但是也要分清哪些是主力部队，哪些是掩护部队，哪些是后勤部队。如果不分兵种，一股脑儿地推上前线，仗还没怎么打，自己阵脚就先乱了。

因此，进入股市的投资者，首先需要做的事情，就是选择一个到三个好用的，同时也适合自己的招数，好好地学精学通。这种"专精"的招数，不宜过多，最多三个就行，以免出现"贪多嚼不烂"的问题。其他招数，只要泛泛地了解即可，可以把它们作为辅助招数来使用。

为此，我们特推出"富家益股市精讲系列"图书，选择股市中比较好用、常用的招数，针对每一个招数，进行从入门到精通、从基础到实战的全方位精讲，以帮助投资者深入理解这些招数的内涵，真正掌握这些招数的实战技法，最终实现"任你千变万化，我只一招应对"的目标。

《BOLL指标精讲》是"富家益股市精讲系列"中的一本。

BOLL指标能够反映市场中期走势方向、短期走势强弱和股价波动强度，在炒股实践中应用极广。随着系统化交易理念的不断传播和交易自动化的实现，BOLL指标的应用场景也越来越多。

为了让投资者尽快掌握这一指标，本书在内容上突出以下4个特征。

特征1：简洁

本书在介绍BOLL指标用法的时候，力争简洁、易懂，不故弄玄虚。对每一个应用技巧，都争取在几句话之内讲解清楚，并以实战案例加以说明；对每一个实战案例的说明，绝不拖泥带水，争取以较短的篇幅传达足够多的信息，以回馈读者。

特征2：全面

本书详细介绍了几乎所有BOLL指标的应用技巧。几乎每一个技巧的解说都配上了经典案例，有利于投资者轻松、迅速、深刻地掌握相应技巧。

除此之外，本书介绍了BOLL指标与形态理论、成交量、其他技术指标相结合的用法，使投资者在进行交易时，能够利用这些技术工具进行综合判断。

特征3：实战

本书立足于实战，处处紧扣着"实战技巧""实战买卖点"来展开。在案例的介绍中，一旦涉及实际的操作问题，总是不惜笔墨，将该问题放大，给出解决策略。投资者完全可以将书中案例当作实战案例进行反复推演，能大大提高操作水平。

特征 4：深入

本书将作者多年来应用 BOLL 指标、形态理论以及其他技术指标的经验总结为"实战经验"部分。投资者在掌握了基本用法之后，通过这部分内容的学习，可以对基本用法有更深入的理解，真正实现从新手到高手的转变。

目　录

第 1 章

——

布林线指标入门

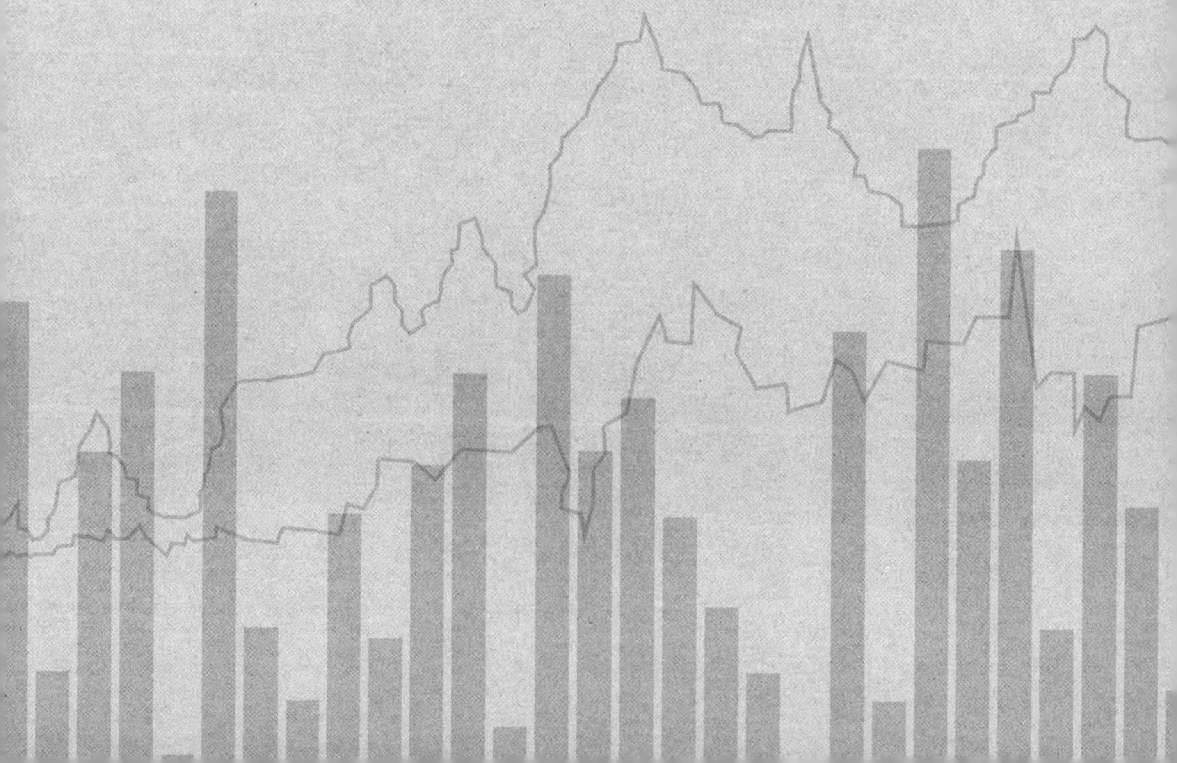

1.1　初识布林线指标

1.1.1　布林线的历史

布林线指标，又称布林带、BOLL指标，由美国人约翰·布林格（John Bollinger）在20世纪80年代提出。此前，布林格在美国有线财经新闻网任职市场分析师，然而多年来，他本人及他的家人在股票和基金交易中并未获利，反而时有亏损，甚至还亏损了本金，这让布林格感到恼火。

布林格认为自己投资失利的主要原因在于指标——当时市场上流行的技术指标均不理想，他需要一种更为理性的市场分析工具，来帮助他买卖股票。

如图1-1所示，布林格所说的理性分析是将技术分析与基本分析相结合的综合性分析。技术分析是指投资者通过研究股价运动的相关数据，从而判断未来可能的走势；基本分析是指投资者通过研究上市公司的经营情况、未来可能的发展方向，来判断公司是否值得投资。两者相结合的理性分析，在

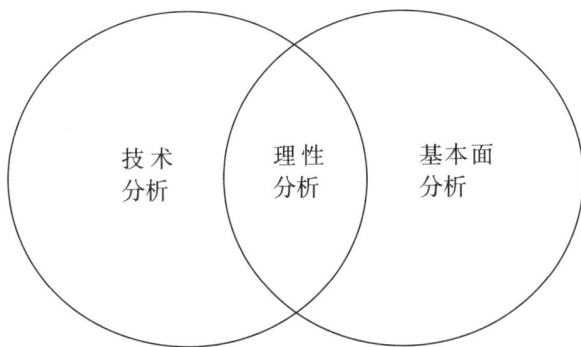

技术
分析　　　理性
分析　　　基本面
分析

图1-1　理性分析

当时是一种相当先进的策略。

布林格根据上述分析理念，以均线为基础，设计出了布林线指标。他本人将布林线定义为：布林线就是股价运行附近的通道。如图1-2所示，图中包裹着K线的三条曲线即为布林线指标。

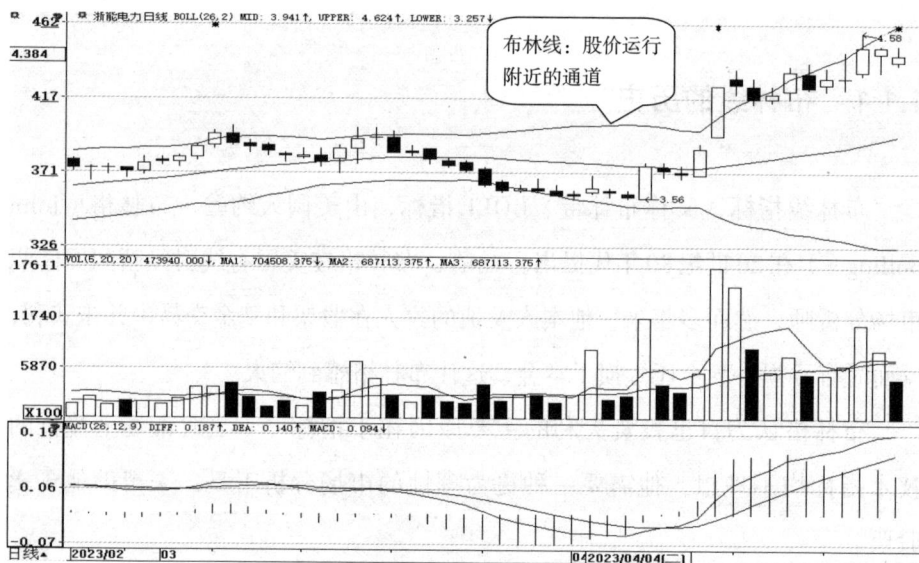

图1-2　布林线指标1

1.1.2　布林线的算法

布林线中三条曲线的计算方法分别如下：

$$中轨 = n 日移动平均线$$

$$上轨 = 中轨 + MD \times 2$$

$$下轨 = 中轨 - MD \times 2$$

在实战中，通常以20日均线为基础来运用BOLL指标。在计算中用到的 MD 参数表示收盘价的 n 日标准差。其计算公式为：

$$MD=\sqrt{\frac{\sum\limits_{i=1}^{n}(C_i-MA_n)^2}{n}}$$

其中，C_i 为 n 日内第 i 日的收盘价；MA_n 为 n 日的平均收盘价。这是统计学中求标准差的公式，投资者不必深究。

BOLL 指标实际上是基于统计学原理，利用以前的股价走势为下一期的股价变动划定一个区域，也就是 BOLL 带的尾端，之后的股价极有可能会在这个轨道内运行。MD 即收盘价的 n 日标准差越大，上下轨之间的距离越大，股价的波动幅度就越大；相反地，收盘价的 n 日标准差越小，上下轨之间的距离越小，股价的波动幅度就越小。

1.2 布林线的应用构成

如图 1-3 所示，布林线主要由上轨、中轨、下轨组成。它通过股价与这三条曲线之间的运动关系来分析股价的走势变化。

布林线指标的中轨是股价的一条均线。均线表示了股价运行的平均水平，同时反映出股价的整体运行方向。

布林线指标的上轨和下轨构成了股价运行的通道。从图 1-3 中可以看到，K 线大部分时间在通道内运行。每一次股价触及下轨时，都有较大概率受到下轨支撑，股价将可能再次向上。同样地，每一次股价触及上轨时，都有较大概率遇到上轨的阻力，股价将可能向下。

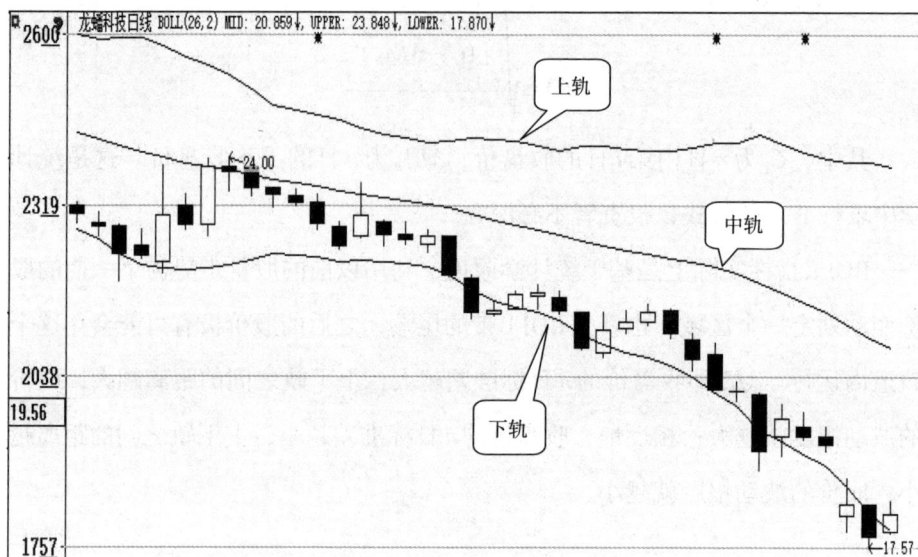

图1-3　布林线指标2

1.2.1　布林线的中轨

布林线的中轨实际上是股价的均线。均线表现了股价运行的平均水平,在布林线指标中,均线也处于三条曲线的中心位置。确定中轨遇到的一个问题是,均线的周期如何选择,即用多少日均线作为布林线的中轨。实践表明,若均线参数太小,股价与均线的交叉过于频繁;若均线参数太大,则均线太过迟钝,体现的买卖时机过于滞后。布林格选择了20日均线作为标准的布林线的中轨。

如图1-4所示,将这一段股价走势配合该股的10日均线,可以看到,作为中轨,10日均线过于灵敏,被股价多次穿透。

如图1-5所示,将这一段股价走势配合该股的60日均线,可以看到,作为中轨,60日均线过于迟钝,不能及时体现股价波动。

如图1-6所示,将这一段股价走势配合该股的20日均线,每一个自然月约有20个股票交易日,因此,20日均线反映了股价的月度均价走势,也被称为月线。可以看到,20日均线更合适地体现了股价中期的突破与支撑。

大族激光日线 MA(10,10,10,10,10,10) MA1: 32.277↑, MA2: 32.277↑, MA3: 32.277↑, MA4: 32.277↑, MA5: 32.277↑, MA6: 32.277↑

作为中轨，10日均线过于
灵敏，被股价多次穿透

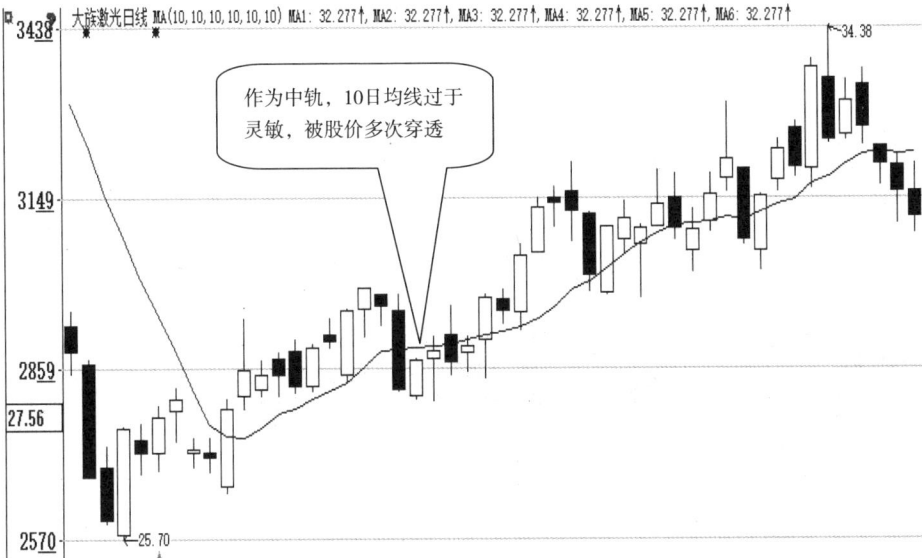

图1-4　10日均线作为中轨

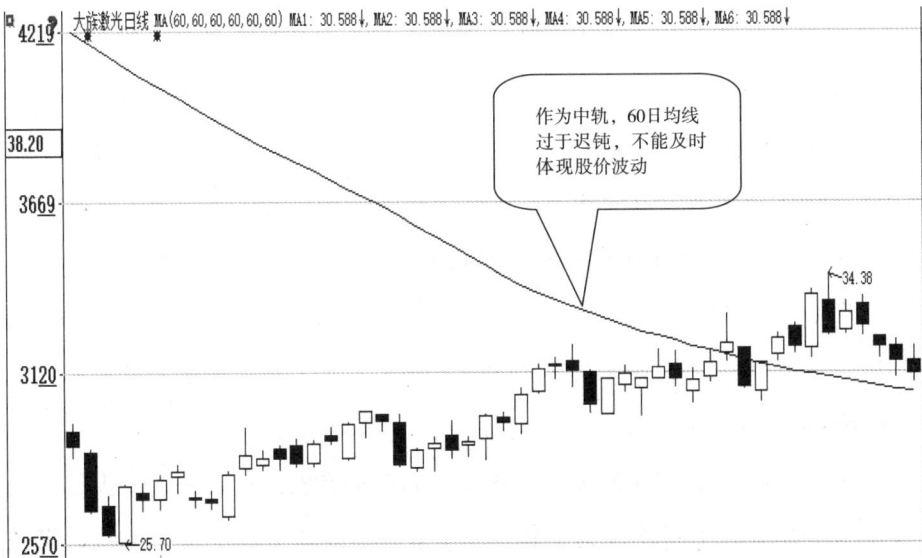

大族激光日线 MA(60,60,60,60,60,60) MA1: 30.588↓, MA2: 30.588↓, MA3: 30.588↓, MA4: 30.588↓, MA5: 30.588↓, MA6: 30.588↓

作为中轨，60日均线
过于迟钝，不能及时
体现股价波动

图1-5　60日均线作为中轨

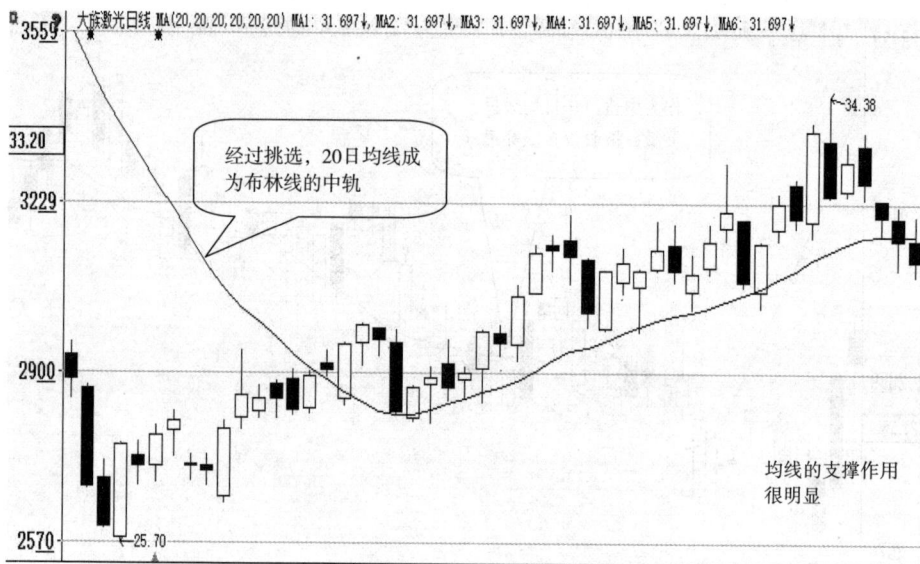

图1-6　20日均线作为中轨

1.2.2　上轨和下轨

布林线的上轨和下轨是由中轨加上或减去股价偏离值得到的。也就是说，它们从垂直的角度到中轨的距离是一样的。实际计算中，这个股价偏离值是中轨标准差的2倍。

根据布林线的算法可以看出，这里标准差的含义是每日股价的收盘价与均线偏离程度的平均值。在实践中，均线参数取值通常为20，则这里标准差的含义为20个交易日内每日股价的收盘价与20日均线偏离程度的平均值。

可以看到，通道宽度总在变化。当股价波动较大时，标准差也较大，因此上轨和下轨间的通道会较宽；当股价波动较小时，标准差会较小，因此上轨和下轨间的通道会变窄。

为什么使用2倍的标准差呢？这是由布林格在实践中得来的。大量的历史数据表明，以20日均线为中轨，由2倍的标准差组成上轨和下轨，可以将90%以上的K线包含进布林线通道内。这样在使用上既准确又有弹性。从

图1-7、图1-8、图1-9的对比中，投资者可以看到这一点。三幅图中的中轨是一模一样的，而2倍标准差组成的上轨和下轨与K线切合得最为紧密。

图1-7 1倍标准差组成的上轨和下轨

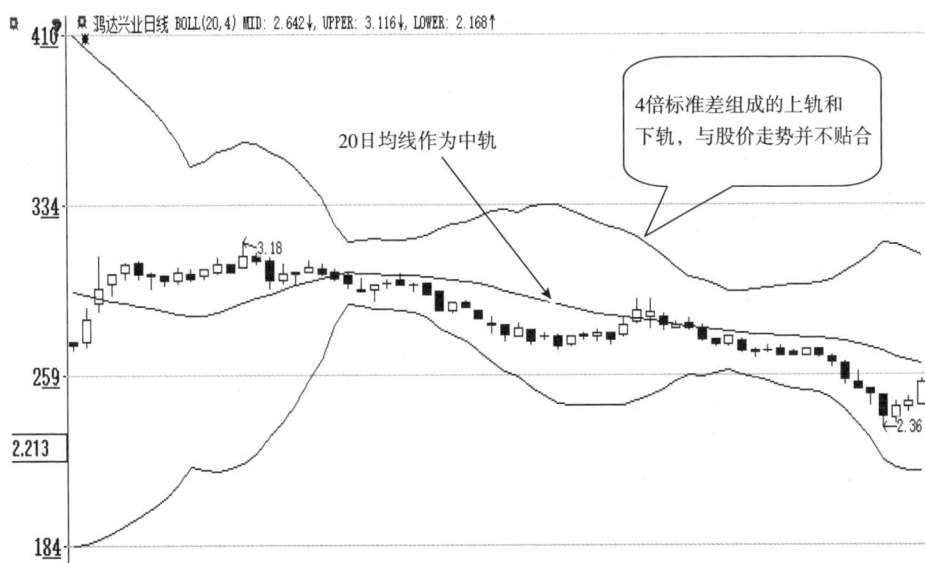

图1-8 4倍标准差组成的上轨和下轨

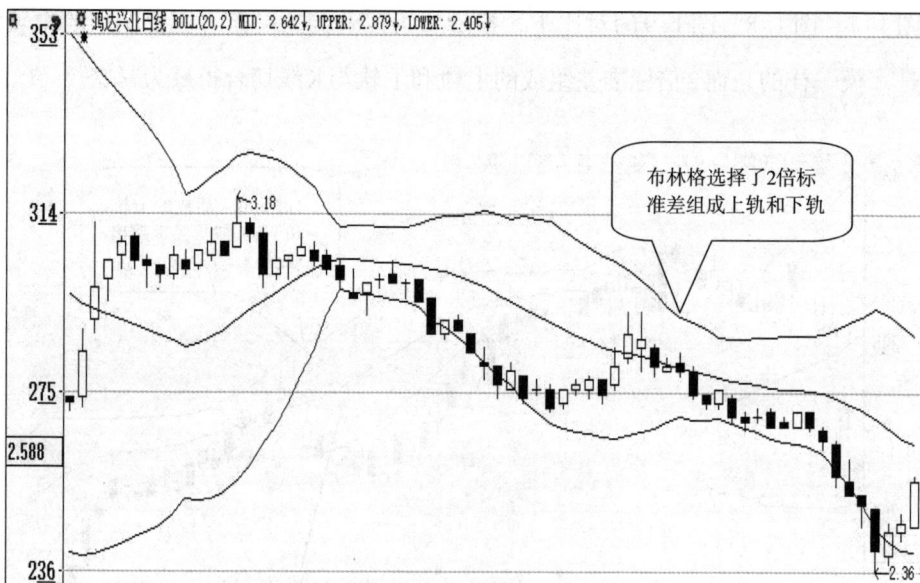

图1-9　2倍标准差组成的上轨和下轨

1.2.3　布林线的通道

　　布林线的通道主要是指BOLL指标的上轨和下轨所组成的轨道，是上轨和下轨的衍生用法。在交易过程中，投资者可以通过通道的方向、宽窄、股价在轨道中的位置、收缩与扩张等来把握股价的变化，从而制定针对性的交易策略，具体可参照本书第三章相关内容。

　　如图1-10所示，股价走势从震荡转为上涨，布林线通道也从收缩转为明显的扩张。

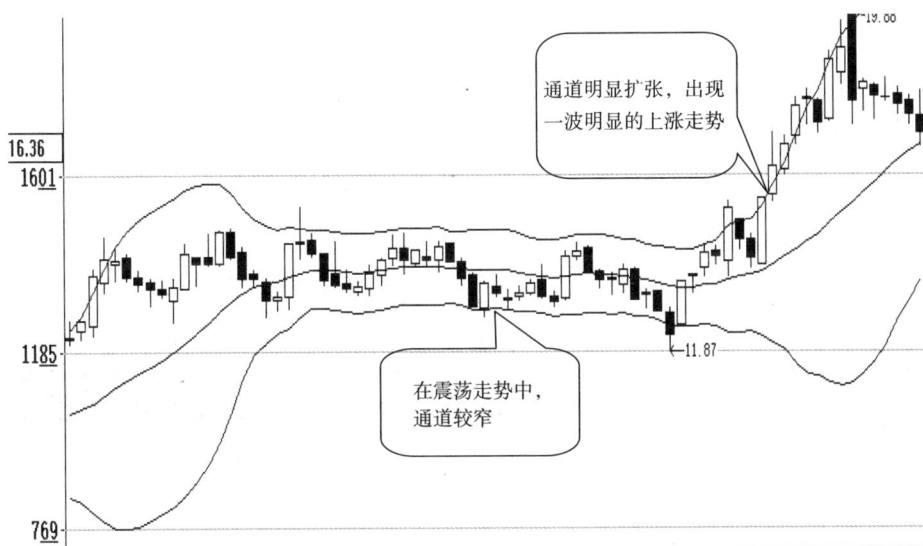

图 1-10　布林线通道收缩与扩张

1.2.4　布林线 %b 指标

%b 指标又称布林极限，是由上轨、下轨衍生出来的一个数据指标，其计算公式为：

$$\%b = \frac{最新股价 - 下轨价格}{上轨价格 - 下轨价格}$$

由计算公式可知，%b 指标反映的是股价在布林线通道内的相对位置，通常其数值分布的区间范围为（0，1）。一旦股价向上突破上轨，其数值将大于1；当股价突破下轨时，数值将为负数。因此许多投资者用它来判断股价的乖离程度。在实践中，通过肉眼观察股价在通道内的相对位置，可以大致估量出 %b 指标的数值。

如图 1-11 所示，%b 指标大部分时间运行在（0，1）范围内，但有时也超出该范围。

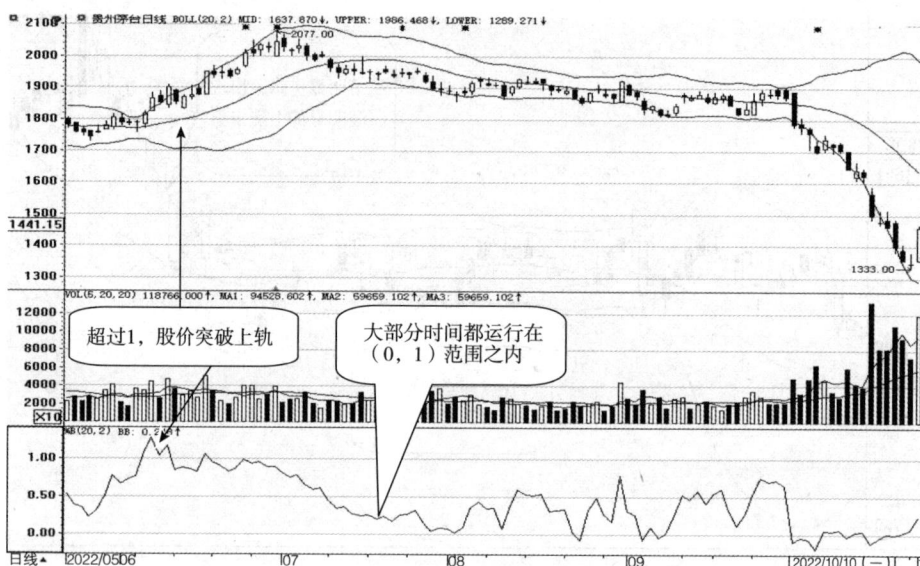

图1-11　%b指标

1.3　布林线的特点

1.3.1　波动幅度非正态分布

正态分布是统计学的一个概念，是指大部分数据分布在均值附近的情况。也就是说，一组符合正态分布的统计数据，大部分数据值离均值较近，而距离均值越远，数据越少。例如成年男性的身高就符合正态分布——大部分成年男性身高在男性平均身高附近，身高极矮和身高极高的人都比较少。

布林格对股价与均线的位置关系进行了大量的数据分析，他发现：每日股票收盘价的分布并不是正态分布，股价在均线附近的分布较多，在远离均线处分布较少，但股价大的波动要比想象的多。从图1-12中，投资者可以看到二者的对比。

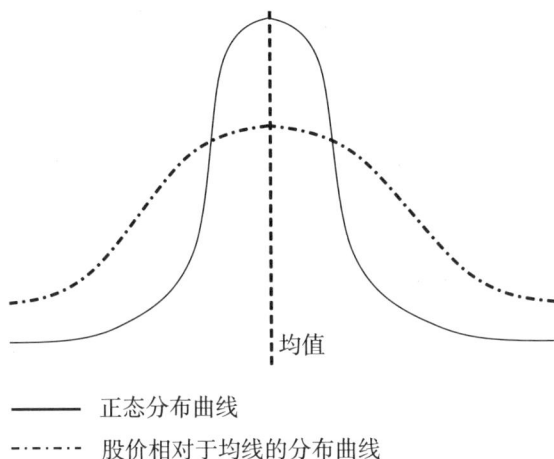

    ——— 正态分布曲线
    -·-·-· 股价相对于均线的分布曲线

图1-12 正态分布与股价分布

上文已经阐明，股价相对于中轨的波动属于非正态分布。实际应用这一原理时，投资者可以从两个方面加以理解：振幅和偏离的持续时间。下面依次说明这两点的含义并举出实例加以分析。

1.振幅

这里的振幅是指股价偏离中轨的程度。股价偏离中轨越多，则振幅越大；反之，则振幅越小。振幅的非正态分布，是指股价大部分时间内相对于中轨的偏离程度较小或适中，但总有一些时刻，股价会出现大幅偏离中轨的走势。

如图1-13所示，2022年10月至11月，宁波联合（600051）从震荡转为上涨。在这段走势的大部分时间内，该股股价运行在BOLL指标上轨和下轨之间，而在11月底，该股放量上涨，突破了BOLL指标的上轨，股价与中轨的偏离程度一度急剧拉大。

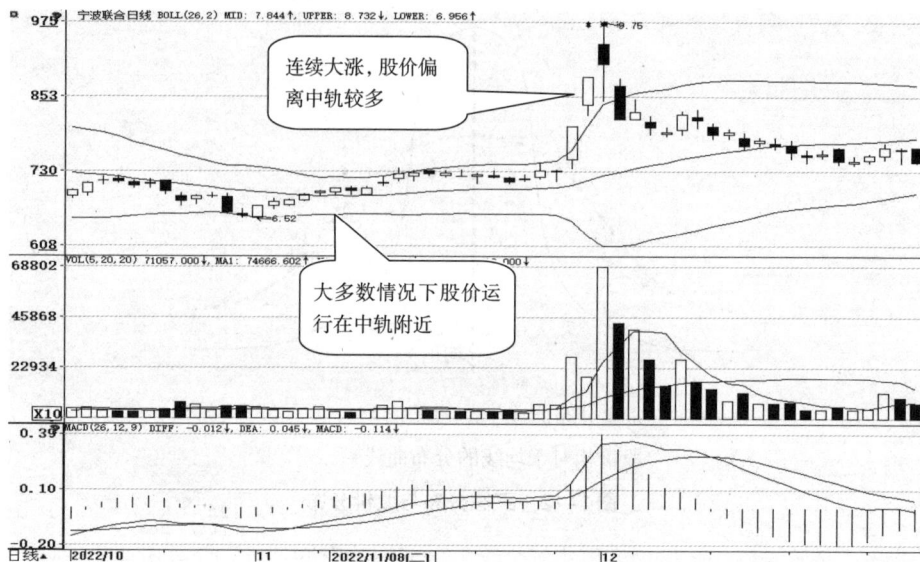

图1-13　宁波联合日K线

　　如图1-14所示，2022年10月至11月，中远海能（600026）股价从震荡转为下跌。该股在整理期间，股价大部分时间在中轨附近运行，而在11月底，股价强势下跌，出现了大幅偏离中轨的走势。

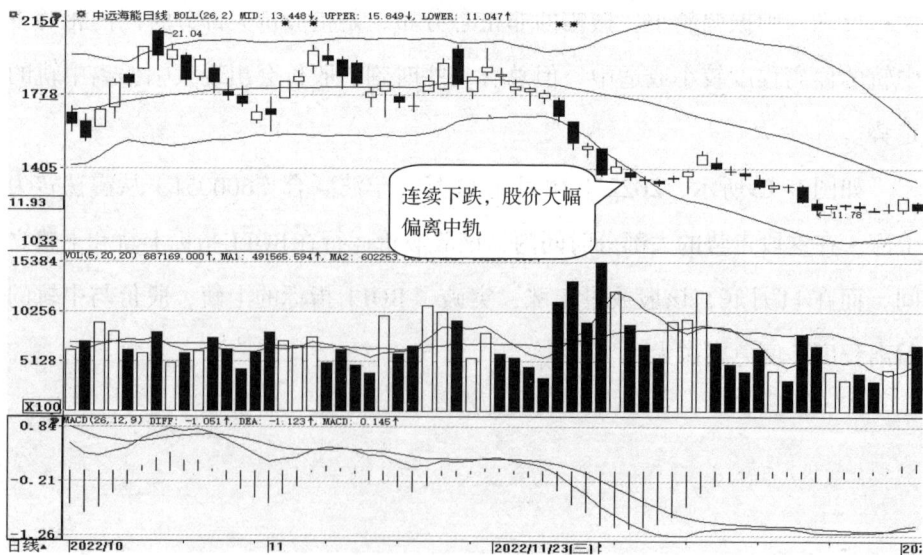

图1-14　中远海能日K线

2.偏离的持续时间

偏离的持续时间是指股价从穿越中轨到再次返回中轨所需要的时间。从股价相对于中轨的非正态分布推论可知，偏离的持续时间也属于非正态分布：大部分情况下，股价脱离中轨后不久即会返回，但也有一些时刻，股价会出现长时间偏离中轨的走势，即出现无回调的持续上涨或无反弹的持续下跌走势。

如图 1-15 所示，2023 年 3 月下旬至 4 月底，中国科传（601858）股价持续上涨，涨幅惊人。可以看到，股价始终保持在中轨上方，该状态持续了 1 个多月的时间。这是一种较为少见的状态。

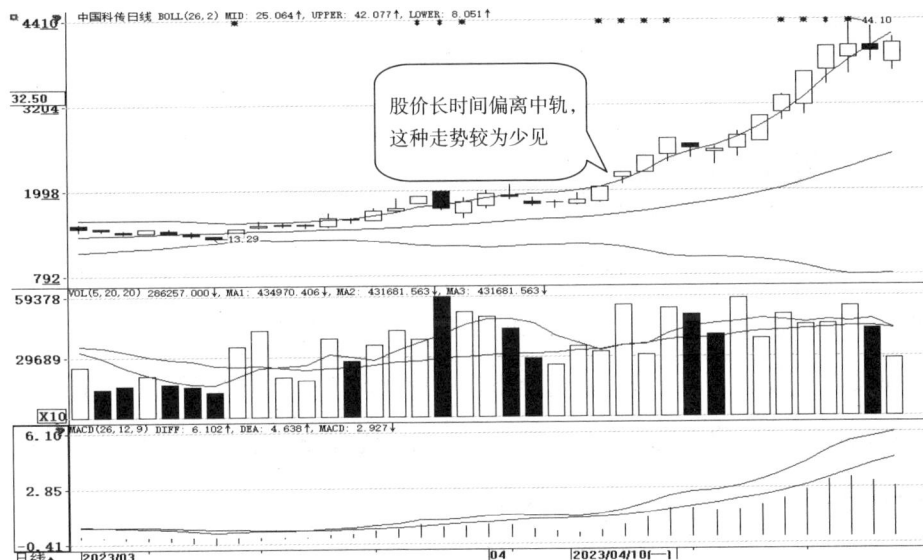

图 1-15　中国科传日 K 线

如图 1-16 所示，2023 年 2 月至 3 月，山东赫达（002810）股价由涨转跌。可以看到，在下跌初期，K 线以小阴线为主，股价始终保持在中轨下方。到 4 月底，股价在中轨下方加速下跌，再创新低。在约 2 个月时间内，股价都在中轨下方运行，最大跌幅超过 30%。这也是一种较为少见的状态。

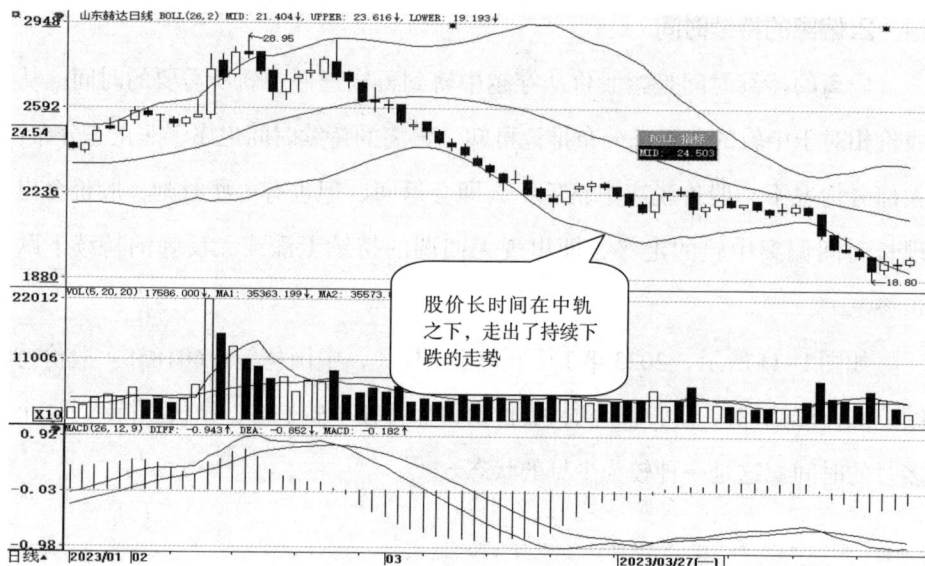

图 1-16　山东赫达日 K 线

1.3.2　最高价、最低价的相对性

布林线的上轨和下轨由均线加减两倍的标准差构成。上轨和下轨构成了股价运行的通道，并且可以包含90%的股价走势。通常来说，股价运行至上轨时倾向于遇阻向下，股价运行至下轨时则倾向于受到支撑而向上，但股价走势仍具有10%的不确定性。也就是说，在少数情况下，股价会在突破上轨后继续在上轨上方强势上涨，或跌破下轨后继续下跌。

如图1-17所示，2022年8月至9月，先惠技术（688155）股价持续下跌。可以看到，股价在下跌过程中多次出现跌破下轨的形态，且每次跌破下轨后，第二个交易日股价继续大幅下跌。在这里，将下轨作为股价下跌的最低点显然是不准确的。

如图1-18所示，2022年10月底至11月初，康希诺（688185）股价走出了一波强势上涨走势。可以看到，K线以大阳线为主，股价始终保持在中轨上方，而且多个交易日保持在上轨的上方，这是上涨动能极为强烈的表现。

在这里，也不能将上轨当作股价上涨的最高点。

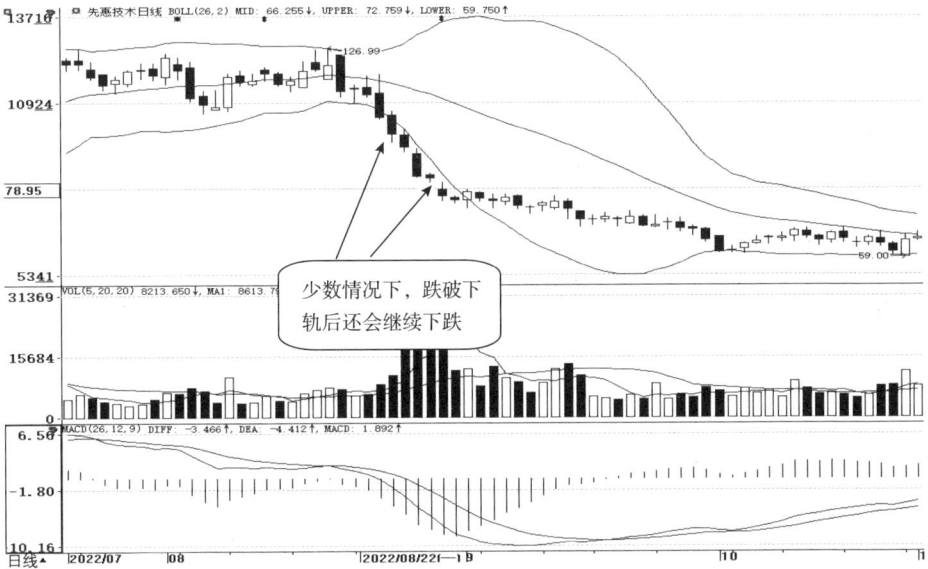

图 1-17　先惠技术日 K 线

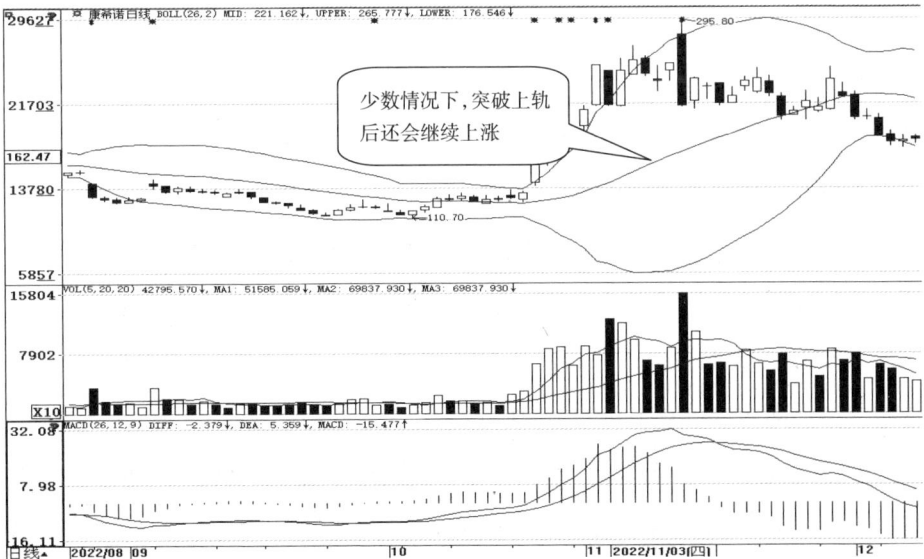

图 1-18　康希诺日 K 线

1.3.3 股价对中轨的回归

布林线的中轨是股价的一条移动平均线，因此，中轨对股价具有磁石一样的吸引力——当股价偏离中轨过多时，股价将受到中轨的吸引而返回中轨，如图1-19所示。而且股价偏离中轨的距离越远，中轨对股价的吸引力越强，股价回归中轨的概率越大。

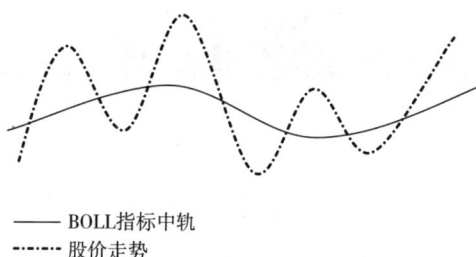

—— BOLL指标中轨
······· 股价走势

图1-19　股价对中轨的回归

如图1-20所示，2022年12月至2023年3月，赛伦生物（688163）股价整体处于持续整理走势中。投资者可以看到，K线以波浪的方式运动，不断穿越中轨：股价到达中轨上方不久即向下，股价到达中轨下方不久即开始向上。这是股价回归中轨的典型形态。

股价对中轨的回归并不总是像图1-19所展现的那样，单向趋势中的单向回归也时有发生。在上涨走势中，股价向上穿越中轨后，返回中轨，然后再次向上；在下跌走势中，股价向下穿越中轨后，返回中轨，然后再次向下。这两种情形即为股价对中轨的单向回归。

如图1-21所示，2022年8月至11月，顶点软件（603383）股价处于上涨趋势中。可以看到，股价大部分时间在中轨和上轨之间运行，股价到达上轨不久即向下，股价到达中轨后即开始上涨。

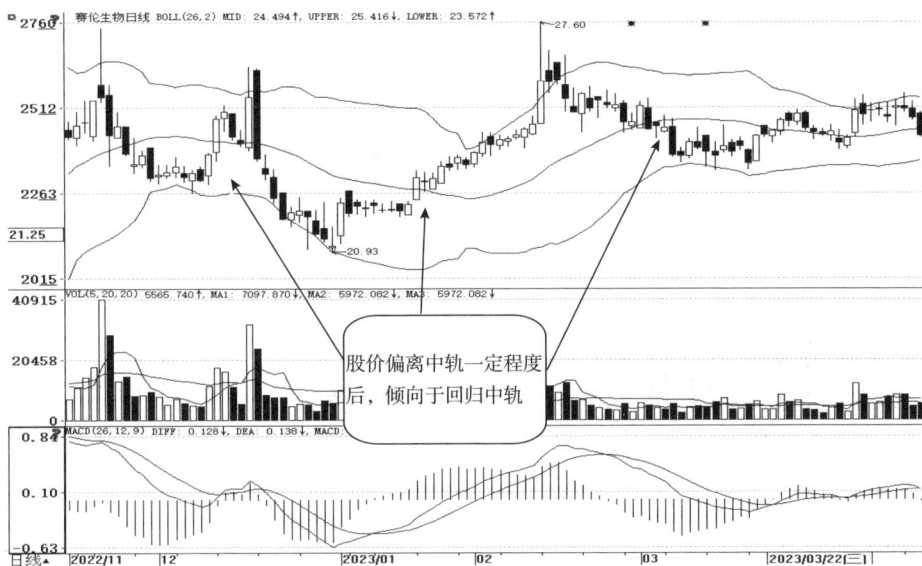

图 1-20　赛伦生物日 K 线

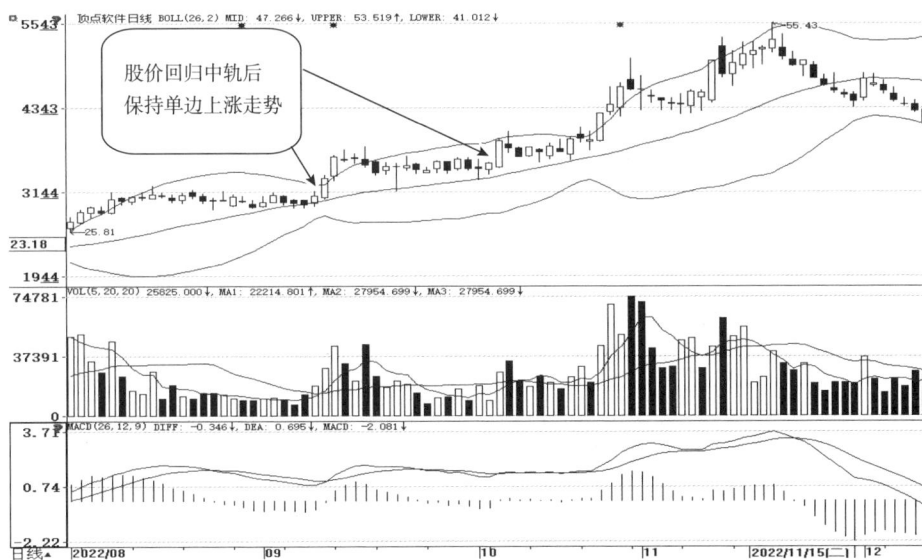

图 1-21　顶点软件日 K 线

如图 1-22 所示，2022 年 3 月至 4 月，中持股份（603903）股价持续下跌。投资者可以看到，K 线不断波动向下，而股价始终保持在中轨下方，股价到达下轨不久即开始向上，股价反弹到达中轨即再次向下。

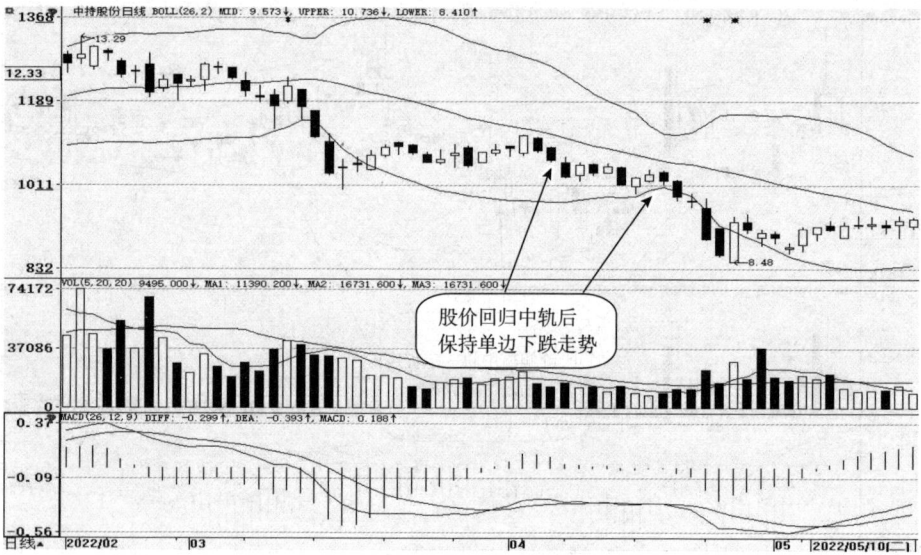

图 1-22　中持股份日 K 线

第 2 章

——

布林线的作用和使用法则

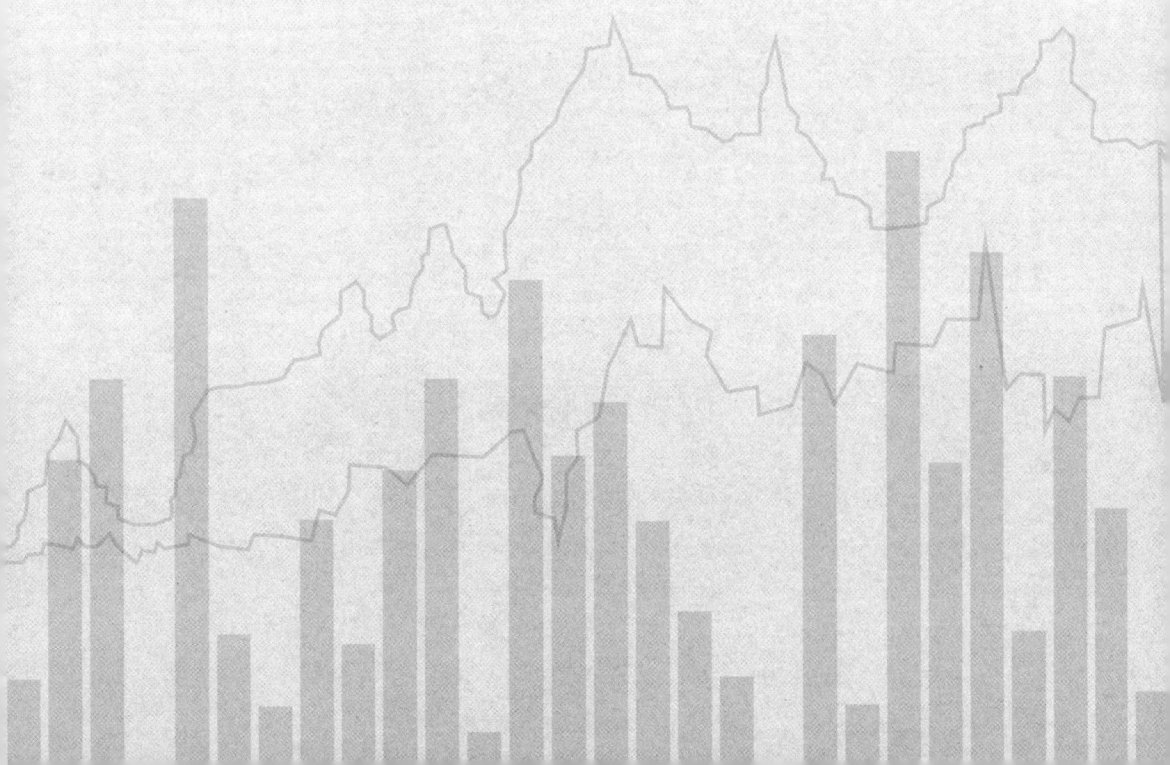

——

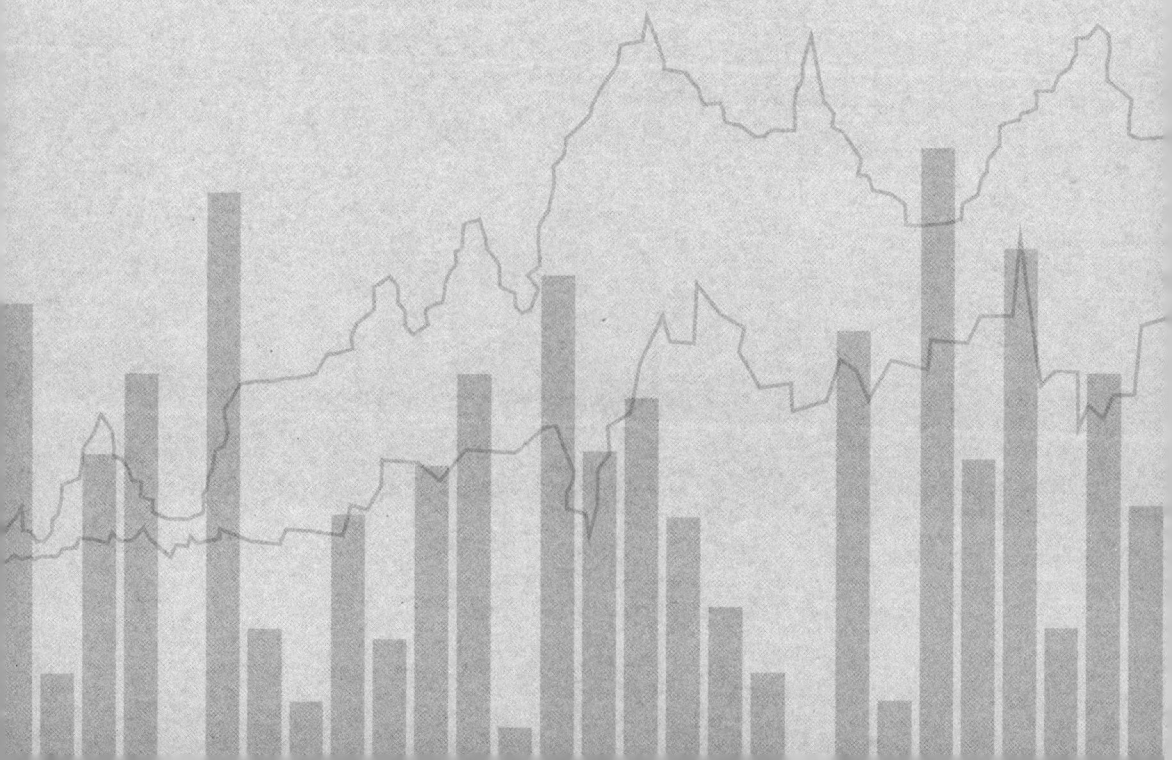

2.1　四大作用

2.1.1　反映短期走势强弱

前文已经提到，布林线的中轨实际上是股价的20日均线。所以，中轨具有与均线相同的作用。

如图2-1所示，股价与中轨位置关系可以反映股价短期走势的强弱。当股价在中轨之上时，表明即时的股价走势强于平均价格走势，股价短期走势属于强势；当股价在中轨之下时，表明即时的股价走势弱于平均价格走势，股价短期走势属于弱势。中轨即为股价短期走势强弱的分界线。

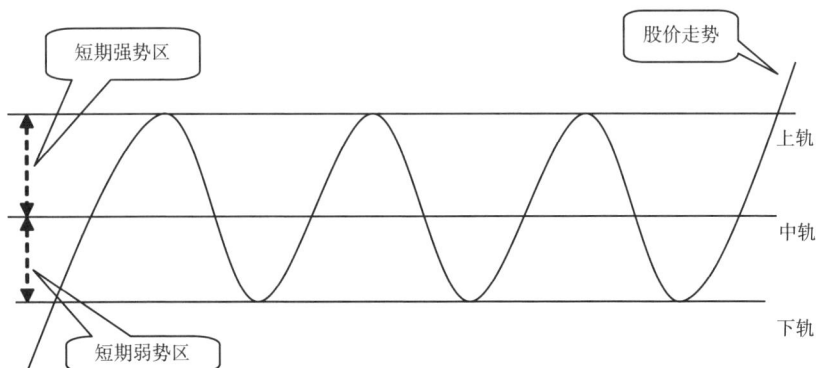

图2-1　用中轨区分股价短期走势强弱

如图2-2所示，2022年12月底至2023年3月下旬，华能水电（600025）股价走出了两波上涨走势。可以看到，在BOLL指标的中轨以上，股价上涨时间多于下跌时间，股价倾向于上涨，短期走势较强；在BOLL指标的中轨以下，股价倾向于下跌，短期走势较弱。

如图2-3所示，2022年6月至7月，三一重工（600031）股价走势中，以布林线中轨为界，股价短期的强弱转化十分明显。

如图2-4所示，2022年7月，福建高速（600033）急剧走强但很快就再次下跌，这种强弱转化在布林线中轨上有着明显的体现。

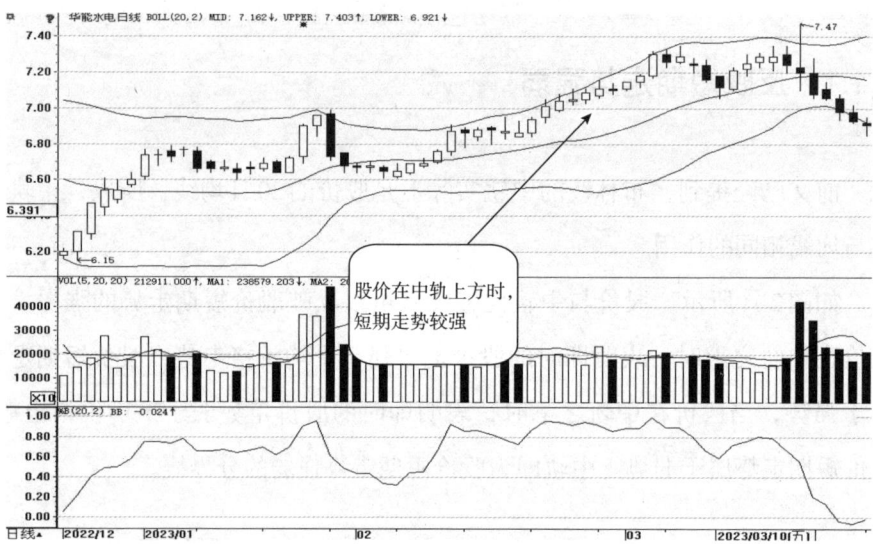

图2-2　华能水电日K线

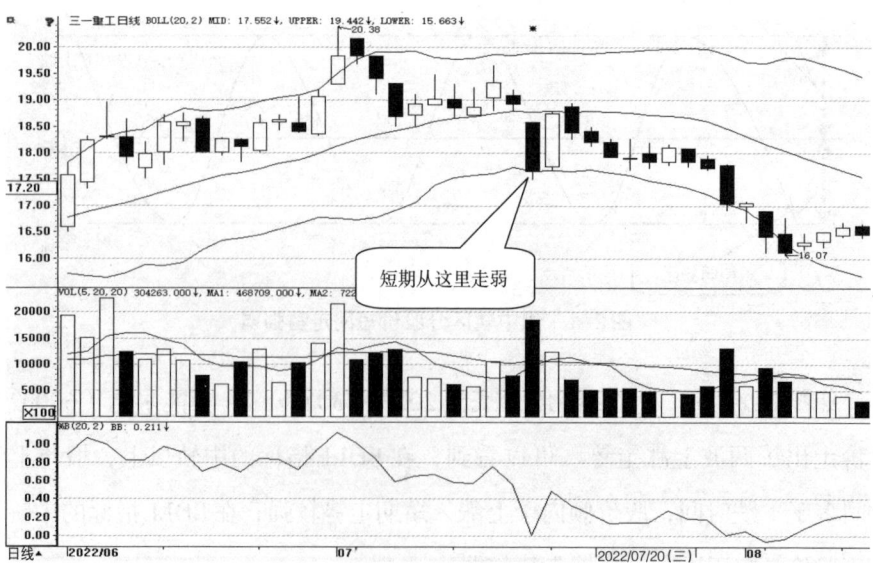

图2-3　三一重工日K线

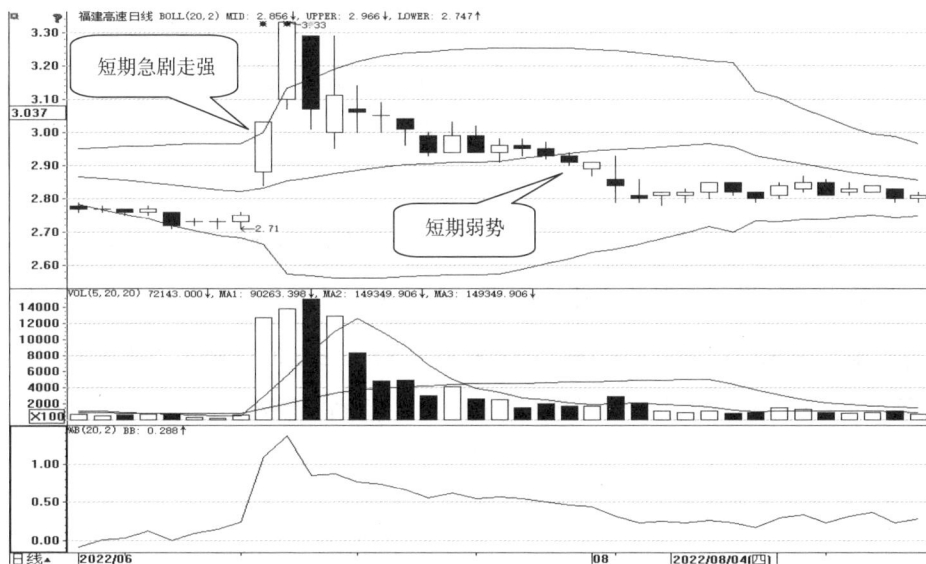

图 2-4　福建高速日 K 线 1

2.1.2　反映中期走势方向

作为布林线的中轨，20 日均线是由股价走势的 K 线平滑后所得的。与 K
线走势相比，中轨具有更为明确的方向性，中轨的方向显示了股价的中期走
势。在 K 线图的横轴上，中轨以时间顺序演变，其可能的角度如图 2-5 所示。

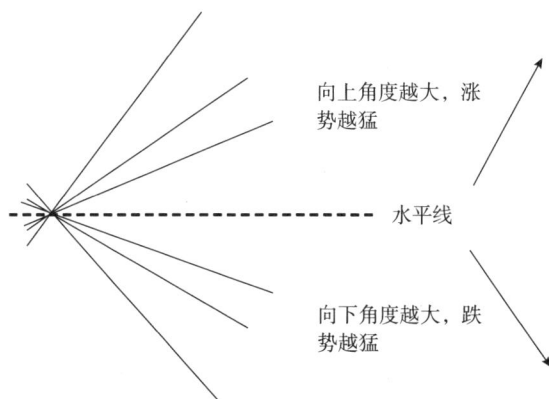

图 2-5　中轨的角度

如图 2-6 所示，2022 年 11 月至 2023 年 1 月，招商银行（600036）股价走出了一波上涨走势。可以看到，在股价上涨的过程中，中轨以较小的倾斜角度保持向上。中轨较小的向上倾斜角度反映了股价缓慢上涨的整体走势。

如图 2-7 所示，2022 年 10 月至 12 月，西安旅游（000610）股价走出了一波强势上涨行情。在股价快速涨停时，中轨也开始向上，并形成了较大的倾斜角度。中轨的这种方向反映了股价中期走势较强。但这种强势往往不能持续很久，多形成两波或三波强势上涨行情，中间则有短暂回调。

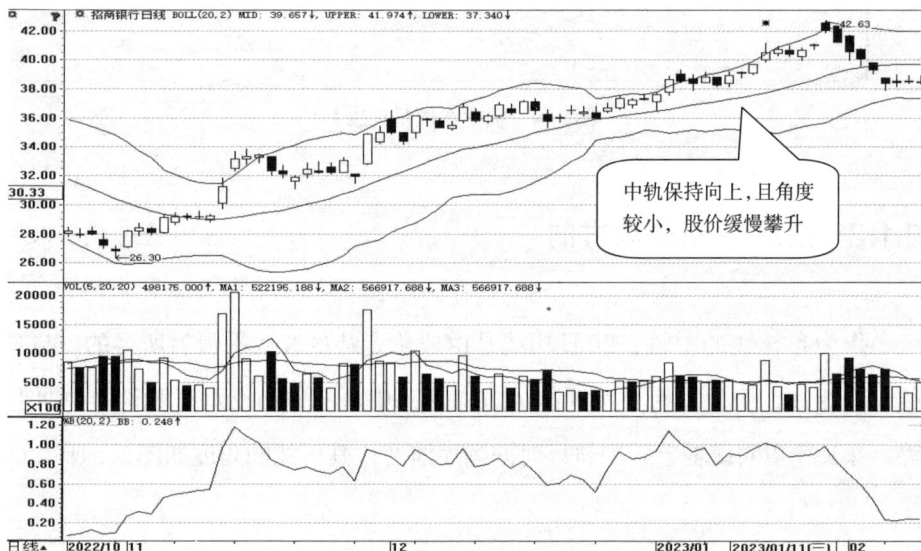

中轨保持向上，且角度较小，股价缓慢攀升

图 2-6　招商银行日 K 线

如图 2-8 所示，2021 年 6 月至 7 月，福建高速（600033）股价持续下跌。可以看到，该股中轨在这段时间内保持较小的向下倾斜角度，反映出中期缓慢下跌的趋势。

如图 2-9 所示，2022 年 4 月至 5 月，南华期货（603093）的股价持续下跌。从图中投资者可以看到，中轨由前期小幅向上逐渐掉头，并形成了较大的倾斜角度。这是股价持续大幅下跌的一例。

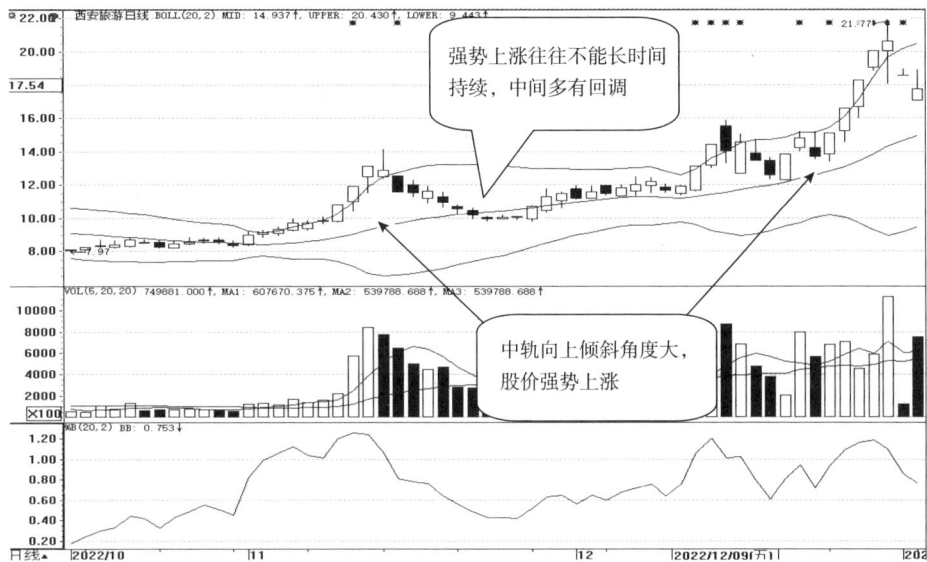

图 2-7　西安旅游日 K 线

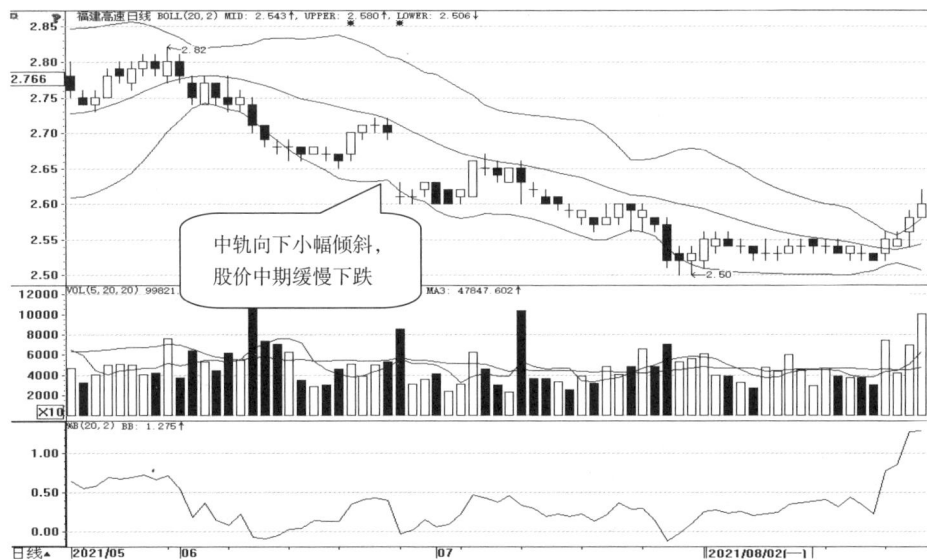

图 2-8　福建高速日 K 线 2

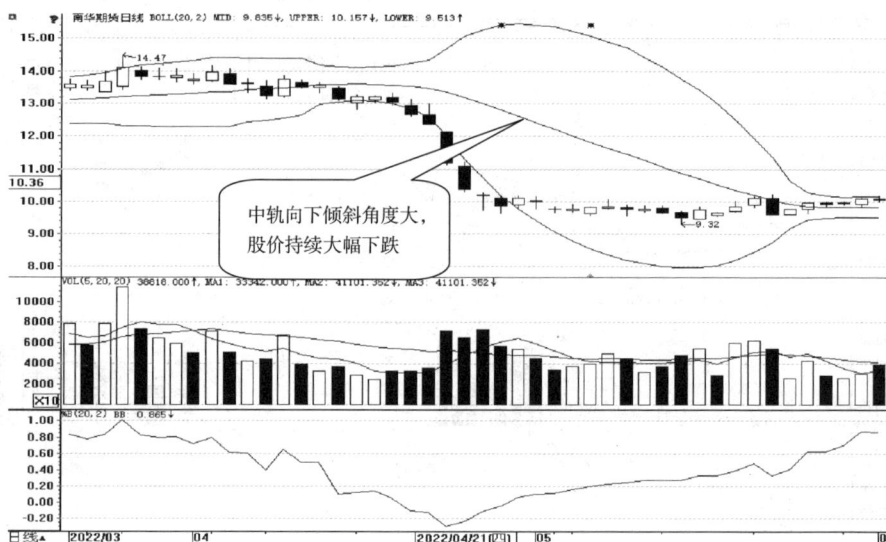

图2-9　南华期货日K线

2.1.3　反映股价波动强度

　　如图2-10所示，布林线的上轨和下轨以中轨为中心不断波动，其波动程度反映了股价对中轨偏离的标准差。也就是说，上轨和下轨到中轨的垂直距离（表现为BOLL指标的开口大小）反映了一段时间内股价偏离中轨的程度。上轨和下轨偏离中轨越多，说明当期股价的标准差越大，即股价在一段时间内对中轨的偏离程度越大。

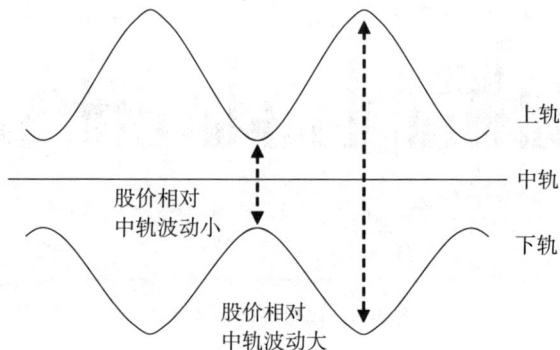

图2-10　BOLL指标的开口大小

如图2-11所示，2022年7月下旬至8月中旬，海油工程（600583）股价出现了横盘整理的走势。可以看到，该股BOLL指标上轨与下轨距离很近，开口较小，说明股价波动强度较弱。8月下旬，该股大幅上涨，BOLL指标上轨与下轨距离明显放大，股价波动强度增加。

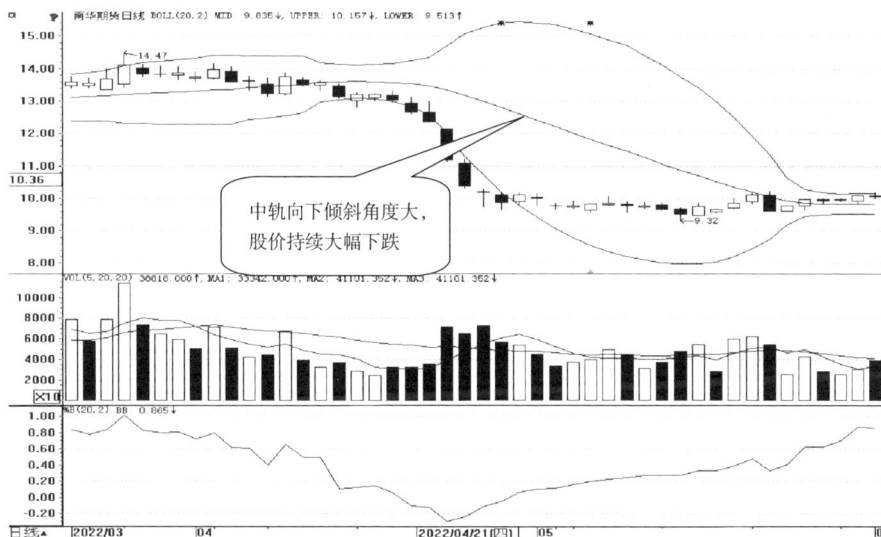

中轨向下倾斜角度大，股价持续大幅下跌

图2-11 海油工程日K线

2.1.4 寻找具体买卖点

买卖点是指技术指标所发出的关于股票买进和卖出的信号，其特点如图2-12所示。

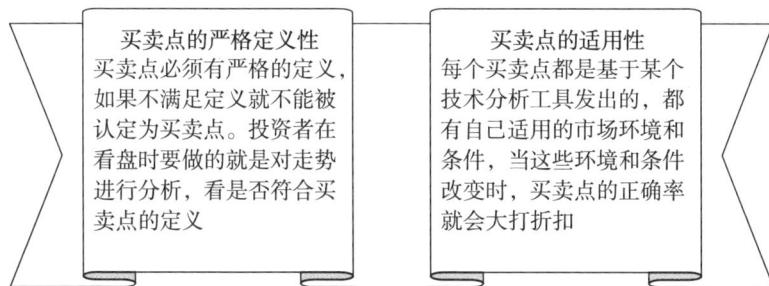

买卖点的严格定义性
买卖点必须有严格的定义，如果不满足定义就不能被认定为买卖点。投资者在看盘时要做的就是对走势进行分析，看是否符合买卖点的定义

买卖点的适用性
每个买卖点都是基于某个技术分析工具发出的，都有自己适用的市场环境和条件，当这些环境和条件改变时，买卖点的正确率就会大打折扣

图2-12 买卖点的特点

　　有时候买卖点是综合几种技术分析工具发出的。多种技术分析工具配合使用，往往能够取长补短，提高判断的正确率。

　　利用BOLL指标来寻找买卖点有多种方法，常见的有通过股价与中轨的关系、布林线喇叭口的形态变化、%b指标的背离等判断。这些买卖点将在第三章中详细介绍。

　　如图2-13所示，2022年10月到11月，益佰制药（600594）的BOLL指标出现一个经典买点。

　　10月25日，股价在BOLL指标中轨和上轨之间运行一段时间后回调，在中轨附近受到支撑，这是上涨趋势形成的信号。10月26日，股价继续向上，延续原来上涨趋势的方向，买点出现。

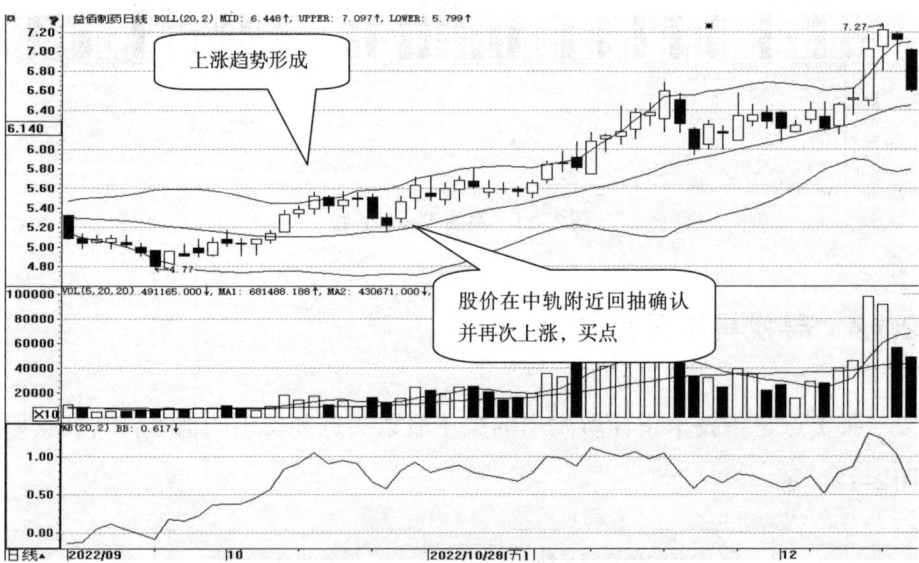

图2-13　益佰制药日K线

2.2　五个使用法则

2.2.1　趋势第一

BOLL 指标作为判断市场趋势的重要工具，投资者在使用的过程中，首先要注意的就是利用该指标来判断市场的趋势。这是进行股票操作的基础。

当股价在布林线中轨和上轨之间运行，说明此时处于上涨趋势，接下来应采取持股待涨或逢低加仓的策略。反之，当股价在布林线中轨和下轨之间徘徊，说明此时处于下降趋势，接下来应采取持币观望的态度。

当股价较长时间在布林线中轨附近上下波动时，表明市场正处于盘整状态。接下来投资者既可以在盘整中高抛低吸，也可以持币观望，等股价突破震荡区间之后再选择操作方向。

如图 2-14 所示，2023 年 1 月初到 2 月，新华医疗（600587）的股价始终在布林线中轨和上轨之间运行。它表明市场在这段时间内一直处于上涨趋势，投资者要注意持股待涨或逢低买入。

如图 2-15 所示，2022 年 1 月底到 4 月底，用友网络（600588）股价基本在布林线指标中轨和下轨之间运行。它表明市场在这段时间内一直处于下跌趋势，投资者要注意持币观望，不能贸然入场。

如图 2-16 所示，2022 年 10 月下旬至 12 月下旬，龙溪股份（600592）股价在布林线中轨附近波动。它表明市场在这段时间内整体上一直处于盘整状态。投资者可以在这波盘整走势中高抛低吸以降低持股成本，也可以一直持币观望。

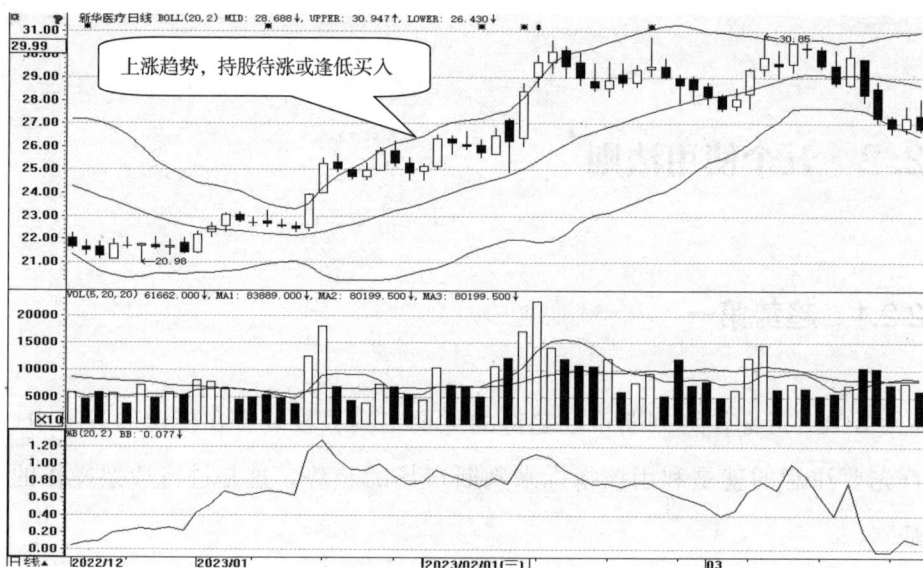

图2-14　新华医疗日K线

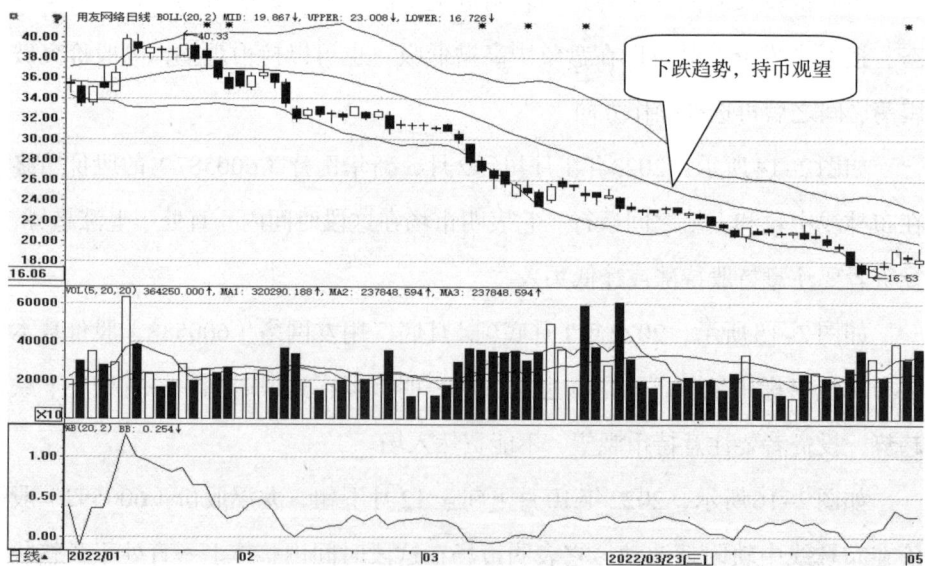

图2-15　用友网络日K线

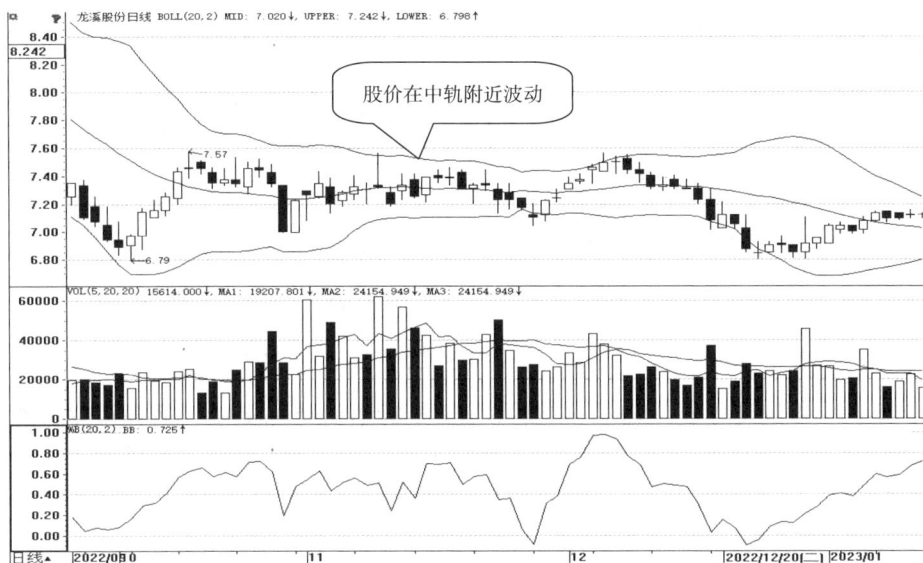

图 2-16　龙溪股份日 K 线

实战经验

　　趋势的确立是交易行为的基础，为增加可靠性，投资者要注意与其他指标配合使用。如上涨趋势的确立，就可以利用成交量或 MACD 指标来辅助判断。

2.2.2　参数的修改

　　由布林线的算法可知，参数的变动会对布林线的中轨和通道产生较大的影响。而且中轨的移动平均线特性使其对股价变动的反映滞后，由其确定的买卖点位有时不太理想，这是 BOLL 指标的一个缺陷。改变这种情况的方法之一，就是通过改变指标参数，使得 BOLL 指标更"契合"市场走势（表现为通道可以囊括大多数走势），对走势的反映变得灵敏一些，使得买卖点更加精准。

在常用的炒股软件中，BOLL指标的默认参数为(26, 2)；在实践中，很多投资者（包括布林格本人）在反复验证后将参数设置为（20, 2）。一些采取短线追涨策略的投资者出于对买卖点灵敏性的更高要求，将参数设置为（10, 1.5），而一些采取中长线持股待涨策略的投资者可能会将参数设置得更大以规避短期杂波的影响，常见的参数值有（30, 2.5）等。投资者可以根据自己操作个股的经验和操作策略的特性，选择适当的参数。

如图2-17所示，在大豪科技（603025）2022年12月至2023年3月的走势中，参数设置成（10, 1.5）后BOLL指标显得更加灵敏，适合短线追涨策略。

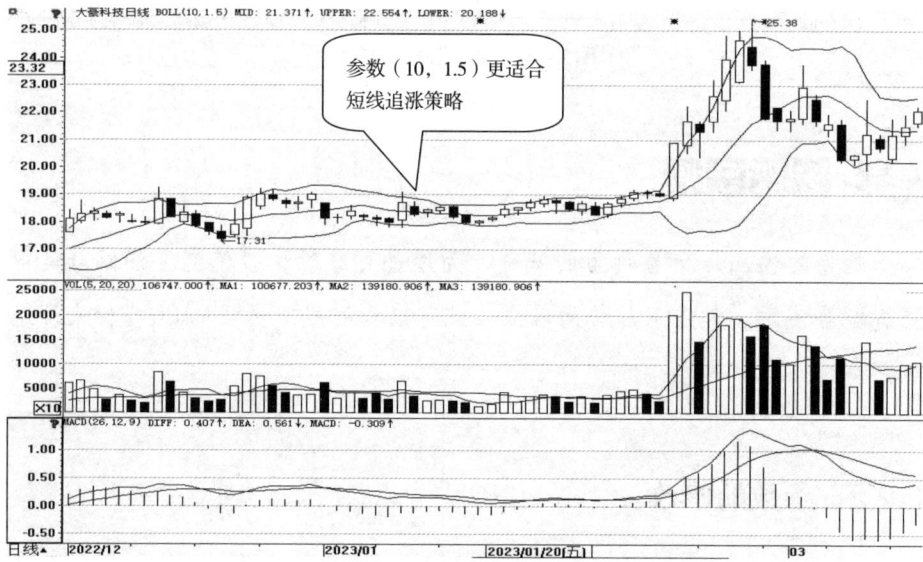

图2-17　大豪科技日K线

如图2-18所示，在泛微网络（603039）2022年12月至2023年4月的走势中，参数设置成（30, 2.5）后BOLL通道基本将所有走势都囊括进去，短线信号大大减少，更适合中长线投资者使用。

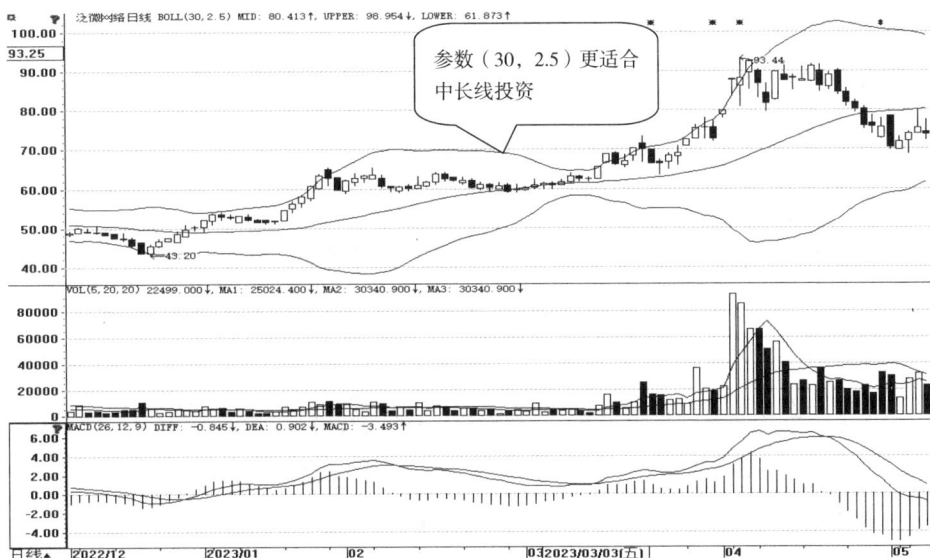

图 2-18　泛微网络日 K 线

2.2.3　多周期共振

在实战中，投资者在分析股票走势时，一般要用到多个周期的走势图。常用的有月、周、日、60 分钟、30 分钟、15 分钟、5 分钟这七个周期。其中，月、周可划分为一个周期，60 分钟、30 分钟可划分为一个周期。

多周期共振是指任何一个买点或卖点都必须有两个或两个以上的周期发出买入信号或卖出信号（越多越可靠），才能最终买入或卖出。当只有单独的一个周期发出买入或卖出信号时，投资者可不予考虑。

做中长线的投资者，当月线或周线发出买卖信号时，必须日线或 60 分钟线也要发出相同方向的买卖信号，才能考虑买入或卖出。如果日线或 60 分钟线中没有出现买卖点，即使月线或周线中出现明显的买卖点，也不能入场操作。

如果做短线，当 60 分钟线或 30 分钟线发出买卖信号时，此时 15 分钟线或 5 分钟线也要发出相同方向的买卖信号，比如 60 分钟线出现 %b 指标线与股价的背离形态，15分钟线出现股价突破布林线中轨等，才能考虑入场操作。如果15分钟线或5分钟线没有发出买卖信号，即使60分钟线或30分钟线有明显的买卖信号，也不能随意入场操作。

如图2-19所示，在恒为科技（603496）的周线图中，2022年9月，股价突破BOLL指标中轨并初步站稳。它表明市场上涨趋势已经初步形成，股价在得到中轨的支撑后，有较大可能再次上涨。此时投资者可以在低级别中寻找更有利的买点。

如图2-20所示，在该股的日线图中，2022年10月13日，BOLL指标出现"%b指标线与股价底背离+股价在下轨受到支撑+放量"的看涨信号，同时K线形成看涨吞没形态。这两个周期的看涨信号叠加在一起，表明市场上涨动能非常强烈，投资者可以积极买入。

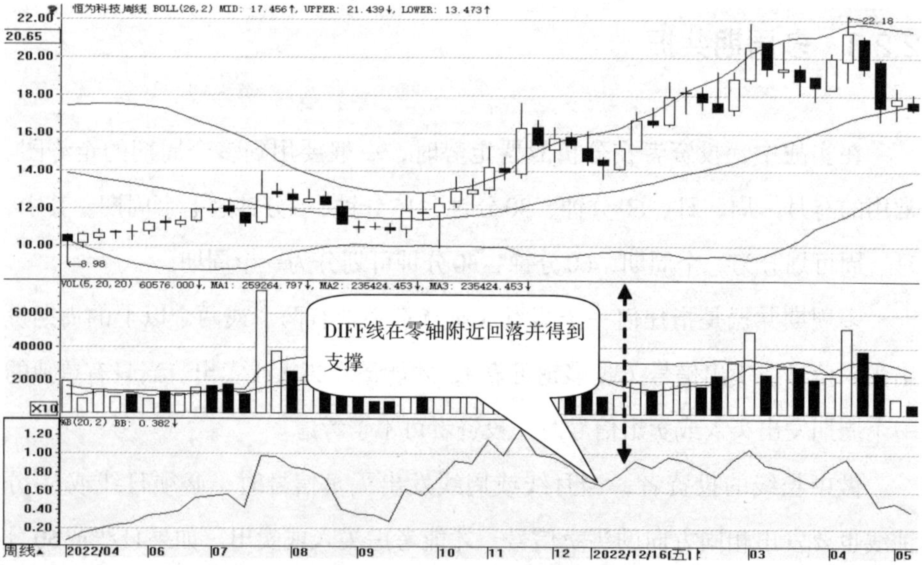

图2-19　恒为科技周K线

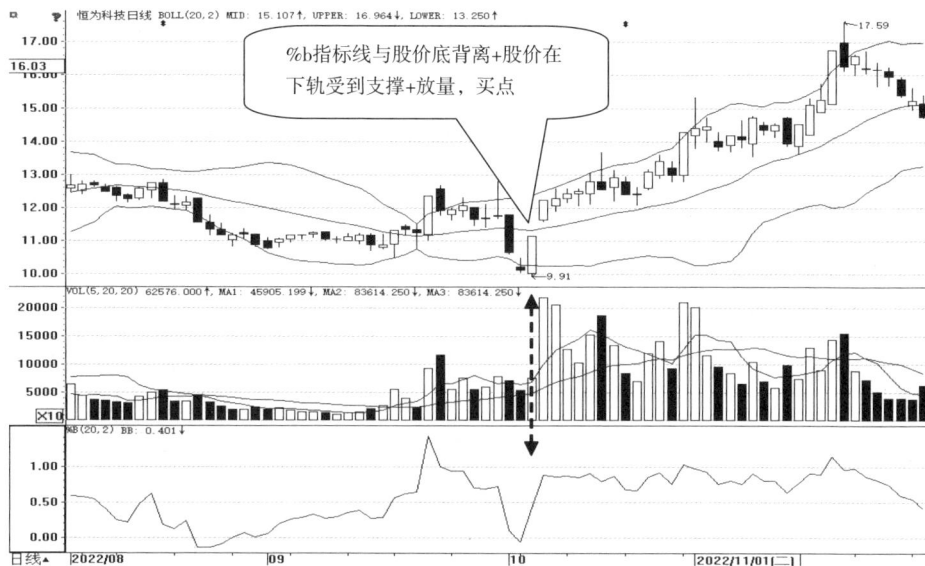

图 2-20　恒为科技日 K 线

📖🖋️ 实战经验

在实战中，投资者要注意以下两点。

1.不仅 BOLL 指标可以这样用，其他指标也可以这样用。这样才能使得买卖信号的可靠性更高。

2.一般来说，月线、周线和日线、60 分钟线相配合，日线与 60 分钟线、15 分钟线相配合，60 分钟线与 15 分钟线、5 分钟线相配合。

2.2.4　多指标配合

在实战中，买卖点的可靠性非常重要。而提高买卖点的可靠性，除了多周期共振外，多指标的配合也很重要。

多指标配合是指每一个买卖点的出现，都需要至少两个或两个以上的技术分析工具发出同方向的买卖信号，才能最终确认。例如 BOLL 指标与成交量指标配合，BOLL 指标与 K 线组合理论配合，BOLL 指标与形态理论配合等。单独一个技术指标发出买卖信号，可靠性不是很高，可不予考虑。

如图 2-21 所示，2023 年 3 月，胜宏科技（300476）的股价冲高回落，跌破 BOLL 指标中轨，并下探下轨，同时 %b 指标进入超卖区域。3 月 17 日，K 线形成旭日东升形态，伴随成交量的放大，表明市场上涨动能开始启动。这几个看涨信号叠加，投资者要注意把握这个买点。

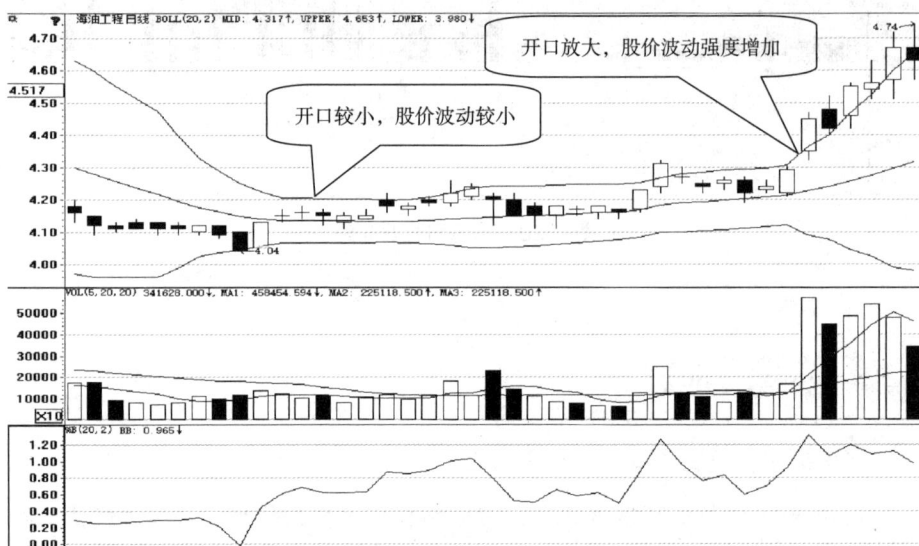

图 2-21　胜宏科技日 K 线

2.2.5　形态法则

用 BOLL 指标来判断市场涨跌趋势、波动强度和买卖时机，还可以通过 BOLL 线与股价运行过程中形成的一系列形态来研判。在实战中，这些形态通常可以分为买入形态和卖出形态两类，具体可参照第 3 章的相关内容。

第 3 章

——

布林线的实战用法

——

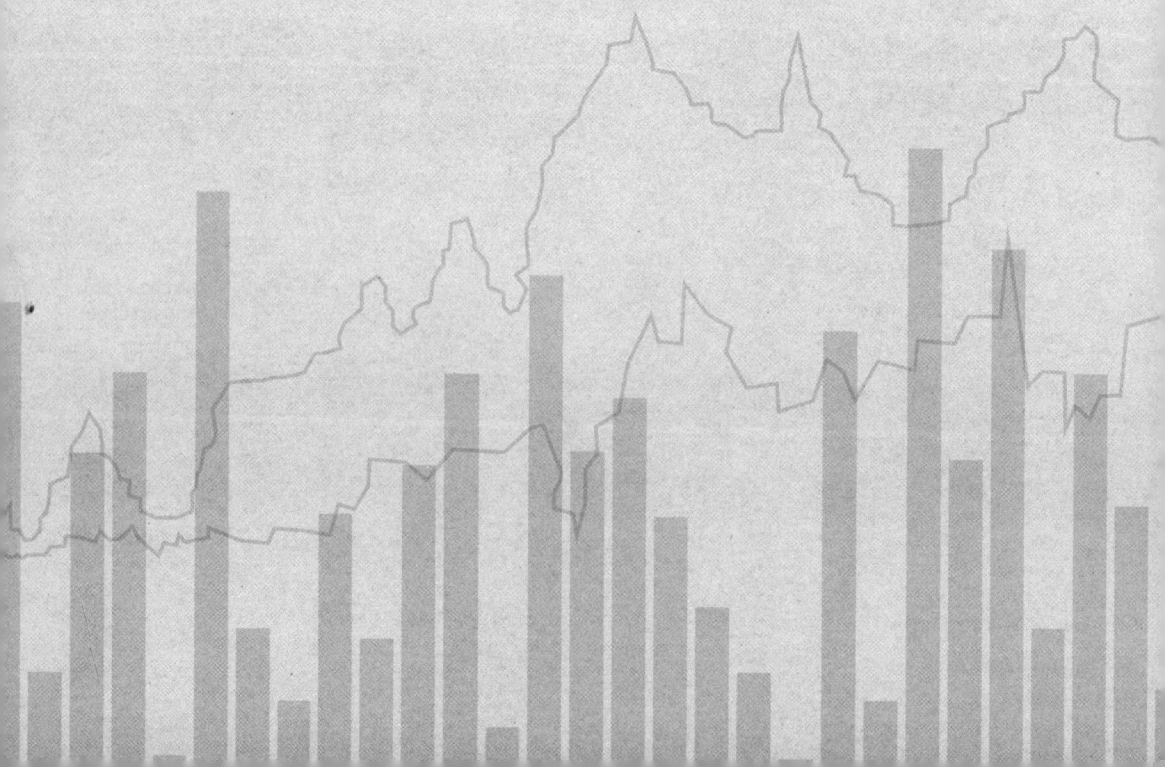

3.1　突破中轨

3.1.1　股价突破中轨

从 BOLL 指标的算法可知，BOLL 指标的中轨本质为股价的 20 日均线。一个自然月大致有 20 个交易日，所以 BOLL 指标的中轨也就相当于股价走势的月平均线（俗称"月线"）。股价自下而上穿过中轨，表明股价走势转强，预示着股价未来运行趋势向上，为短线买入信号。

如图 3-1 所示，2022 年 5 月 13 日，东望时代（600052）向上突破中轨，并在之后的几个交易日里持续上涨，形成了强势上涨走势。投资者可于 5 月 13 日股价向上突破中轨时买入该股。

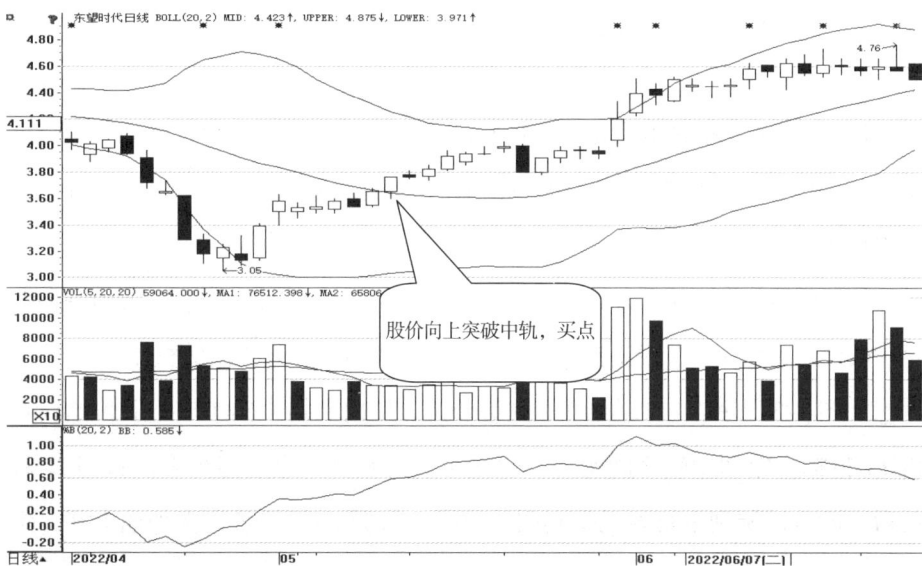

图 3-1　东望时代日 K 线

如图3-2所示，2022年10月至11月，黄山旅游（600054）出现一波上涨走势。可以看到，这波走势中股价两次向上突破中轨，形成两个短线买点。

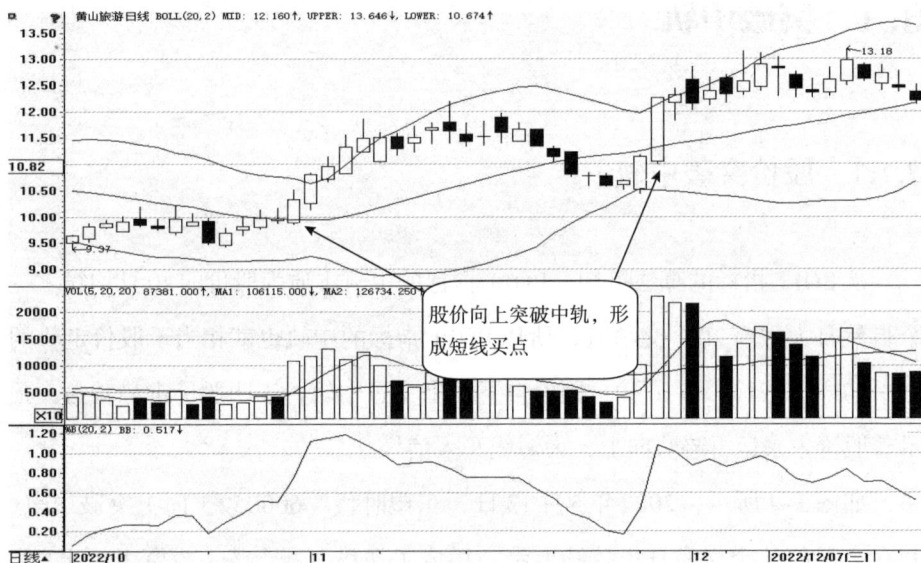

图3-2　黄山旅游日K线

3.1.2　中轨对股价的支撑

BOLL指标的中轨本质是股价的移动平均线。因此，其具有移动平均线反映股价整体运行趋势的作用，也会在适当的时候给予股价支撑或对股价产生阻力作用。

当股价运行在中轨上方时，中轨会对股价产生一定的支撑作用。股价在回调至中轨处时止跌回升，说明支撑有效，股价将保持支撑发生前的整体走势。

如图3-3所示，2022年10月中旬开始，厦门象屿（600057）股价始终在BOLL指标上轨和中轨之间运行，表明市场已经处于上涨趋势中。11月22日前后，股价回调到中轨附近受到明显支撑，11月25日股价再次加速上涨，买点出现。

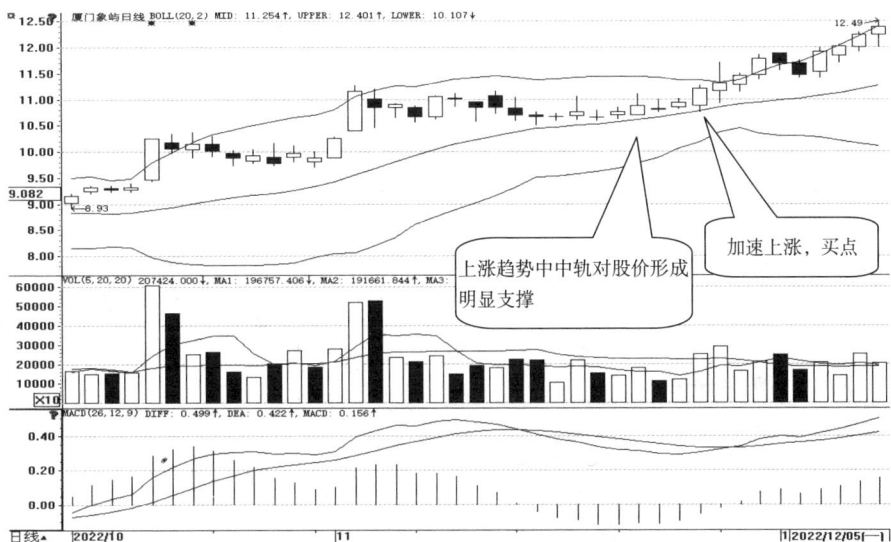

图3-3　厦门象屿日K线

如图3-4所示，2022年5月9日，九鼎投资（600053）股价向上突破BOLL指标中轨，表明涨势初步形成。之后股价在中轨上方缓缓平移，中途虽然有所回调但很快受到中轨的支撑而再次向上。投资者可在股价受到支撑再次向上时买入。

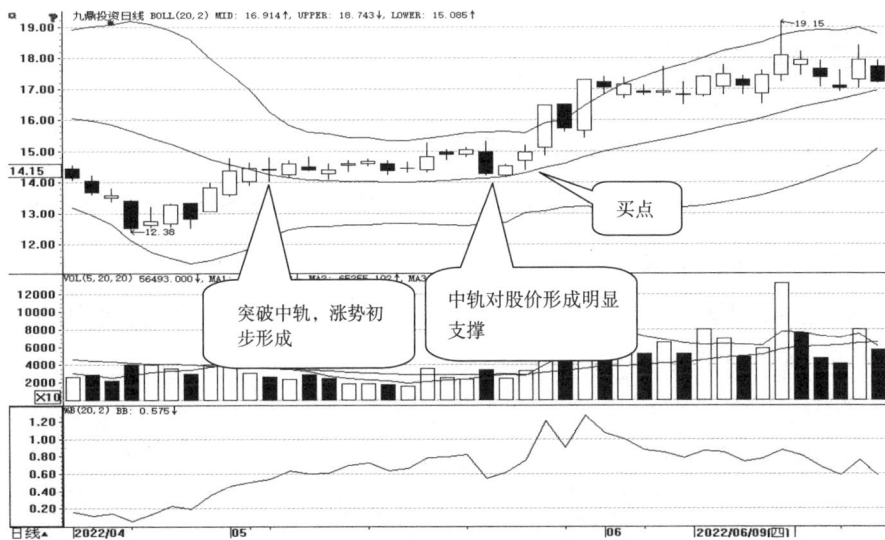

图3-4　九鼎投资日K线

如图3-5所示，2022年12月初，中国医药（600056）股价在经过一波上涨后回调，并在BOLL指标中轨附近受到支撑。12月8日，K线在中轨附近形成看涨吞没形态，表明新一轮上涨即将启动，买点出现。

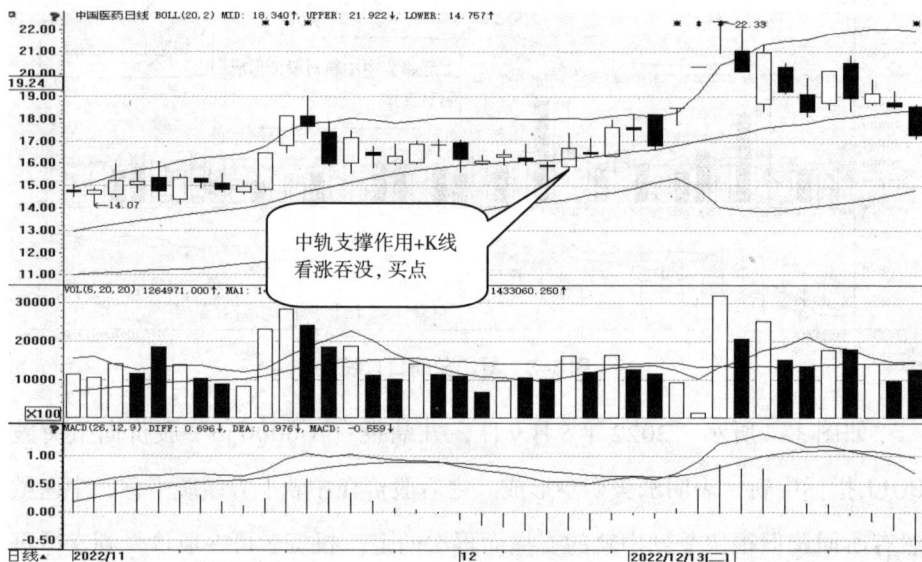

图3-5　中国医药日K线

实战经验

在实战中，投资者要注意以下两点。

1.确立上涨趋势过程中常见的两个买入信号，即突破买点和回抽确认买点，两者一旦出现，上涨趋势就彻底形成了。

2.股价在中轨受到支撑时K线往往形成看涨形态，如启明星、看涨吞没、旭日东升等，投资者要注意把握。

3.1.3　股价跌破中轨

与向上突破中轨相反，股价跌破中轨是看空的信号。当股价从BOLL指标的中轨上方跌落，并向下击穿中轨时，股价走势由强转弱，后市看空，发出卖出信号。

如图 3-6 所示，2022 年 8 月中旬，人福医药（600079）股价在 BOLL 指标中轨上方运行，市场处于上涨行情中。8 月 26 日，股价向下跌破了 BOLL 指标的中轨，且在随后的几个交易日，股价并没有返回中轨之上，明显走弱。这种状态表明股价走势出现变化，前期的上涨行情很可能已经结束。

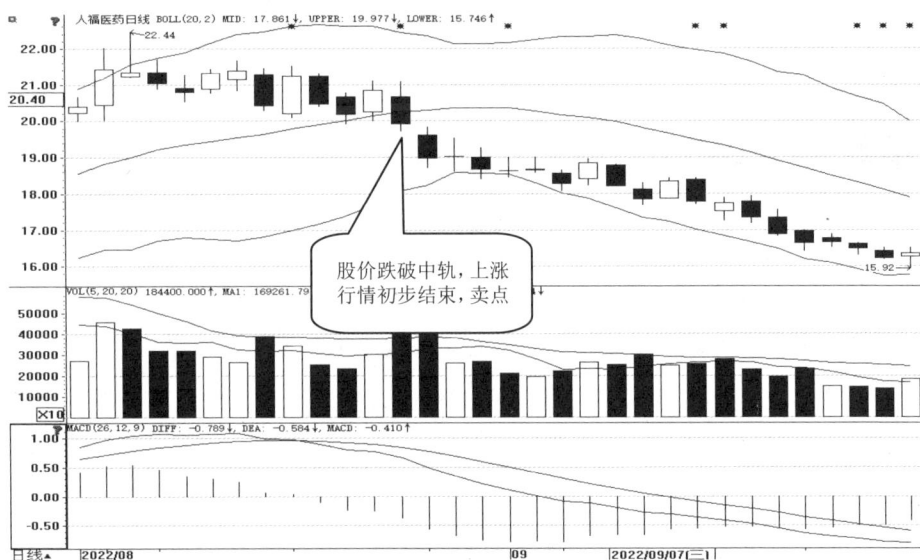

图 3-6　人福医药日 K 线

如图 3-7 所示，2022 年 6 月至 7 月，云天化（600096）走出了震荡上涨行情，形成双顶形态，显示出较强的下跌动能。7 月 8 日，该股股价跌破中轨，短期走势转弱。投资者可于股价跌破中轨时卖出该股。

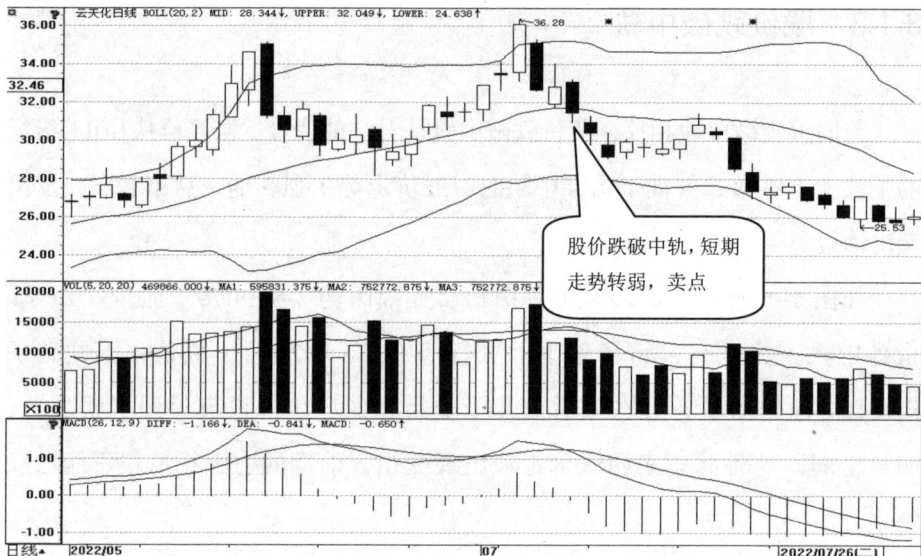

图3-7　云天化日K线

📖✒️ 实战经验

在实战中，投资者要注意以下两点。

1.图3-7中的卖点其实是两个卖出信号叠加在一起所形成的综合卖点。双顶形态之后股价跌破中轨，其卖出意义强过单纯的股价跌破中轨。

2.该卖点出现前后，MACD指标也有相应的看跌信号出现，感兴趣的读者可以找一找。

如图3-8所示，2021年12月至2022年3月，开创国际（600097）走出了一波震荡整理行情，其间股价多次跌破中轨，又在跌破中轨后不久返回中轨之上。本例不同于前面两例，这里股价跌破中轨并没有带来股价持续的大幅下跌，因此投资者在实战中始终要留意趋势的属性。

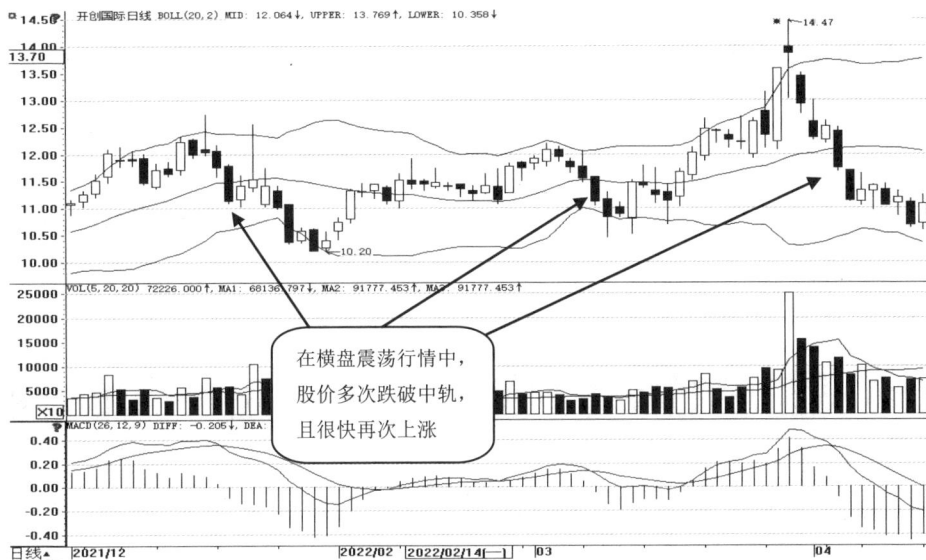

图 3-8　开创国际日 K 线

3.1.4　中轨对股价的阻力

　　与中轨的支撑作用相反，当股价运行在中轨下方时，中轨对股价具有一定的阻力作用。如果股价上涨至中轨处遇阻回落，说明阻力有效，后市看空。

　　中轨对股价的阻力作用一般出现在股价下跌的时候。股价持续遇到中轨的阻力，说明股价走势较弱，且继续保持弱势的概率较大。投资者发现此类股票，应继续观察，不可急于买入建仓。

　　在实战中，投资者要特别留意那些在中轨受阻时出现的 K 线看跌形态，一旦出现就表明市场新一波下跌行情即将启动。

　　如图 3-9 所示，2023 年 3 月 10 日，长春一东（600148）股价跌破 BOLL 指标中轨。3 月 22 日，股价在经过一波下跌走势后反弹到中轨受阻，K 线形成乌云盖顶的看跌形态，这是下跌趋势彻底形成的标志，投资者要注意及时出场。

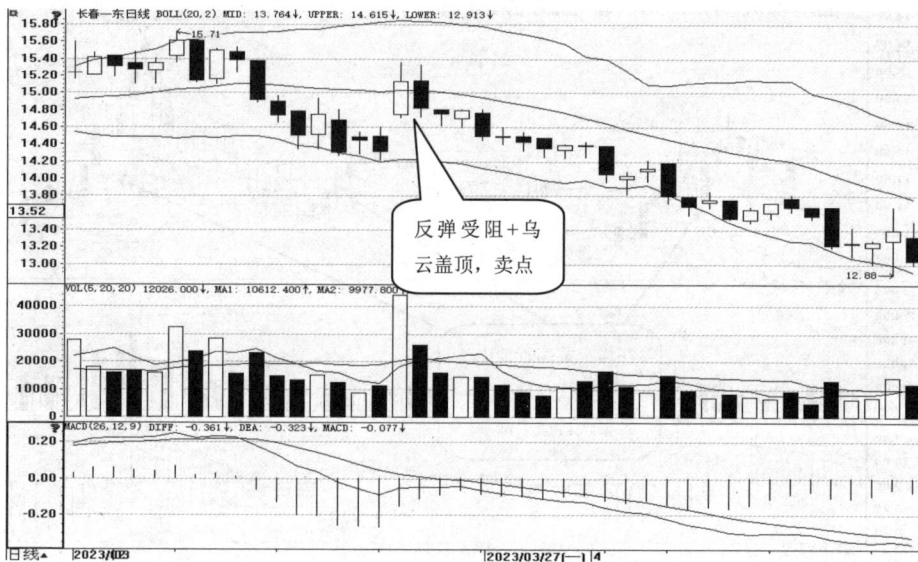

图3-9　长春一东日K线

如图3-10所示，2022年1月中旬，广州发展（600098）跌破BOLL指标中轨，之后半月股价一直在中轨下方运行，表明市场下跌趋势已经形成。

2月10日，股价反弹到中轨受阻，同时K线形成孕育形态，表明市场新

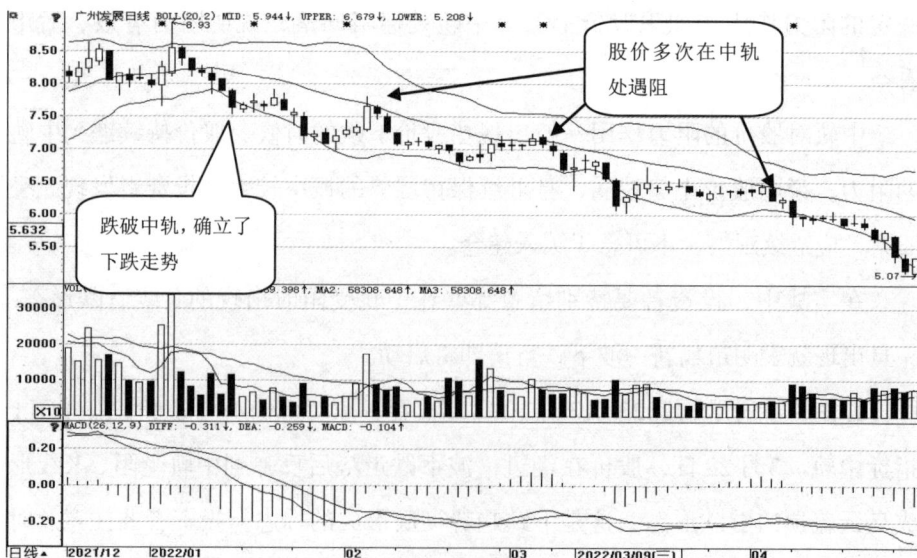

图3-10　广州发展日K线

一波下跌即将出现。3 月 4 日，股价再次反弹到中轨受阻，同时 K 线形成看跌吞没形态，卖点再次出现。4 月 7 日，股价又一次反弹到中轨受阻，K 线形成倾盆大雨形态，卖点第三次出现。

实战经验

在实战中，投资者要注意以下两点。

1.确立下跌趋势中常见的两个卖出信号，即跌破卖点和反弹确认卖点，二者一旦出现，下跌趋势就彻底形成了。

2.股价在中轨受到阻力时 K 线往往形成看跌形态，如黄昏星、看跌吞没、倾盆大雨等，具体含义读者可参照富家益系列相关图书。

3.2　喇叭口

3.2.1　喇叭口敞开同时中轨上升

对布林线"喇叭口"的研判是 BOLL 指标所独有的研判手段。布林线"喇叭口"是指在股价运行的过程中，BOLL 指标的上轨和下轨分别从两个方向相对于中轨大幅扩张或向中轨靠拢而形成的类似于喇叭口的特殊形状。

当股价经过长时间的震荡整理后，布林线的上轨和下轨逐渐收缩，上下轨之间的距离越来越小。此时若喇叭口突然敞开，说明股价开始脱离震荡整理区域，股价波动幅度越来越大。此时，投资者需要借助 BOLL 中轨来判断股价具体的运行方向。如果 BOLL 中轨向上，同时股价在 BOLL 中轨上方运行，说明股价处于上涨行情中，未来继续上涨的可能性更大。投资者可以在喇叭口突然敞开时买入，此时的喇叭口又称开口形喇叭口。

当BOLL喇叭口敞开时，如果成交量逐渐放大，该形态的看涨信号会更可靠。

之后，当股价上涨一段时间后出现BOLL喇叭口收缩形态时，是上涨行情即将结束的信号。看到这个形态投资者应该将手中的股票卖出一部分，轻仓观望。

如图3-11所示，2021年9月，安科瑞（300286）股价的振幅极小。相应地，BOLL指标也呈现通道收紧的形态，股价将面临方向上的选择。2021年9月30日，该股放量上涨，同时BOLL指标的上轨和下轨开始扩张形成喇叭口，中轨也开始上升。此时买点出现，投资者可以考虑短线买入。

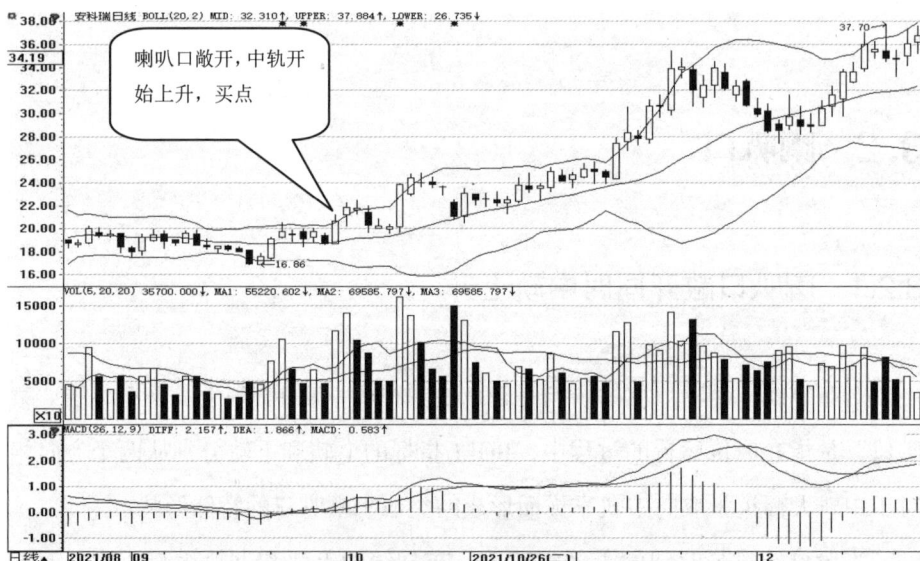

图3-11　安科瑞日K线

如图3-12所示，2021年6月中旬至8月底，荣科科技（300290）的BOLL指标上下轨保持收紧的态势，表明股价将面临方向上的选择。9月3日，该股放量大涨，同时BOLL指标的喇叭口敞开，中轨也开始向上，形成了上涨趋势，此时买点出现。

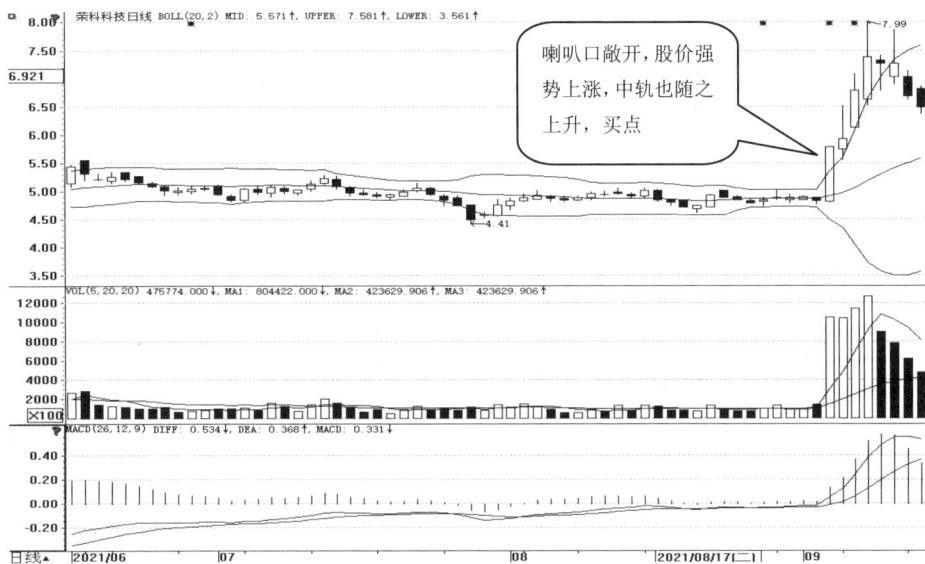

图 3-12 荣科科技日 K 线

3.2.2 喇叭口敞开同时中轨下降

上一小节已经阐明，当BOLL喇叭口敞开时，只能说明股价波动幅度越来越大，并不能指明这种波动的方向，投资者需要借助BOLL中轨来判断股价具体的运行方向。如果BOLL中轨下跌，股价也在BOLL中轨下方移动，说明市场处于下跌行情中，未来继续下跌的可能性更大。此时，投资者可在喇叭口敞开时卖出股票。

在喇叭口敞开、BOLL中轨下跌的同时，如果股价跌破了BOLL中轨，说明市场行情已经完全变弱。这样的看跌信号会更加可靠。

当股价下跌一段时间后喇叭口再次收缩时，是下跌行情即将结束的信号。此时投资者可以对股票未来的走向多加关注。

如图 3-13 所示，2021 年 12 月至 2022 年 1 月下旬，利亚德（300296）股价持续横盘震荡，且振幅极小，该股BOLL指标上轨和下轨逐渐收紧。2022 年 1 月 21 日和 24 日，股价跌破中轨，同时BOLL指标的喇叭口开始放大，表明股价短期形成了下跌趋势。持股的投资者应在喇叭口敞开时卖出股票。

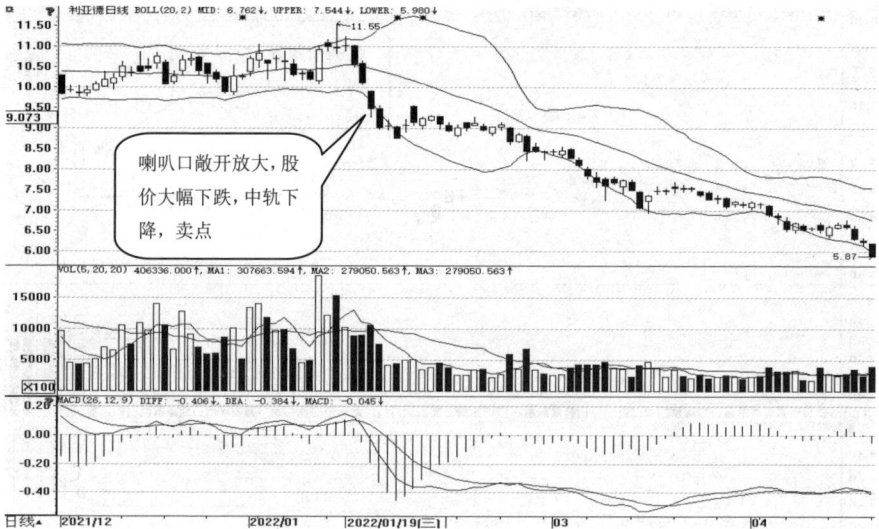

喇叭口敞开放大，股价大幅下跌，中轨下降，卖点

图3-13　利亚德日K线

如图3-14所示，2023年3月，硕贝德（300322）股价冲高回落，BOLL指标上下轨逐渐收缩。4月17日，在经过一段时间震荡整理后，股价跳空向下，跌破前期震荡低点，BOLL指标喇叭口敞开，中轨也明显向下，表明市场选择了下跌方向，后续将出现一波下跌走势，卖点出现。

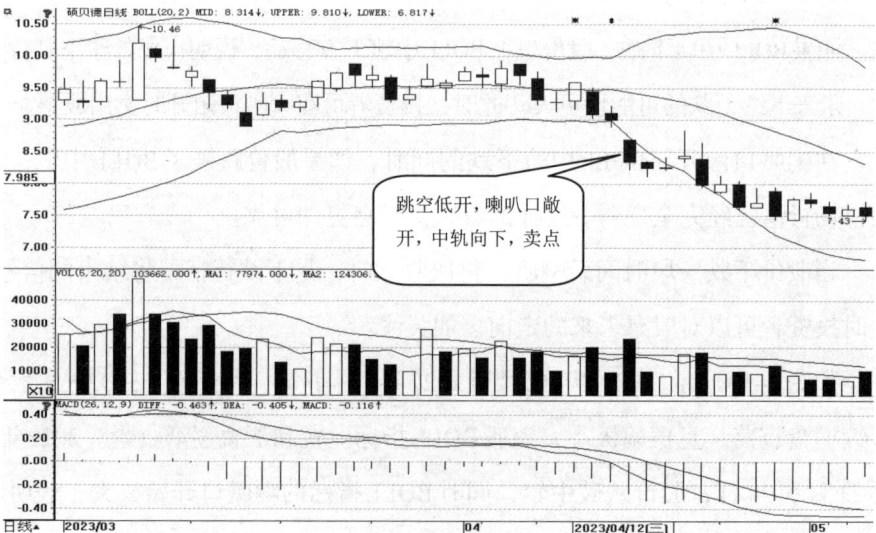

跳空低开，喇叭口敞开，中轨向下，卖点

图3-14　硕贝德日K线

3.2.3　喇叭口突然敞开的陷阱

对新入市的投资者来说，需要注意的是一些具有资金优势的主力（可以一定程度影响股价走势）有可能利用技术指标误导投资者。如在股价将要上涨时，主力通过做空做出反向的指标形态，诱导投资者在股价拉升前卖出股票；反之，在股价将要大跌时，主力通过做多做出上涨的指标形态，诱导投资者买入。

对喇叭口形态来说，在其突然敞开时，主力有可能"声东击西"，下面是一些带有陷阱的案例，投资者可以从中看到，这些陷阱已经不是通过单看BOLL指标可以识破的了。

如图 3-15 所示，2023 年 2 月底至 3 月初，津膜科技（300334）股价持续震荡整理，BOLL 指标上轨和下轨逐渐收紧。3 月 7 日，股价向下跌破前期震荡低点，同时 BOLL 指标喇叭口敞开，短期显示出下跌趋势。但到了 3 月 9 日，股价放量大幅向上，说明之前下跌是主力的诱空手段，若不小心在股价下跌时卖出股票，投资者将踏空后来的强势上涨。

如图 3-16 所示，2022 年 11 月至 2023 年 1 月，金卡智能（300349）也出现了类似的陷阱走势。该股 BOLL 指标前期开口保持收紧状态。2022 年 12 月 19 日，BOLL 指标喇叭口第一次敞开，股价持续下跌。随后不久，股价在到达 BOLL 下轨后企稳回升，并呈现加速上涨的走势。

如图 3-17 所示，2022 年 7 月下旬至 8 月上旬，火炬电子（603678）股价经横盘后出现强势上涨的走势。8 月 9 日，该股第一次出现喇叭口敞开的形态，同时中轨也向上，买点出现。但股价很快就开始回落并跌破中轨，8 月 24 日，再次出现喇叭口敞开的形态，但中轨开始向下。这说明之前的上涨只是主力的一次"诱多"行动。

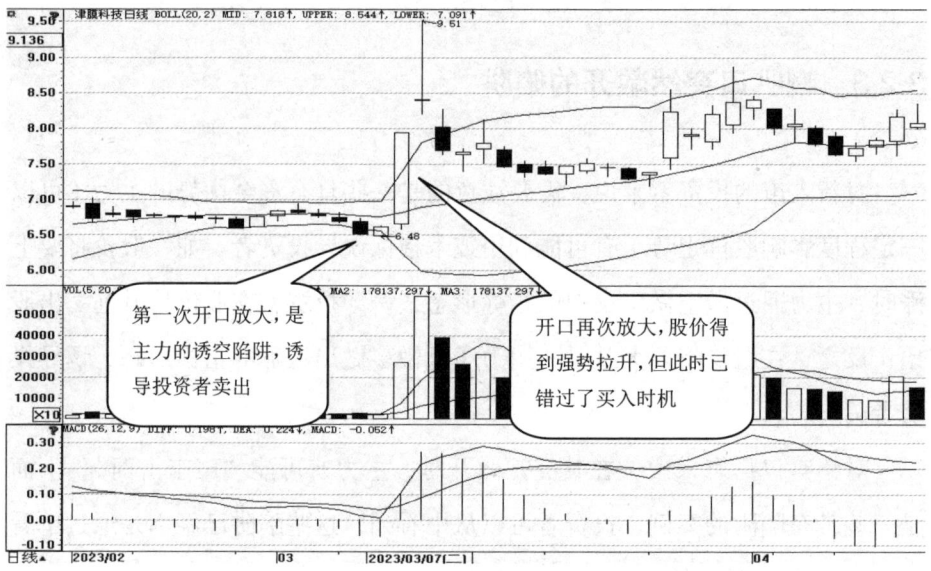

图3-15　津膜科技日K线

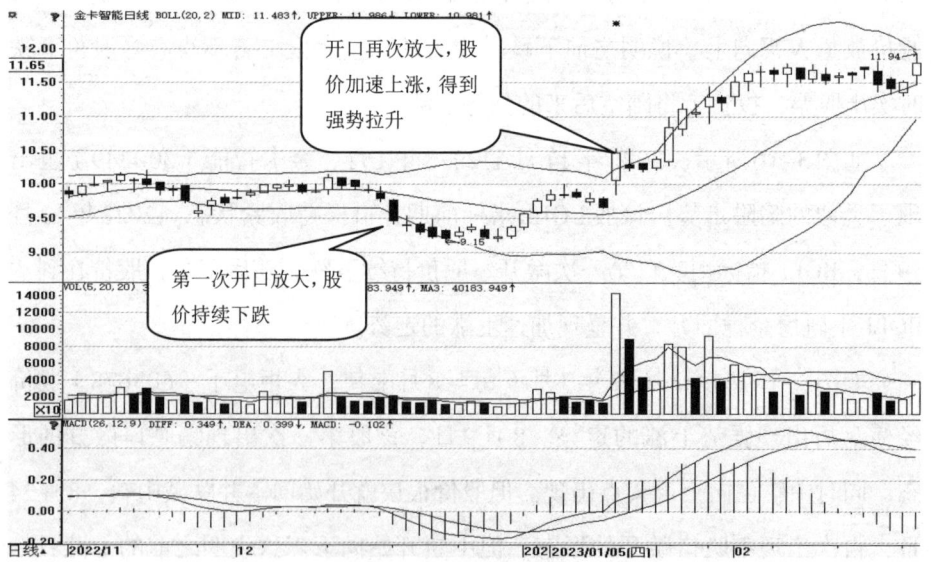

图3-16　金卡智能日K线

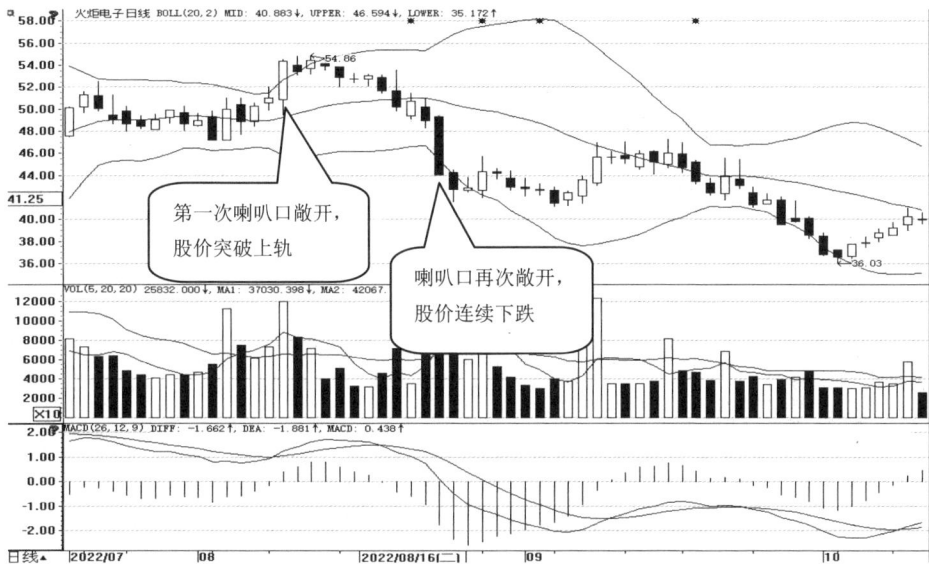

图 3-17　火炬电子日 K 线

实战经验

在火炬电子的例子中，使用 BOLL 指标时要想避开陷阱，投资者要注意利用 MACD 指标辅助判断。如在 8 月 9 日买点出现时，MACD 指标出现"DIFF 线与股价顶背离"的看跌形态，此时不宜买入。

3.3　通道

3.3.1　单边市的两种策略

单边市包括上涨趋势和下跌趋势，在我国股票市场，真正有操作价值的主要是单边上涨行情。

股市一旦出现单边上涨行情，投资者利用BOLL指标操作时通常有两种策略。

1.持股待涨策略

当股价处于BOLL指标上轨和中轨之间，同时布林通道向上时，表明市场正处于单边上涨行情中，投资者可以持股待涨。当股价回调到中轨并得到支撑时，投资者还可以适当加仓。投资者使用该策略虽然可能无法买在最低点，卖在最高点，但至少能"吃掉"一段较大幅度的涨势，只要上涨行情强势，收益还是相当可观的。

在利用本买点的时候，投资者最大的困惑是对单边上涨行情的确认。一般以股价向上突破中轨作为单边上涨行情发动的标志，此时如果能有其他技术指标的配合，上涨意义就更加强烈。也可以将股价向上突破中轨作为买点，再加上股价回调到中轨得到支撑，实际上有两个买点。

如图3-18所示，2023年1月13日，黄河旋风（600172）股价向上突破BOLL指标中轨，之后该股在中轨上方站稳。1月20日，股价在中轨上方回调受到支撑后再次向上，表明上涨行情彻底形成，买点出现。

投资者如果能持股待涨，即便到2月23日股价跌破中轨再卖出，1个月的收益率也能达到15%左右。

如图3-19所示，2023年3月1日，中信银行（601998）股价向上突破BOLL指标中轨，同时成交量放大，表明上涨趋势初步形成，投资者可以少量买入。

3月13日，股价冲高回落，在中轨附近受到支撑再次向上，同时K线形成看涨吞没形态，这是上涨趋势彻底形成的信号，投资者可以适当加仓。

之后，该股持续上涨，4月初，股价再次回调到中轨附近受到支撑，投资者可以在4月12日股价再次放量上涨时进一步加仓。

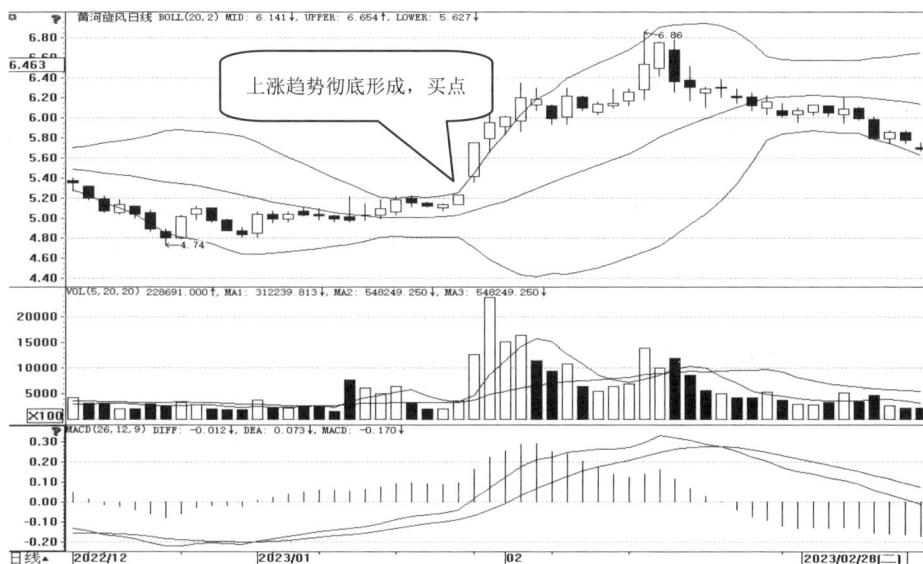

图 3-18　黄河旋风日 K 线

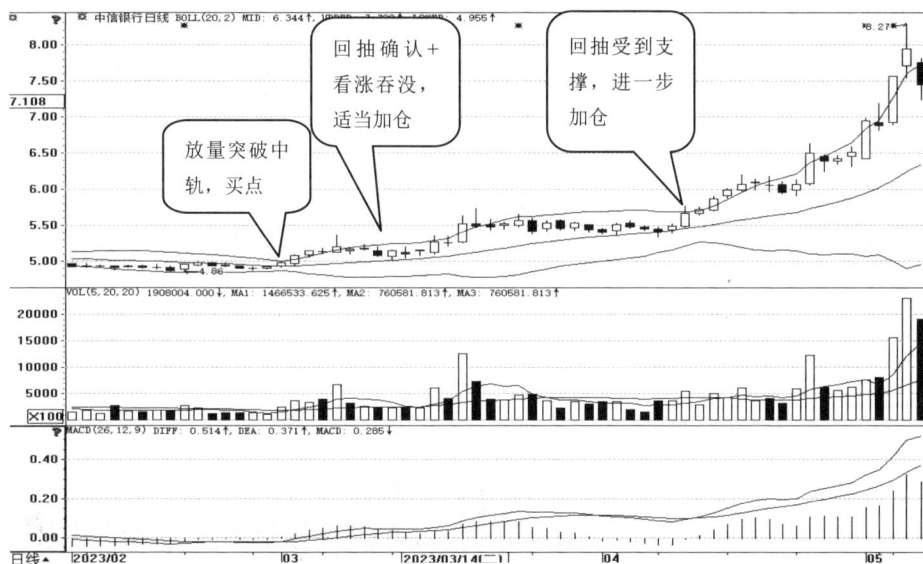

图 3-19　中信银行日 K 线

2.波段操作策略

波段操作主要围绕着 BOLL 指标中轨和上轨展开。上涨趋势出现后，投资者可以在股价在中轨附近受到支撑时买入，在股价运行到上轨附近时卖出。

但这种策略要特别注意卖点的复杂性。

根据BOLL指标的算法公式可知，除了中轨具有明显的支撑、阻力作用外，上轨、下轨其实并不具备类似的功能属性。上下轨其实是根据前期走势做出来的股价波动幅度和强度的惯性预期，它更像是短期的超买超卖信号筛选器。当股价上探上轨时，有股价短期超买的含义，说明短期上涨动能强，除非上涨动能即将耗尽，否则不可轻易卖出。所以，波段操作的投资者在股价运行到上轨时，要注意利用MACD、K线组合等指标判断市场上涨动能是否即将耗尽，一旦出现相关信号，投资者就要注意卖出，否则还应持股待涨。

如图3-20所示，2022年6月2日，胜华新材（603026）股价在BOLL指标中轨上方受到支撑后再次加速向上，买点出现。之后该股持续上涨，股价一度上探上轨。7月11日，股价再次上探上轨后下降，K线形成经典黄昏星的看跌形态，MACD指标则出现顶背离形态，表明市场上涨动能即将耗尽，卖点出现。

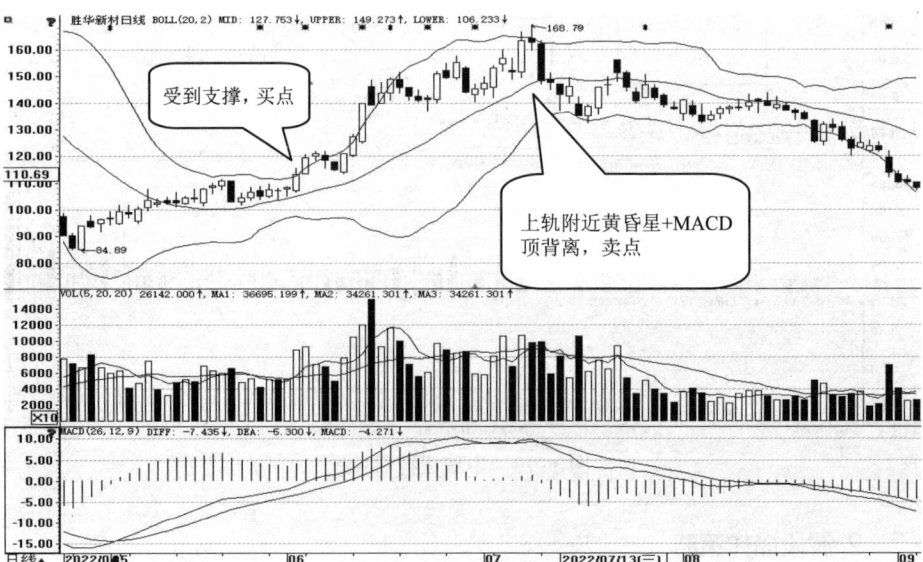

图3-20 胜华新材日K线

3.3.2 震荡市高抛低吸

上一节说上下轨是一种根据前期走势做出来的股价波动幅度和强度的惯性预期，因此股价运行到上下轨更多的是提供短期的超买超卖的信号。这种信号在单边市中操作价值不大（单边市的主旋律就是要打破这种预期，除非动能耗尽，单边市即将结束），但在震荡市中，由于市场预期较为稳定，上下轨所组成的通道就有了明显的指示意义，很多投资者在实践中直接将上轨看成阻力线，将下轨看成支撑线。此时，投资者可以在通道内高抛低吸以获取波段收益。

如图3-21所示，2023年3月，如通股份（603036）股价波动幅度逐渐变小，市场由上涨趋势转为震荡市，BOLL带逐渐变窄。在震荡市确定后，投资者可以在其间高抛低吸以降低持股成本。

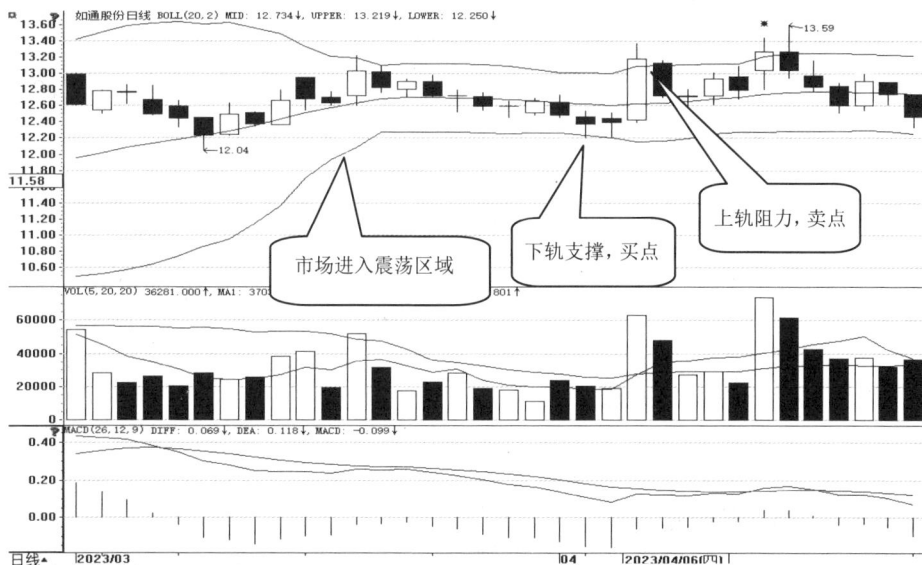

图3-21　如通股份日K线

如图3-22所示，2022年5月开始，广州酒家（603043）BOLL指标中轨持续走平，说明市场进入震荡市。5月至7月，股价连续2次跌至布林带下轨处，均得到了下轨的支撑，同时两次上探上轨也受到了阻力。短线投资者可以在这种震荡走势中进行波段操作。

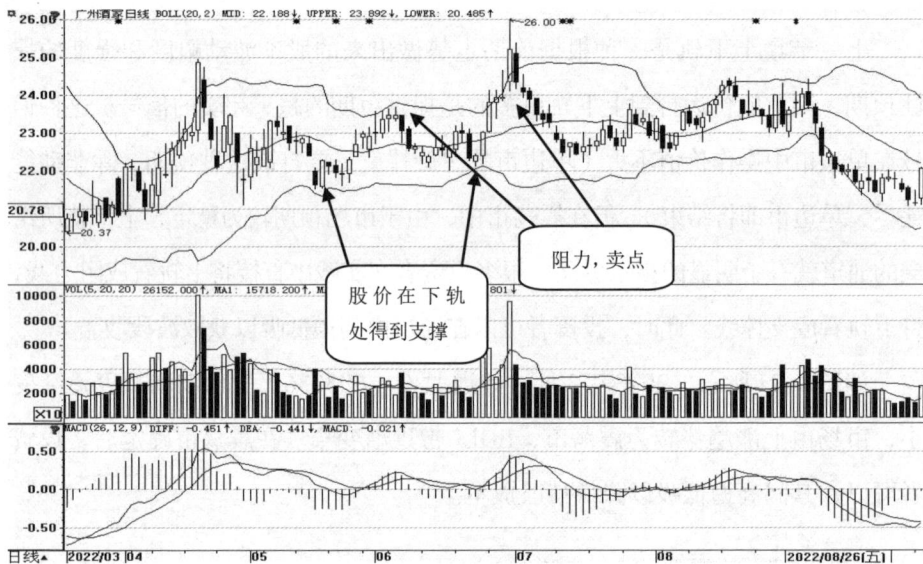

图3-22 广州酒家日K线

实战经验

震荡市形成的一个标志是在一波上涨走势后，布林带逐渐收缩，中轨逐渐走平。

3.4 %b 指标用法

3.4.1 超买与超卖

根据%b指标的算法可知，%b描述的其实是市场最新价格在布林通道中所处的相对位置。

通常，在震荡行情中，当%b>1时，代表股价穿越BOLL指标上轨，市场短期超买，之后股价回落；当%b<0时，代表股价跌破BOLL指标下轨，市场短期超卖，之后股价往往触底反弹。投资者不妨高抛低吸获取波段收益。

而在上涨行情中，%b超买作为卖出信号，通常要等到涨势的后期才会显现（布林格将涨势分为三段，后期大约等于涨势的二段或三段）；下跌行情中，%b超卖作为买入信号，通常也要等到跌势的后期才会显现。为增强买卖信号的可靠性，投资者不妨参照其他技术分析工具综合研判。

如图3-23所示，2022年12月，国检集团（603060）由上涨趋势转入震荡行情，BOLL指标通道逐渐收缩。2023年1月3日，%b值跌破0，进入超卖区域，第二天%b反弹向上，买点出现。之后股价震荡上行，2月2日，%b进入超买区域，2月6日，K线形成看跌吞没形态，%b跌破1，投资者要注意及时卖出。

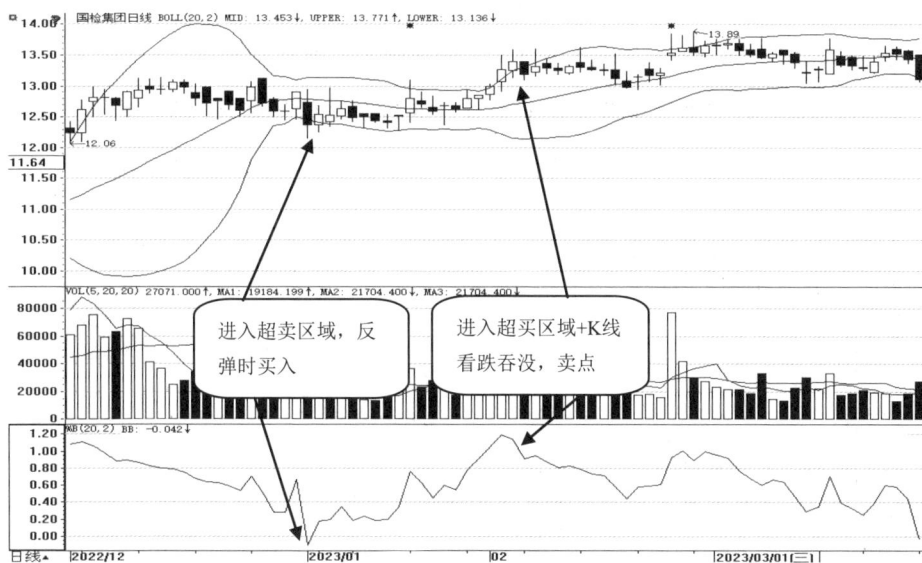

图3-23 国检集团日K线

如图3-24所示，2022年10月开始，禾望电气（603063）由下跌趋势转入震荡行情，BOLL指标通道逐渐收缩。之后的3个月里，股价上下震荡，%b指标多次发出准确的买卖信号，投资者要注意把握。

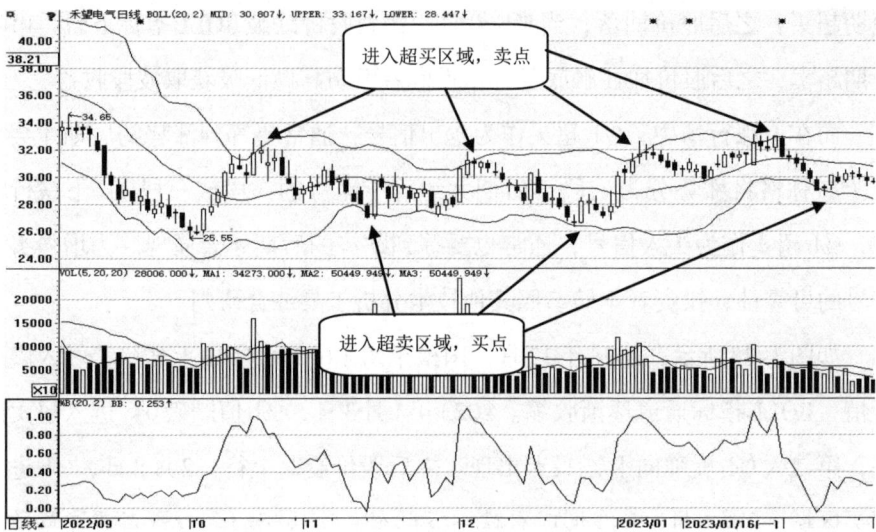

图3-24　禾望电气日K线

如图3-25所示，2023年1月，剑桥科技（603083）股价向上突破BOLL指标中轨，短暂回抽确认后再次向上，彻底确定上涨趋势的形成。

在上涨趋势明确后不久，1月30日，股价跳空放量高开，%b指标进入超买区域，但此时正属于单边市初期，可不予理会。之后股价大幅上涨。

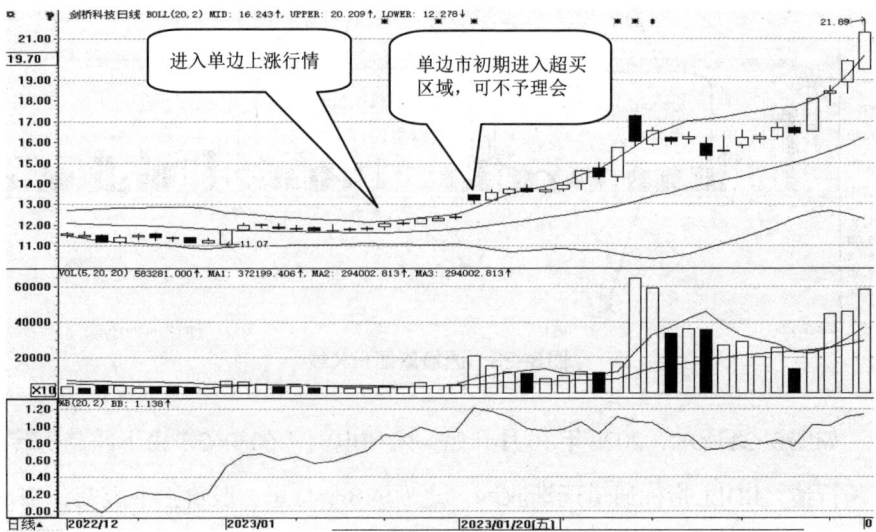

图3-25　剑桥科技日K线

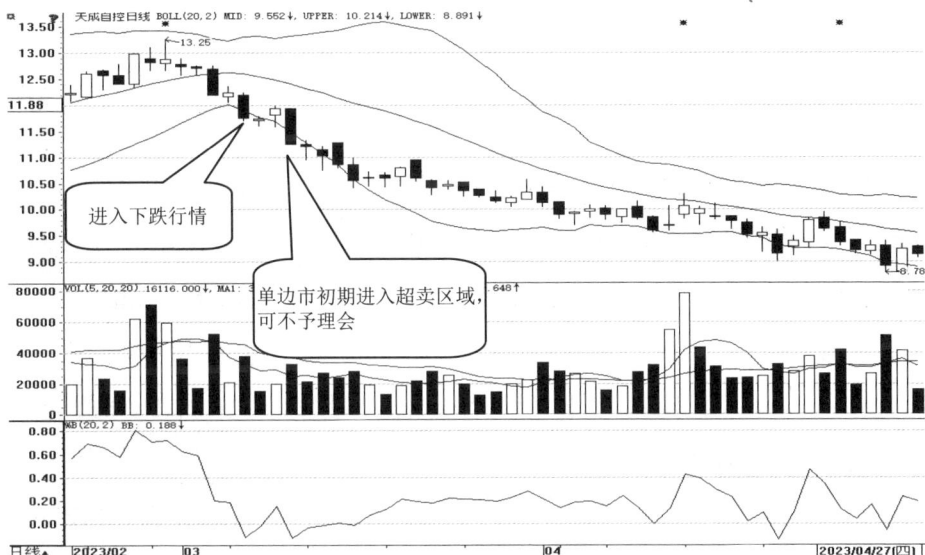

实战经验

在大幅上涨的单边市中，%b指标很容易进入失效状态，此时除非明确要转势，否则投资者可持股待涨。

如图3-26所示，2023年3月初，天成自控（603085）股价向下跌破BOLL指标中轨，之后持续向下，下跌行情初步形成。从图中可以看出，在下跌趋势初期，%b指标虽然进入超卖区域，但投资者可不予理会，贸然入场可能被套牢。

图 3-26　天成自控日K线

3.4.2　顶背离与底背离

背离是物理学上描述动能的一个词语，是一种成功率较高、应用较为广泛的分析方法。在上涨走势中，股价创新高，而指标线却没有创新高，称为顶背离，是卖出信号；在下跌走势中，股价创新低，而指标线却没有创新低，称为底背离，是买入信号。

对背离的把握，需要注意三点，如图3-27所示。

无趋势无背离	背离实际上是两段完整趋势的动能比较，如果没有趋势存在，就谈不上背离的存在
背离的适用性	前面说过，背离本质上是描述动能的，它特别适合用于对市场动能的把握，在趋势性指标分析中，利用背离往往能够精准地把握市场的大趋势和转折点
背离的次数	顶背离在顶部出现的次数越多，走势向下的可能性越大；相应地，底背离在底部出现的次数越多，股价上涨的概率也越大

图 3-27　理解背离的不同方面

1.顶背离的卖点

%b指标的顶背离是指股价在上涨走势中连创新高时，指标线却没有创新高的情形。它表明市场有较强的下跌动能，接下来出现一波下跌走势的概率较大。更精准的卖点可以结合其他技术指标来确定，最常用的是K线理论。

如图3-28所示，2022年6月，博通集成（603068）股价创出新高，但%b不升反降，在6月底形成了明显的顶背离形态。6月28日，K线在上轨附近形成高位螺旋桨的看跌形态，卖点出现。

如图3-29所示，2022年7月至8月，振华股份（603067）股价创出新高，但%b不升反降，在8月中旬前后形成了明显的顶背离形态。8月19日，K线在上轨附近形成倾盆大雨的看跌形态，卖点出现。

2.底背离的卖点

与顶背离原理类似，%b指标的底背离是指股价在下跌走势中连创新低时，%b指标线却没有创新低的情形。它表明市场有较强的上涨动能，接下来出现一波上涨走势的概率较大，为买入信号。投资者可以综合K线、MACD指标等技术分析工具使买入信号更加精准。

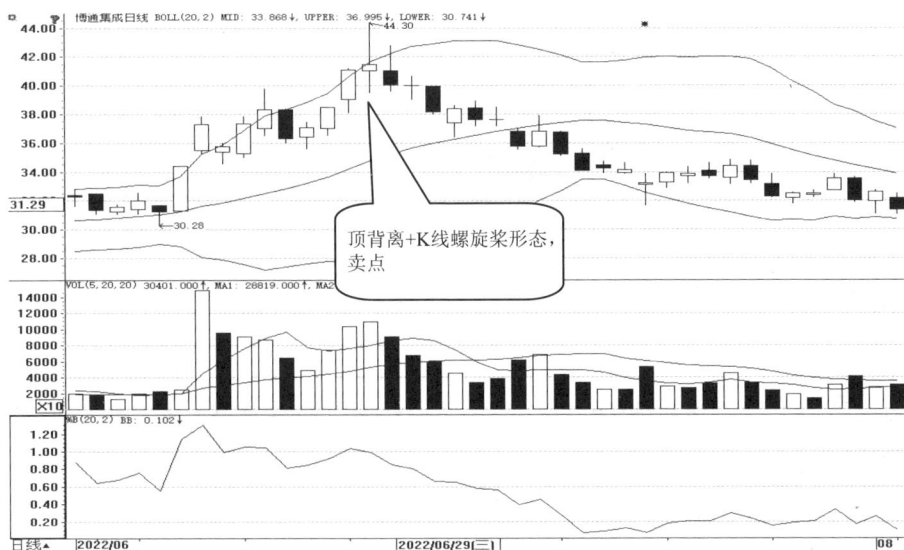

图 3-28　博通集成日K线

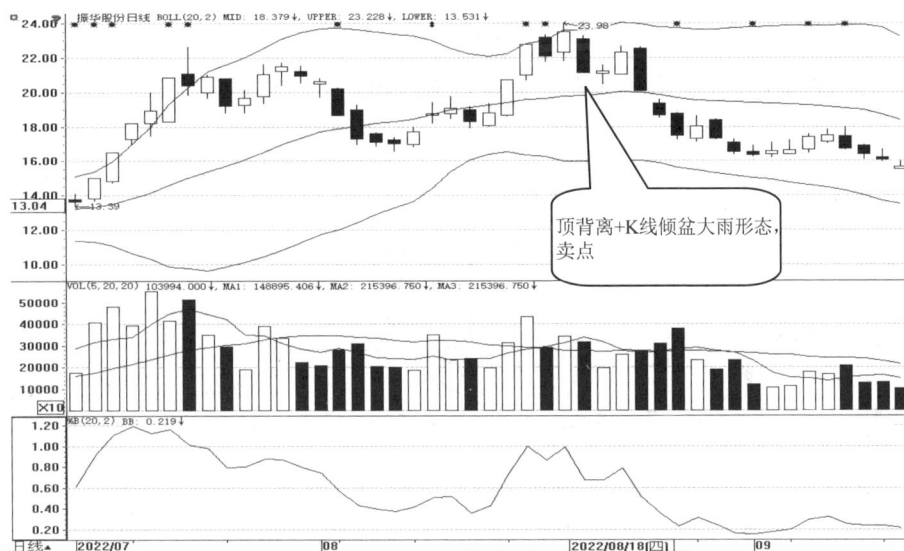

图 3-29　振华股份日K线

如图 3-30 所示，2022 年 10 月，人民网（603000）在下跌趋势中逐渐形成 %b 指标的底背离形态。10 月 31 日，底背离后 K 线形成旭日东升形态，买点出现。

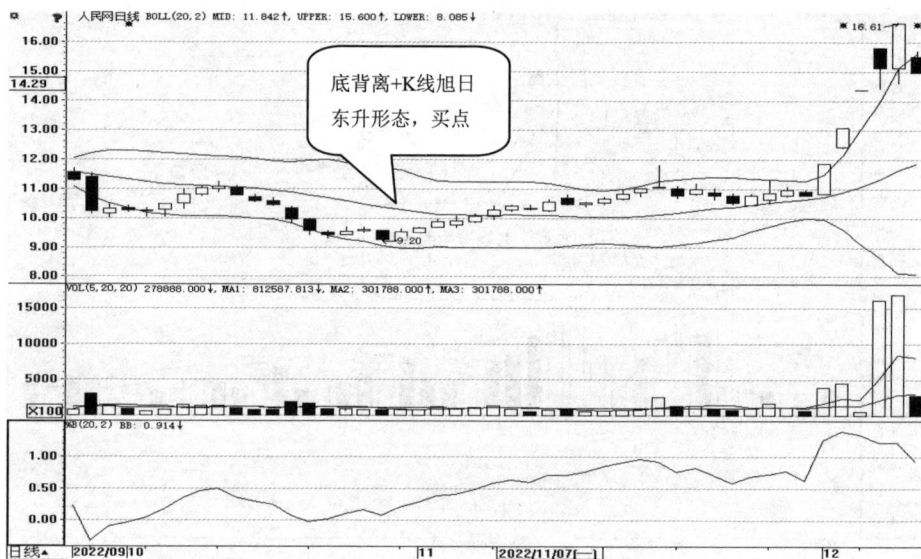

图3-30　人民网日K线

如图3-31所示，2022年10月12日，晶方科技（603005）出现%b指标与股价底背离及K线启明星的看涨形态，买点出现。之后该股缓缓向上，突破BOLL指标中轨。

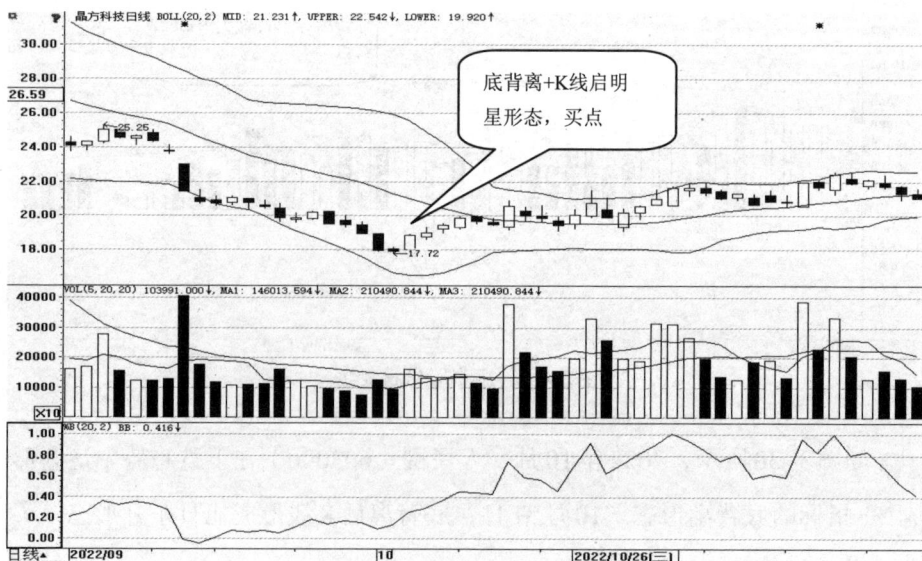

图3-31　晶方科技日K线

3.5　形态

在实战中，BOLL指标的某些特定的运行轨迹出现之后，股价总是出现较大幅的上涨或下跌走势。这种特定的轨迹就是本节所要表述的布林指标的形态，下面分别加以介绍。

3.5.1　买入形态 1：小荷露角

小荷露角形态是指股价在经过一段时间震荡走势后，突然向上突破BOLL指标中轨，并在不久后向上突破上轨和前期高点，就像荷花向上生长刚脱离水面和绿叶，露在众人眼前一样，如图3-32所示。

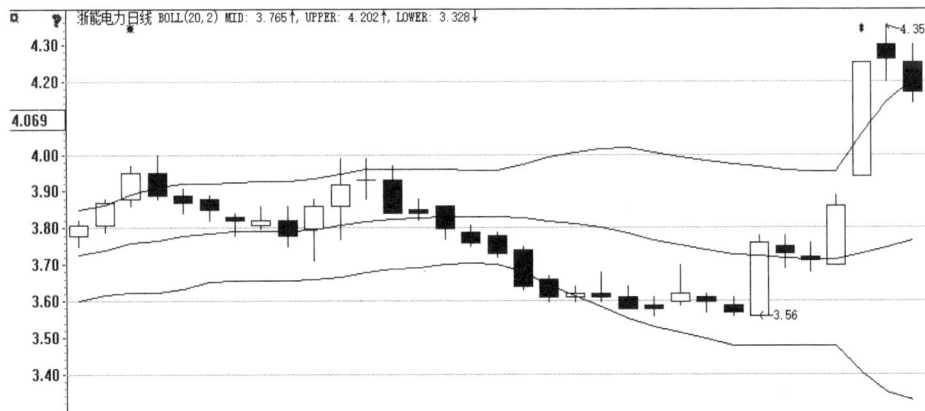

图3-32　小荷露角形态

在小荷露角形态出现过程中，短期内股价迅速上涨，不但突破月线（中轨）和前期高点两个心理线，还向上突破上轨，说明短期内市场上涨动能较强并迅速释放，股价接下来略微调整后大概率继续向上，延续原来的涨势，投资者可在形态出现后短线买入。

如图3-33所示，2023年4月28日，福建高速（600033）股价在经过1个多月的震荡之后，从BOLL指标下轨开始一路向上突破中轨和上轨，并突破前期高点，表明短期内上涨动能占优并不断释放，买点出现。

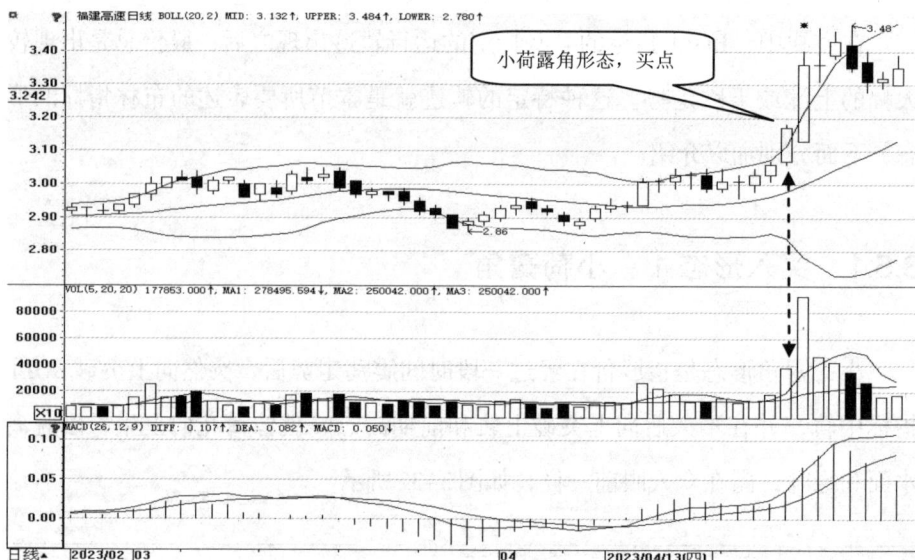

图3-33　福建高速日K线

3.5.2　买入形态2：莲藕上浮

莲藕上浮形态是指股价在经过一波下跌走势后走稳，突然反转向上，BOLL通道形成一个"藕节"拖两个"藕茎"的形态，且右侧的"藕茎"向上倾斜，如图3-34所示。

在BOLL带莲藕上浮形态出现过程中，股价出现"下跌—上涨"的反转走势，一般"藕节"越短，反转速度越快，也可将其看作两个反方向的喇叭口紧密相连。投资者可在右侧喇叭口张开时买入，此时股价通常会向上突破BOLL指标上轨。

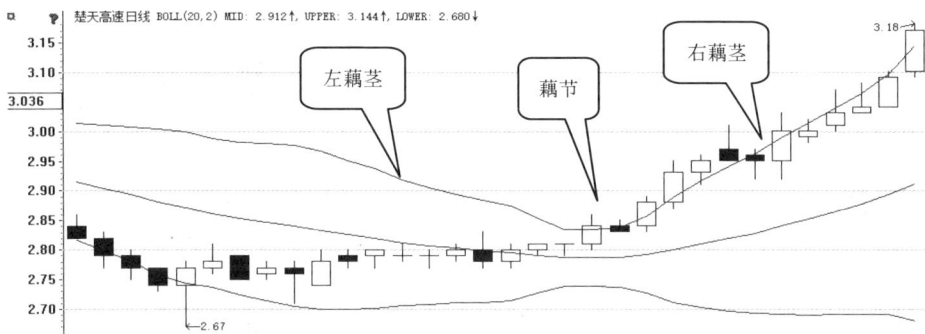

图 3-34 莲藕上浮形态

如图 3-35 所示，2022 年 10 月底，歌华有线（600037）股价在经过 2 个月的下跌之后突然向上，从 BOLL 指标下轨开始一路向上突破中轨和上轨，形成初步的莲藕上浮形态，表明股价突然转势，买点出现。

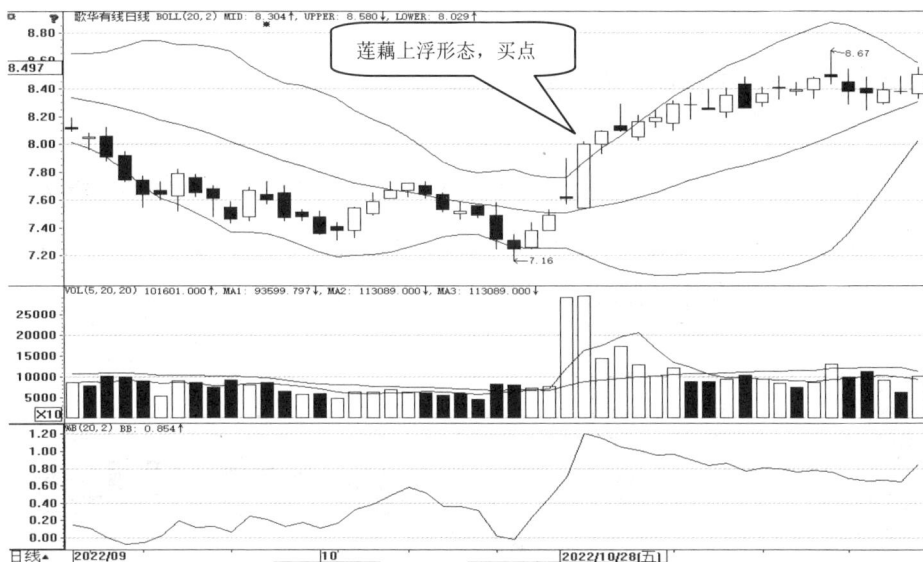

图 3-35 歌华有线日 K 线

如图 3-36 所示，2022 年 10 月 19 日，四川路桥（600039）股价突然向上，从 BOLL 指标下轨开始短短几天一路向上突破中轨和上轨，形成初步的莲藕上浮形态，表明股价突然转势，买点出现。

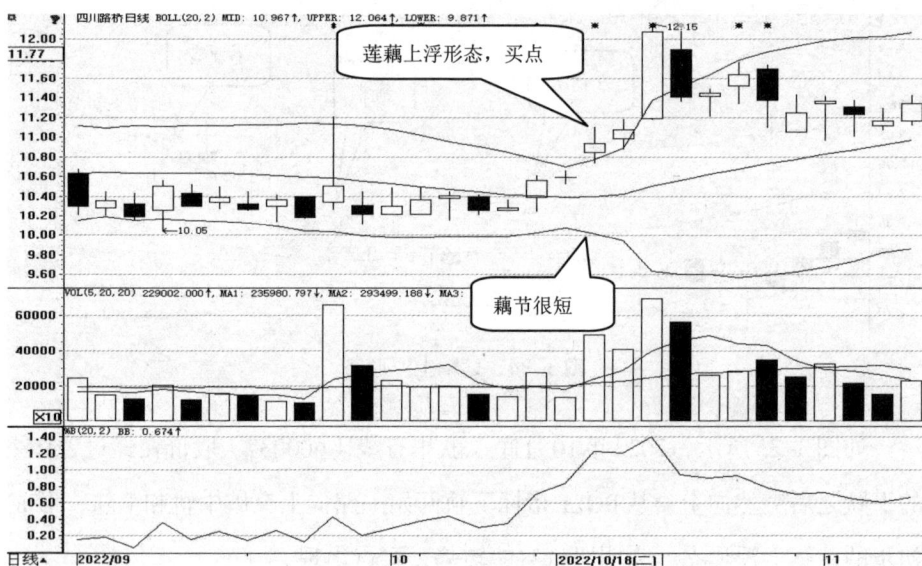

图 3-36　四川路桥日 K 线

3.5.3　买入形态 3：小鸭潜行

小鸭潜行形态是指股价在向上突破中轨之后以小阴小阳线的形式缓缓上涨，同时布林带不能过宽，且明显向上运行，就像一只小鸭在水面（上轨）之下缓缓潜行，如图 3-37 所示。

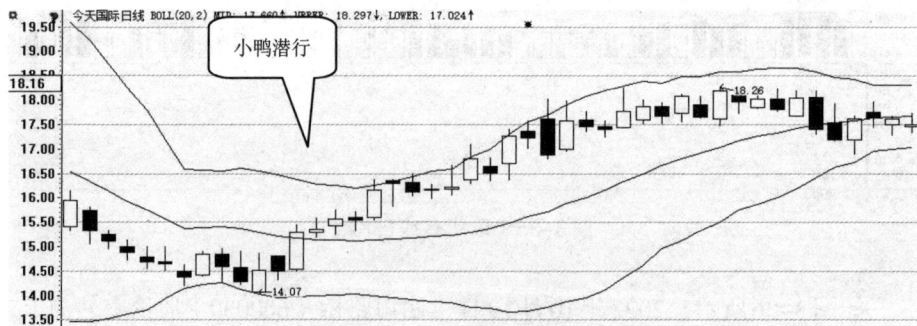

图 3-37　小鸭潜行形态

在小鸭潜行形态出现过程中，股价刚刚转势但上涨动能并不是特别占优，股价处于温和放量状态。一旦上涨趋势彻底形成，股价加速上涨，投资者就可以买入。

如图 3-38 所示，2022 年 12 月下旬至 2023 年 1 月下旬，万兴科技（300624）股价在向上突破 BOLL 指标中轨后以小阴小阳线的形式缓缓向上，但没有突破上轨，形成小鸭潜行形态。1 月 30 日，股价跳空加速上涨，同时成交量大幅放大，表明上涨趋势彻底形成且进入加速上涨阶段，买点出现。

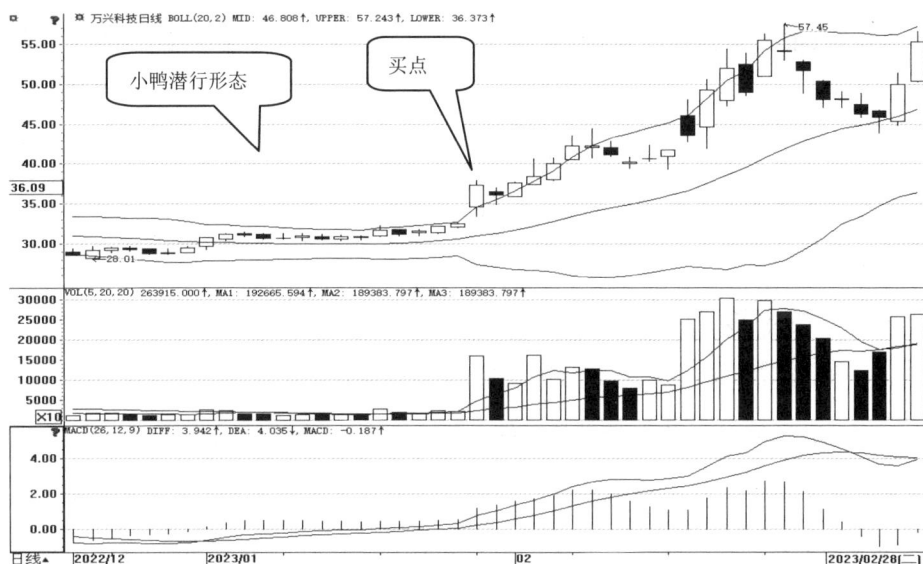

图 3-38　万兴科技日 K 线

📖🖋 实战经验

通常小鸭潜行形态持续时间越长，后续加速上涨时上涨幅度越大。图 3-38 的后续加速上涨就相当典型，出现多倍涨幅。

如图 3-39 所示，2023 年 1 月 3 日至 17 日，联得装备（300545）股价在向上突破 BOLL 指标中轨后以小阴小阳线的形式缓缓向上，但没有突破上轨，形成小鸭潜行形态。1 月 18 日，股价加速上涨，上涨趋势彻底形成，买点出现。

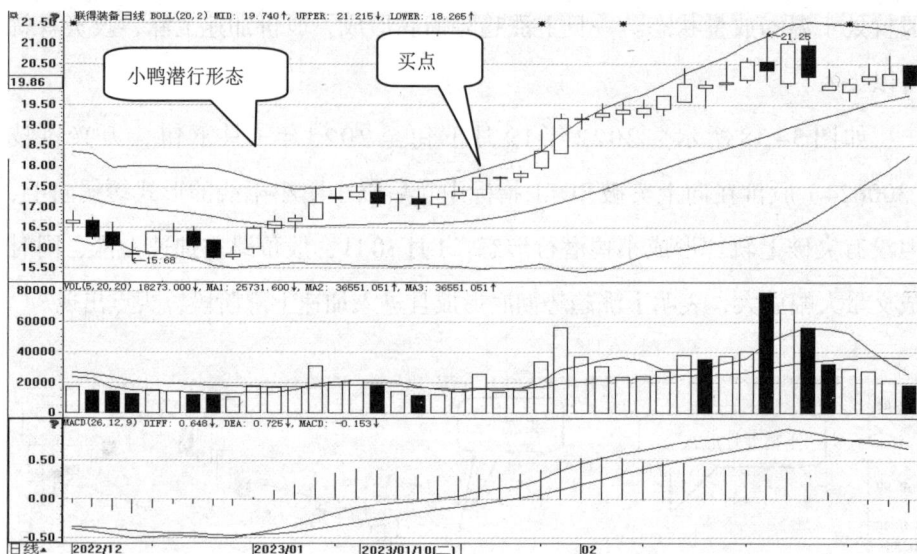

图 3-39　联得装备日 K 线

3.5.4　卖出形态 1：无力回天

　　无力回天形态是指股价较长时间运行在 BOLL 指标中轨上方，在一波急速上涨走势后回调，然后再次向上，却无法再创新高突破上轨（上轨是"天"），而是受到上轨的阻力作用而向下，如图 3-40 所示。

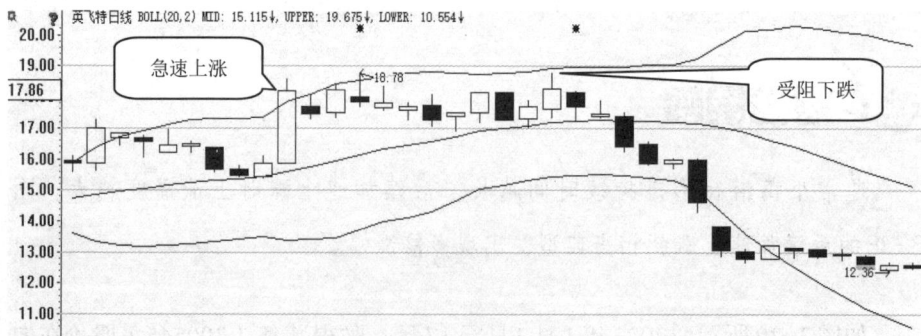

图 3-40　无力回天形态

　　无力回天形态出现表明市场上涨动能与前期相比下降，股价欲振乏力，

接下来将出现一波下跌走势，投资者可短线卖出。此时如果有其他技术分析
工具的信号配合，卖出信号将更可靠。

　　如图 3-41 所示，2022 年 11 月中旬，亿联网络（300628）股价在 BOLL 指
标中轨上方回调后再次向上，但无法再创新高突破上轨，11 月 18 日在受到上
轨的阻力作用后再次向下，次日股价跌破中轨，卖点出现。

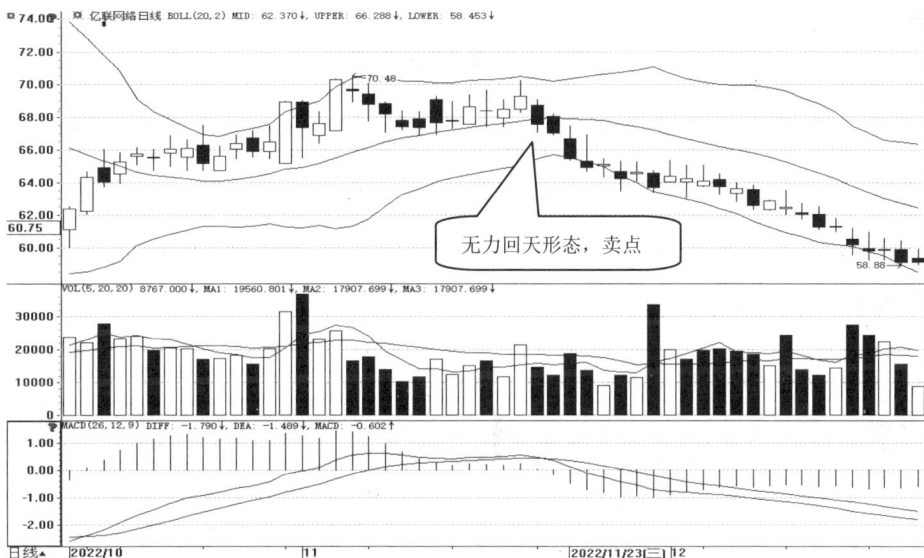

图 3-41　亿联网络日 K 线

3.5.5　卖出形态 2：黄牛喝水

　　黄牛喝水形态是指股价在经过一段时间上涨或大幅震荡后走势趋缓，
BOLL 通道逐渐变窄，之后股价突然大幅下跌，BOLL 指标上轨向上，中轨和
下轨明显向下开口，就像一头低头喝水的黄牛，如图 3-42 所示。

　　黄牛喝水形态出现表明市场波动幅度逐渐变小，之后股价大幅下跌，市
场开始明显向下发力，投资者要注意及时出场。此时如果有其他技术分析工
具的信号配合，卖出信号将更可靠。

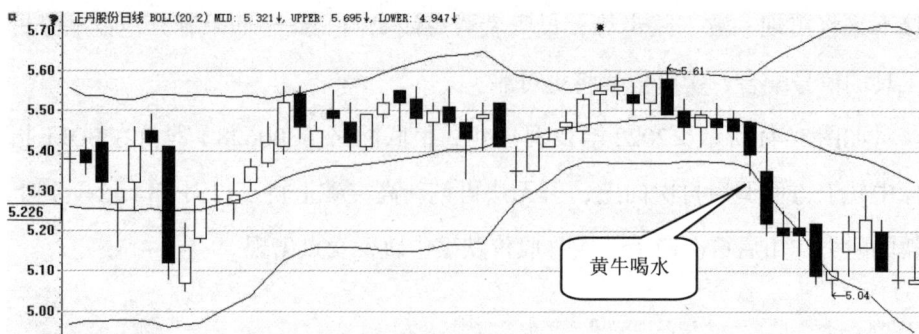

图3-42　黄牛喝水形态

如图3-43所示，2023年1月至2月，万通智控（300643）股价出现一波涨势。2月底，涨势欲振乏力，BOLL指标通道明显变窄。3月2日，股价加速下跌，同时成交量明显放大，BOLL指标上轨向上，中轨和下轨向下，形成黄牛喝水形态，卖点出现。

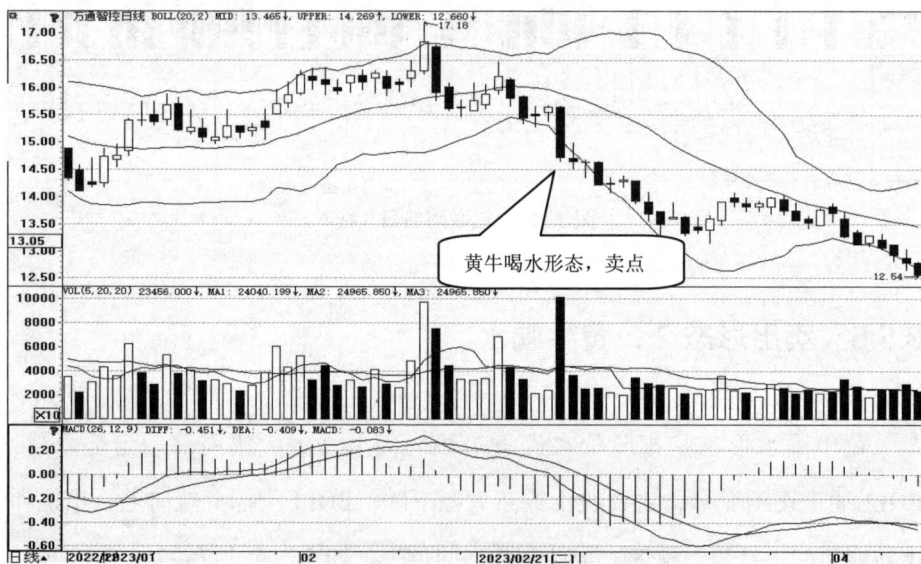

图3-43　万通智控日K线

3.5.6　卖出形态 3：莲藕下沉

莲藕下沉形态是指股价在一波上涨走势后走稳，突然反转向下，BOLL 通道形成一个"藕节"拖两个"藕茎"的形态，且右侧的"藕茎"向下倾斜，如图 3-44 所示。

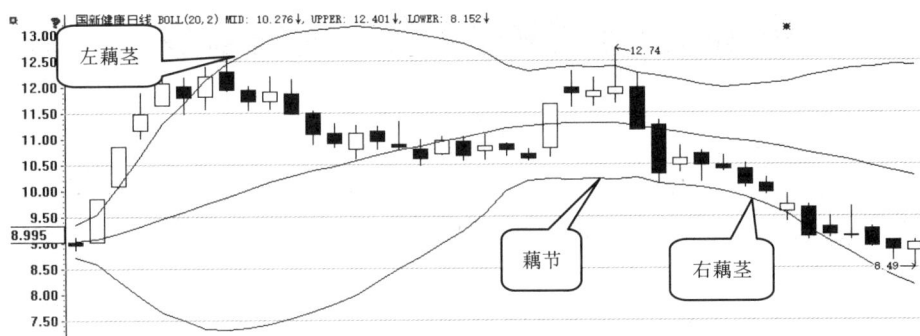

图 3-44　莲藕下沉形态

在 BOLL 带莲藕下沉形态出现过程中，股价出现"上涨—下跌"的反转走势，一般"藕节"越短，反转速度越快，也可将其看作两个反方向的喇叭口紧密相连。投资者可在右侧喇叭口张开时卖出，通常此时股价会向下跌破 BOLL 指标中轨，且中轨明显向下。

如图 3-45 所示，2022 年 10 月，南华生物（000504）股价在经过一波上涨走势后突然向下，从 BOLL 指标上轨开始一路向下，跌破中轨。在中轨震荡几天后加速向下，11 月 23 日形成初步的莲藕下沉形态，表明股价突然转势，卖点出现。

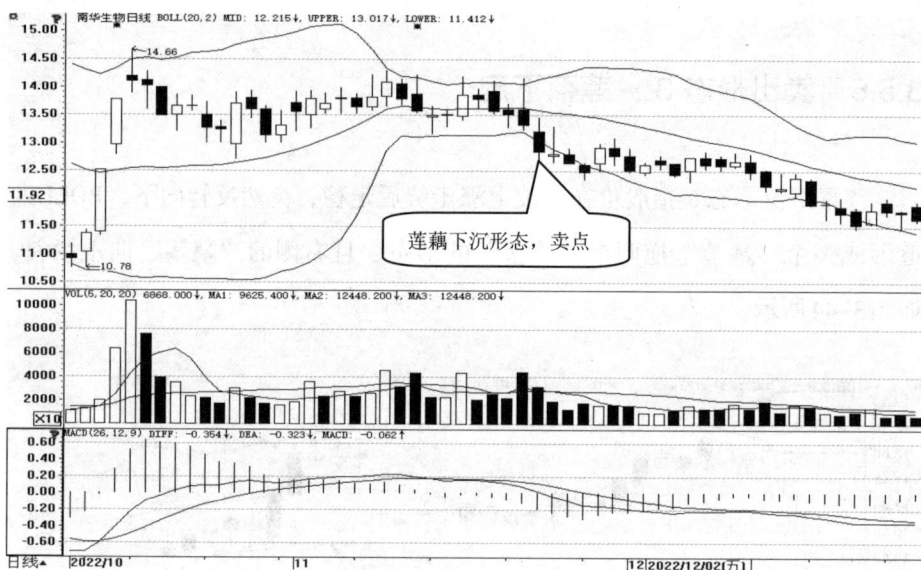

图3-45 南华生物日K线

3.6 布林线的使用误区

3.6.1 布林线预测未来的股价走势

BOLL指标画出了股价运行的通道，大部分时间内股价都在通道内运行。而从本质上来说，BOLL指标是根据K线数据计算所得，因此，BOLL指标可以反映股价的运行状态（如相对高低、震荡幅度等），但并不能直接预测股价走势。

以下轨的支撑为例，根据统计数据，股价运行至BOLL指标下轨时，有很大概率向中轨返回。但股价除了立即返回中轨外，也可能进行横盘整理或继续下跌。因此，准确的说法是，股价到达BOLL指标下轨时，倾向于返回中轨，但具体的运动方向只有走势形成后才可以确定。

如图3-46所示，2022年9月至12月，正海生物（300653）股价多次下跌到达下轨后都得到支撑而返回中轨。

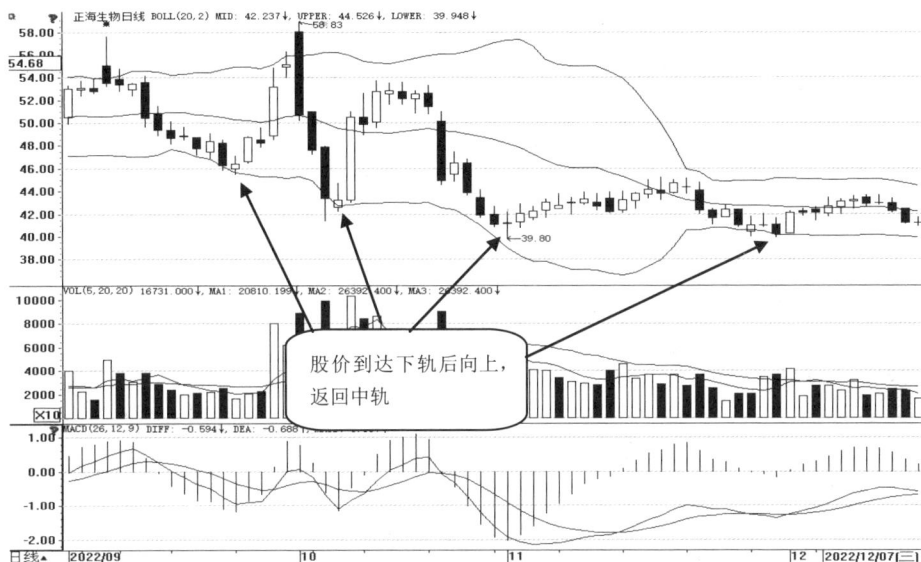

图3-46 正海生物日K线

如图 3-47 所示，2032 年 3 月底，江丰电子（300666）股价下跌，一度跌破 BOLL 指标下轨。股价跌破 BOLL 指标下轨后，在下轨附近进行整理。整理结束，股价开始上涨。

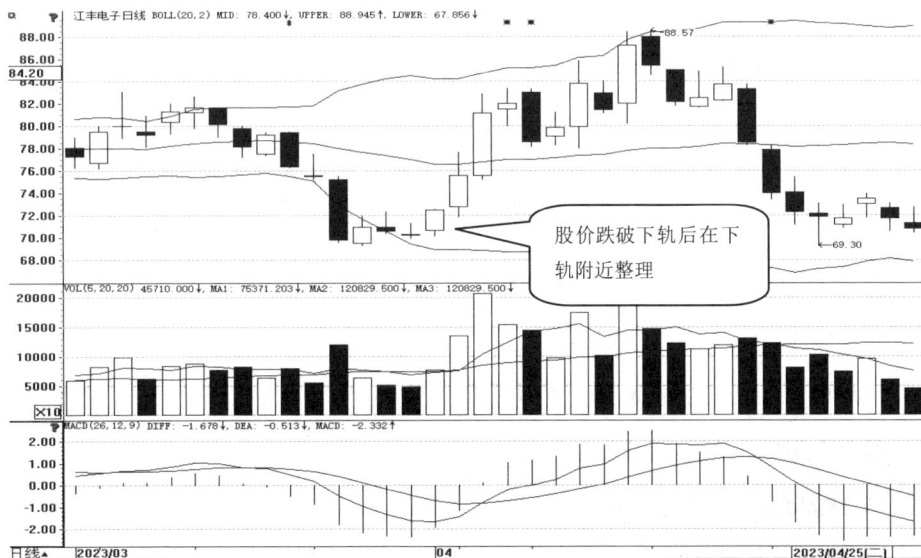

图3-47 江丰电子日K线

如图3-48所示，2022年9月中旬开始，民德电子（300656）处于下跌趋势中。在下跌过程中，股价虽然在下轨处运行，但连续多日沿着下轨走弱。这种走势表明个股短期内极度疲弱。

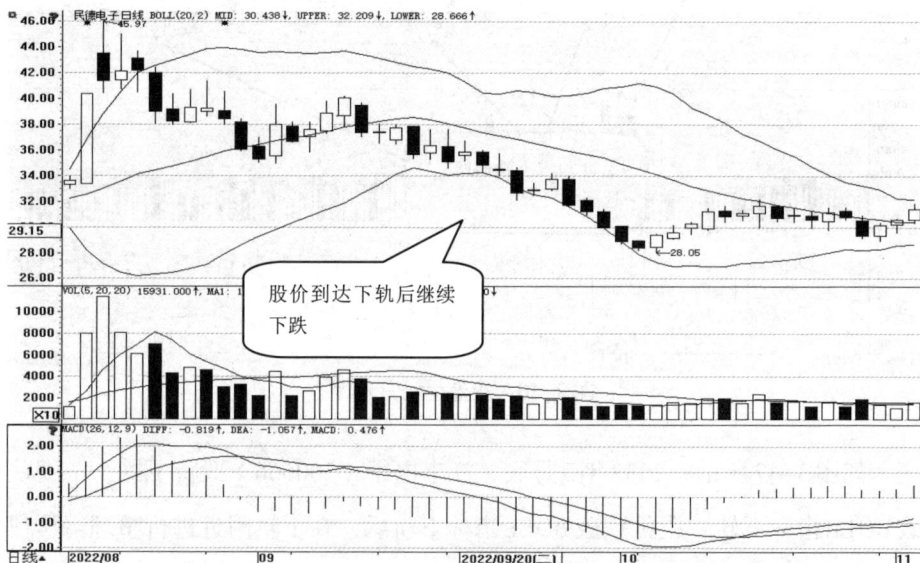

图3-48　民德电子日K线

3.6.2　布林线的魅惑

区别于其他技术指标，作为通道线的BOLL指标全方位地与K线接触，BOLL指标的上轨、中轨、下轨与K线可以形成很多种组合。在贪婪心态的作用下，投资者容易看多。此时，无论BOLL指标处于怎样的形态，投资者总是相信BOLL指标发出的是看涨信号。

下面是受到布林线魅惑（或者说被贪婪的心态蒙蔽了双眼）后，投资者所展现出的操作思路。

1.大涨过后仍期待上涨

大涨过后，投资者的心态容易变得贪婪而且浮躁。尤其是满仓的投资者，往往抱有"股价一定能继续上涨"的想法。此时在这类投资者看来，BOLL指标总是发出看涨信号。

如图3-49所示，2022年10月，宇信科技（300674）股价开始了一波上涨走势。突破上轨后，股价出现放量滞涨。而抱有"股价一定能继续上涨"想法的投资者看到股价后续下跌接近中轨时，认为中轨对股价有支撑作用，选择继续持股。但此后，股价持续下跌。

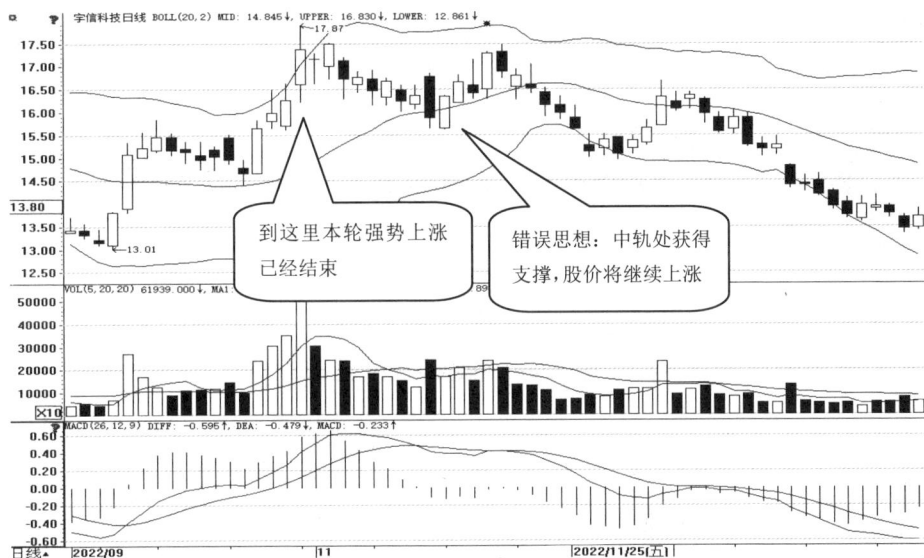

图3-49　宇信科技日K线

如图3-50所示，2022年9月下旬，光威复材（300699）股价在上涨趋势中回调，到BOLL指标中轨附近得到明显支撑。在这里，看多的投资者会买入或持有原有的股票。但此后，股价上涨乏力，持续下跌。

2.股价下跌后不能认清形势

抱有"股价一定能继续上涨"想法的投资者，在股价持续下跌时，有时仍会抱有幻想，认为"下跌只是暂时的"，从而遭受更大的损失。

如图3-51所示，2023年3月下旬，新余国科（300722）股价在经过一波上涨走势后回调向下，股价跌破BOLL指标中轨，在下轨处受到支撑向上。

3月24日，股价向上突破中轨，此后持续回落。在这个过程中，看多的投资者看到股价突破BOLL指标中轨，仍然看多，后市很容易被套。

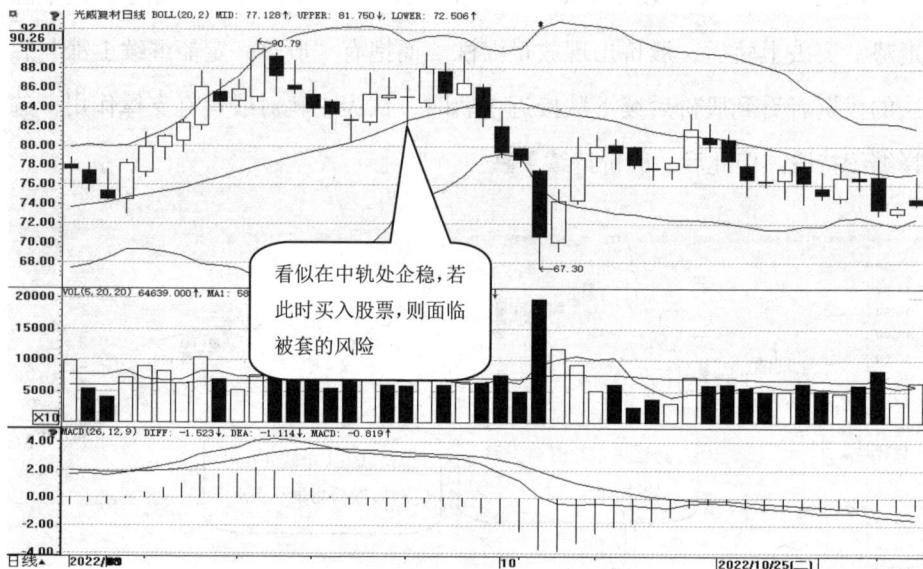

看似在中轨处企稳，若此时买入股票，则面临被套的风险

图3-50　光威复材日K线

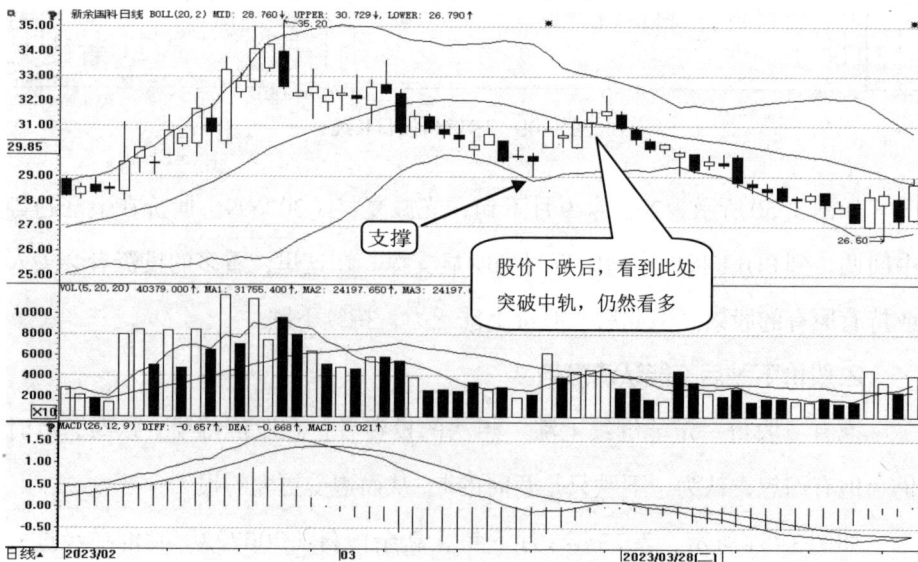

支撑

股价下跌后，看到此处突破中轨，仍然看多

图3-51　新余国科日K线

如图 3-52 所示，2022 年 3 月中旬，华海药业（600521）股价冲高回落，之后跌破 BOLL 指标中轨。3 月 25 日，股价回到下轨附近。此时不少投资者认为股价会受到下轨支撑而向上，进而短线买入，但之后股价持续下跌，连创新低，抱着"下轨支撑买入"观点不变的投资者将被深度套牢。

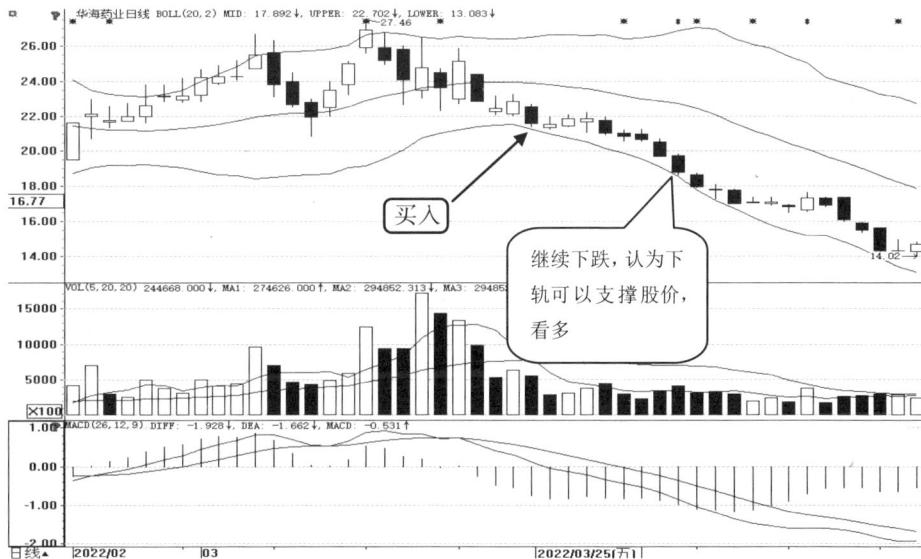

图 3-52　华海药业日 K 线

上面的例子较为极端。例中的投资者满仓持有股票，且盲目地认为 BOLL 指标总是发出看多信号，造成了巨大亏损，这种操作也对投资者的心理造成了打击。实战中，投资者要保持平和的心态，综合利用各种技术分析工具，客观地分析股价走势，才能避免受到布林线的魅惑。

第 4 章

——

布林线与股价形态

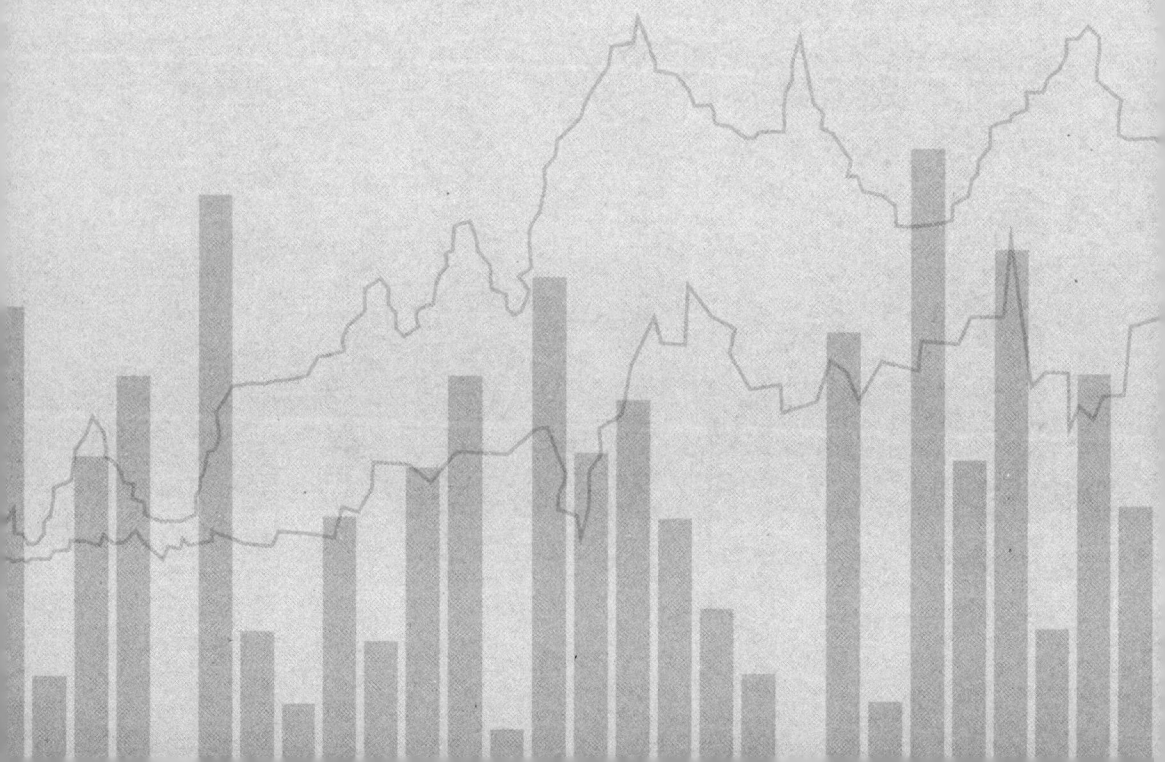

4.1　中轨以上的顶部形态

4.1.1　M 形顶

M 形顶又称双顶，出现在一段上涨行情之后。股价连续两次上攻失败，形成两个顶峰。从 M 形顶第一次回调的低点作一条直线，即可得到颈线，如图4-1所示。

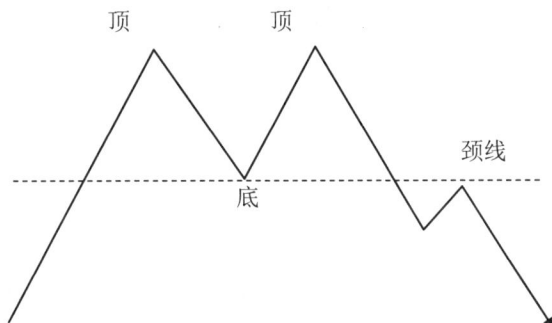

图4-1　M 形顶

在 M 形顶的形成过程中，股价先是连续上涨，会有已经获利的投资者将手中的股票卖出，股价下跌，形成第一顶。

经过短暂的下跌后，在颈线位置会有短线投资者抄底买入，造成股价反弹。但因股价已高，当反弹到达前期高点时，抛盘再次涌出，股价下跌形成第二顶。

根据布林格的观测，M 形顶在 BOLL 指标中轨上方形成，其第一个顶往往突破上轨，第二个顶则在上轨处明显受阻（无法向上突破），而其颈线位置往往与中轨位置相当。在股价下跌过程中，一旦跌破颈线或中轨，且反弹不能再次形成突破，说明上涨行情已经完全被破坏，此后股价将进入持续的下跌走势中。投资者可在第二个顶大幅向下时卖出。

在布林格的理论中，M形顶是各类顶部形态的基础，更复杂的头部形态，如头肩顶、三重顶等都可以看作M形顶的组合。

如图4-2所示，2022年9月15日，国新健康（000503）日K线图上出现M形顶的第二个顶。在第二个顶形成的过程中，成交量明显放大，股价在上轨附近受阻，K线形成射击之星的看跌形态。第二天，股价大幅向下，卖点出现。

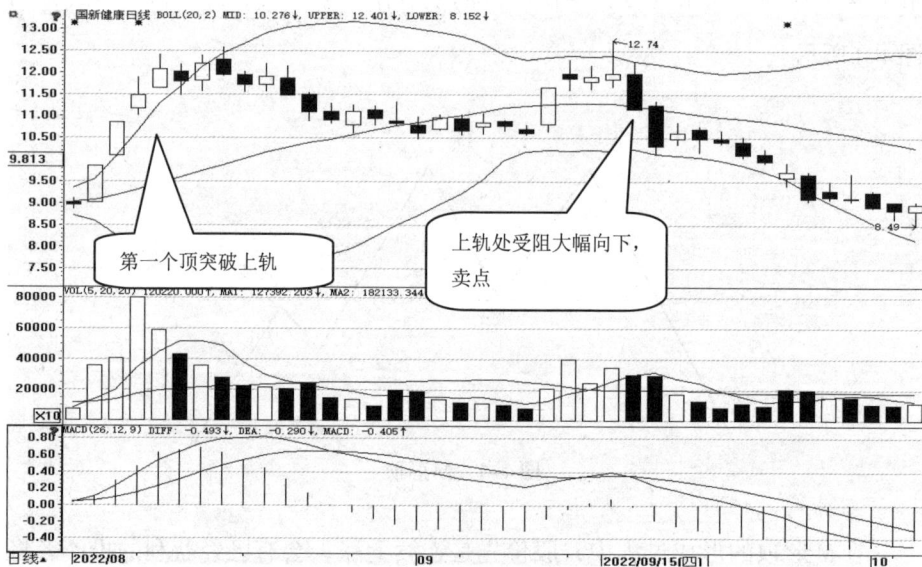

图4-2　国新健康日K线

实战经验

在实战中，投资者要注意以下两点。

1.在传统理论中，M形顶指示的卖点有两个：其一为跌破颈线；其二为反弹确认。很显然，在本例中，布林格理论指示的卖点（第二个顶大幅向下即卖出）要早于传统的卖点出现。

2.第二个顶之所以要用到上轨的阻力作用，很大程度上是因为市场整体进入震荡状态。

如图4-3所示，2023年3月至4月，航天发展（000547）日K线图上出现M形顶。其中第二个顶的形成过程分为两段。4月3日，股价放量上涨，但在上轨处受到明显的阻力作用，之后缓缓下跌。4月10日，股价加速下跌并跌破中轨，卖点出现。

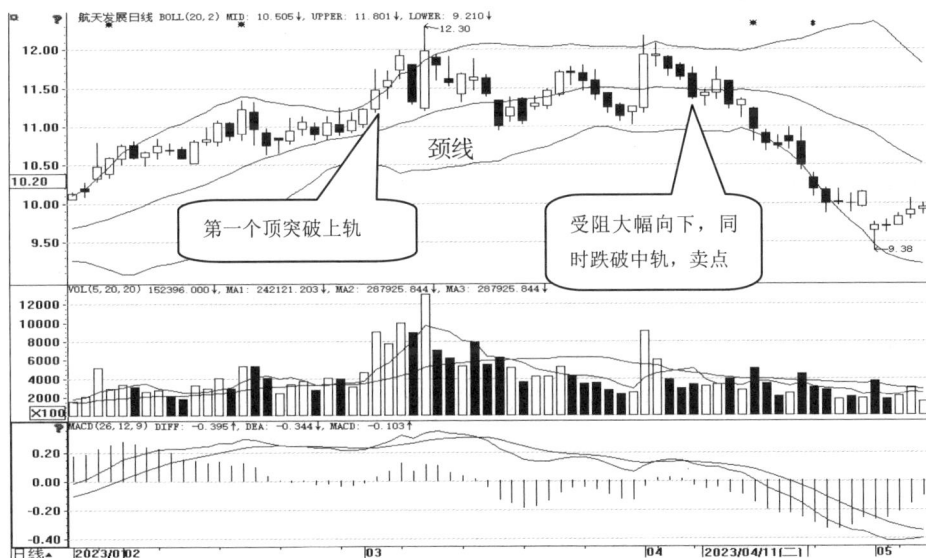

图4-3　航天发展日K线

如图4-4所示，2023年2月至3月，甘肃能化（000552）日K线图上出现M形顶。其中第二个顶在上轨处受阻后缓缓向下，并没有大幅下跌。3月9日，股价跌破中轨，卖点出现。

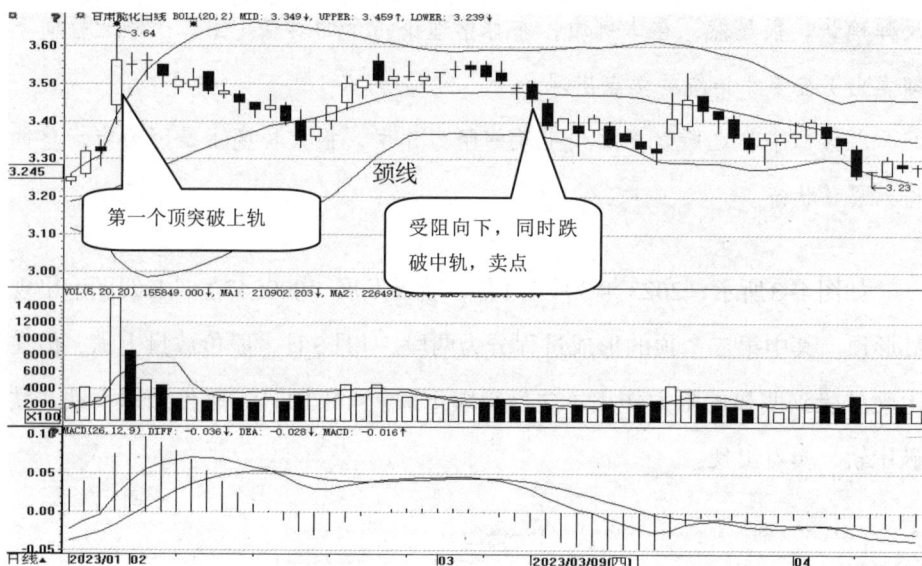

图4-4　甘肃能化日K线

4.1.2　头肩顶

　　头肩顶是股价在高位连续形成的三顶形态，中间的顶部比两边的高，形似人体的头部和左右两肩。这三个峰顶从左到右依次叫作左肩、头部、右肩。左肩和头部两次回调后所形成的低点的连线为颈线，如图4-5所示。

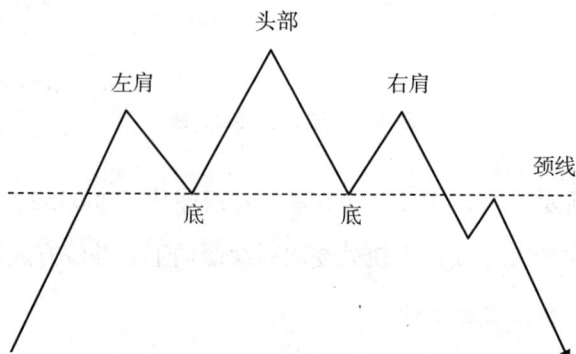

图4-5　头肩顶

按照布林格的看法，最典型的头肩顶形态应该是左肩突破上轨，头部碰到上轨。在理想状态下，颈线、中轨和右肩会碰到一起，从头部开始的下跌会跌到下轨附近，随后的反弹会弹到中轨，最后出现快速下跌，跌破下轨。但在实践中，这样完美的形态很少见，大部分情况下价格走势只是符合大概的模式特征。

头肩顶形态的传统卖点有两个：其一为跌破颈线时，其二为反弹确认时。结合BOLL指标一起使用时，投资者要重点关注右肩的走势，一旦确定形态，可在右肩大幅向下或跌破中轨时卖出。

如图4-6所示，2021年11月至2022年1月，得润电子（002055）日K线图中出现头肩顶形态。在股价连续两次上攻BOLL指标上轨过程中，左肩、头部依次形成。2021年12月24日，股价跌破中轨，之后几日股价在中轨下方企稳，表明市场初步转势。2022年1月中旬，股价下跌得到下轨的支撑再次向上，但受到中轨的阻力再次向下，跌破颈线，卖点1出现。2月下旬，股价反弹到颈线附近受到阻力再次向下，同时BOLL指标上轨也显示了较强的阻力作用，卖点2形成。

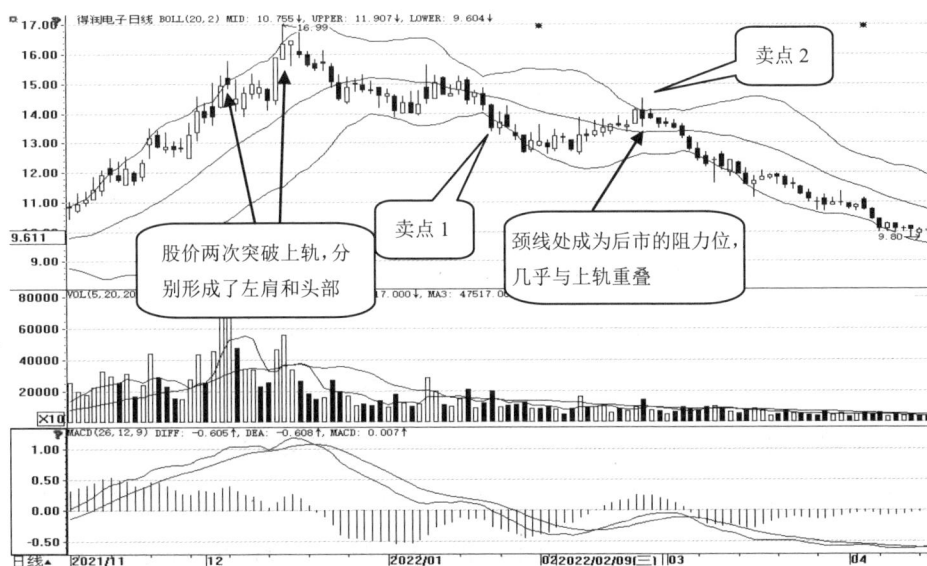

图4-6 得润电子日K线

头肩顶形态与BOLL指标相结合,最具实战价值的是右肩。通常右肩多形成在中轨和下轨之间,且中轨、下轨的阻力、支撑作用表现得相当明显。

4.1.3 三重顶

三重顶形态出现在股价上涨一段时间后,股价连续三次上攻失败,形成三个顶峰。这三个顶峰的高度基本相同。前两次上涨失败后,股价回调的低点也基本相同,将两个低点连接起来的直线就是颈线,如图4-7所示。

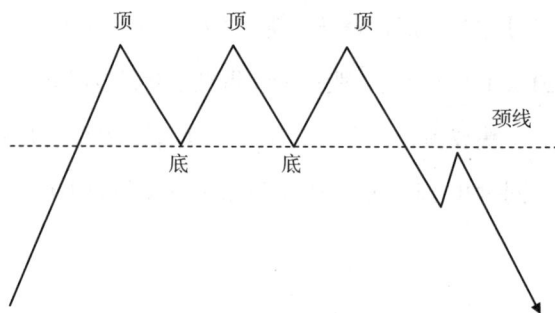

图4-7　三重顶

三重顶形态出现在一段上涨行情的尾端。股价连续三次上涨受到上轨阻力,形成三个顶部。三重顶的形成时间较M形顶更长,在形成过程中,中轨往往由上翘开始走平,BOLL指标上轨的阻力作用非常明显。在第三个顶部形成后,股价加速下跌,将跌破中轨和颈线位置,投资者可伺机卖出。

如图4-8所示,2022年1月至5月,皇庭国际(000056)日K线图上出现三重顶。可以看到,在三个顶形成的过程中,成交量整体上呈萎缩态势,BOLL指标中轨整体也从上升转为持续走平。4月22日,股价在上轨处受阻向下,K线在上轨处形成乌云盖顶的看跌形态,第二天股价跳空加速向下并跌破中轨,卖点出现。

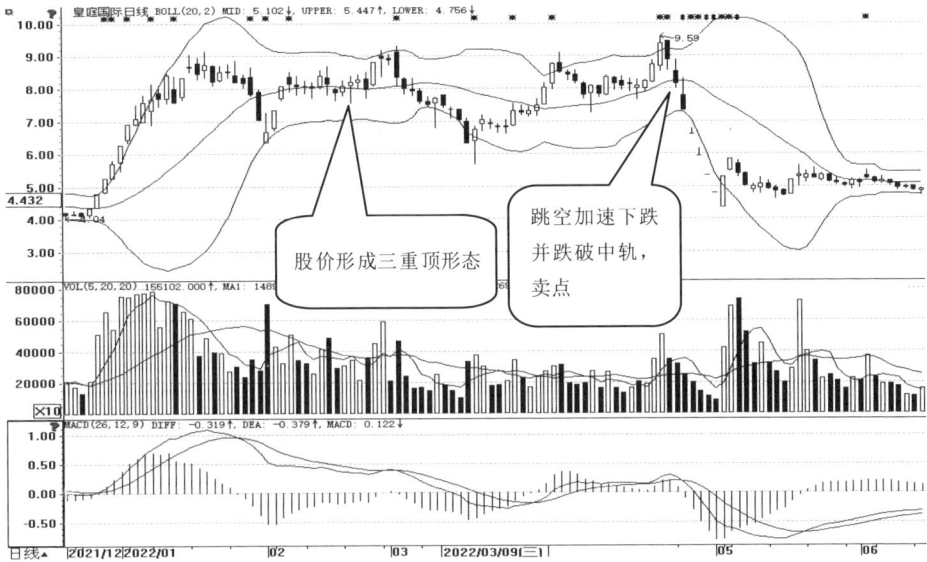

图 4-8　皇庭国际日 K 线

如图 4-9 所示，2022 年 6 月至 9 月，牧高笛（603908）日 K 线图上出现三重顶。三个顶形成过程中，股价在 BOLL 通道内上下震荡。10 月 17 日，股价向下跌破颈线，卖点出现。

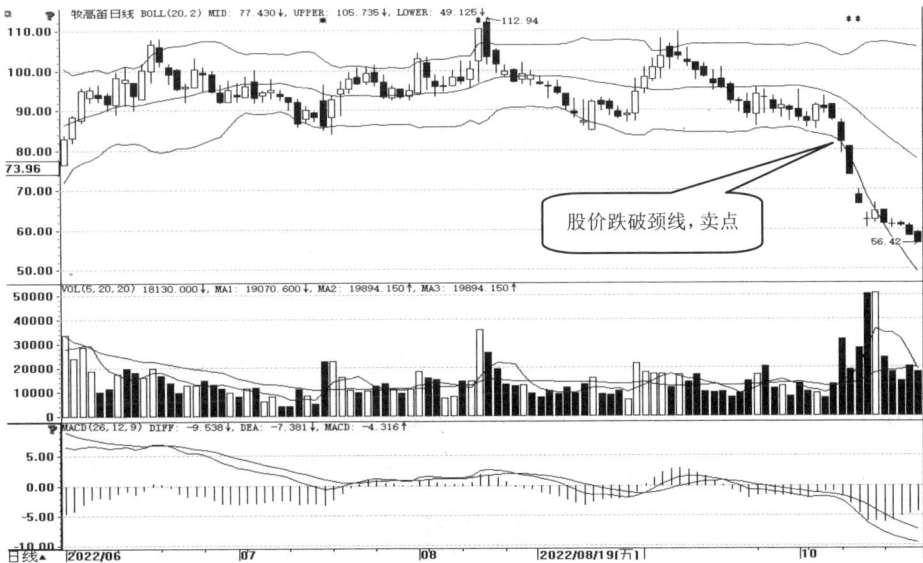

图 4-9　牧高笛日 K 线

实战经验

在图4-9中，之所以在股价跌破颈线时卖出，主要是因为股价震荡整理时间太长，不太确定是否会形成四重顶，一直等到股价跌破颈线时才卖出。

4.1.4　倒 V 形顶

倒 V 形顶出现在上涨行情尾端，先是股价快速上扬，随后股价又开始快速下跌，头部为尖顶，就像倒置的英文字母 V。倒 V 形顶走势十分尖锐，常在短期内形成，而且在转势点往往有较大的成交量，如图4-10所示。

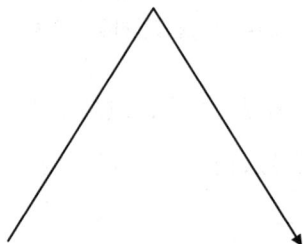

图4-10　倒 V 形顶

倒 V 形顶形成前，股价上涨速度快，股价强势上涨往往可以击穿 BOLL 指标的上轨。然而股价突然转入下跌行情时，获利盘大量涌出。抛盘导致股价大跌，倒 V 形顶形态出现后，股价往往会有较大跌幅。

在明显的单边行情中，BOLL 通道的指示信号并不准确，因此上轨的用处不大。此时投投资者要注意利用 %b 指标配合判断。

如图4-11所示，2022年12月，东北制药（000597）日 K 线图上出现倒 V 形顶。可以看到，该股股价在顶部形成过程中快速上涨，强势击穿 BOLL 指标上轨，走出大阳线并放出巨量。但在这个过程中，股价与 %b 指标形成顶背离形态，表明下跌动能正在集聚。12月22日，顶背离后 %b 指标脱离超买区域，卖点出现。此后，股价进入持续下跌的行情中。

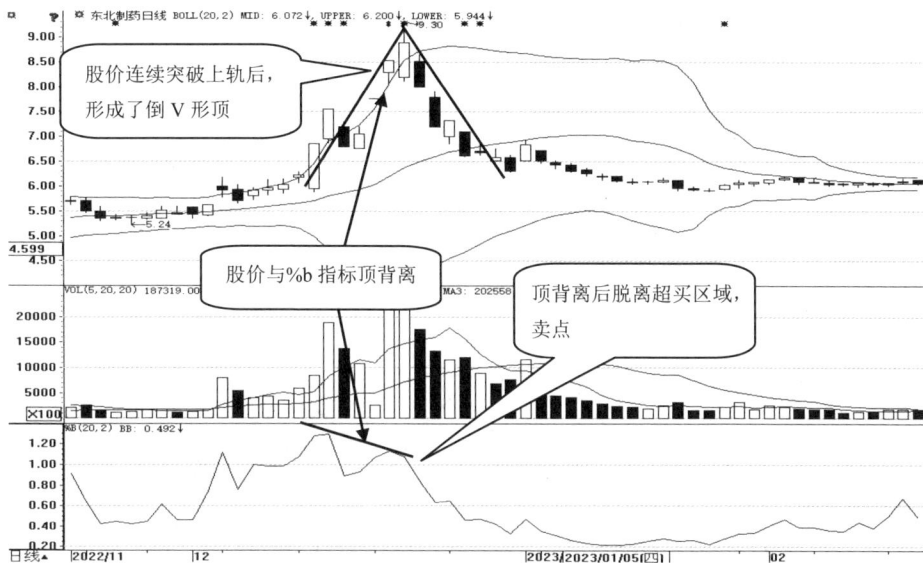

图 4-11 东北制药日 K 线

如图 4-12 所示，2022 年 5 月下旬至 6 月下旬，青岛双星（000599）日 K 线图上出现倒 V 形顶。6 月 9 日，股价与 %b 指标形成"顶背离+脱离超买区域+K 线乌云盖顶"的综合卖出信号。此后，股价进入持续下跌的行情中。

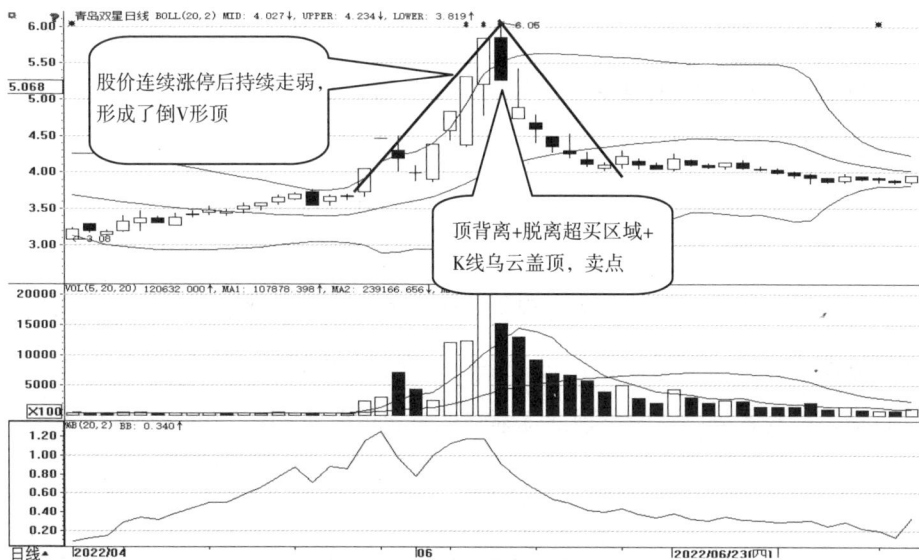

图 4-12 青岛双星日 K 线

4.1.5　圆弧顶

圆弧顶形态出现在上涨行情尾端。在上涨一段时间后，股价开始在高位反复震荡。如果将多次震荡的高点用线连起来，会形成一个向上凸起的圆弧形状，这就构成了圆弧顶，如图 4-13 所示。

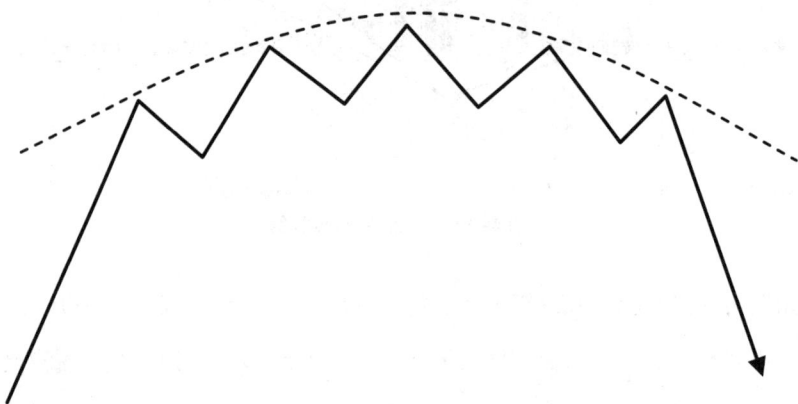

图 4-13　圆弧顶

圆弧顶形态表示股价经过一段时间上涨后，虽然上涨趋势持续，但主导上涨的多方力量正逐渐衰竭。从 K 线图上来看，在形成顶部的过程中，股价多次触碰 BOLL 指标上轨；而 BOLL 指标上轨方向逐渐由向上转为向下，形成一道圆弧。这个形态形成后，股价将由缓慢下滑转为加速下跌。

如图 4-14 所示，2022 年 5 月至 8 月，南华生物（000504）日 K 线图上出现圆弧顶形态。在圆弧顶形成过程中，股价连续多次上涨到 BOLL 指标上轨位置遇到阻力。在不断受阻回调过程中，股价逐渐由减速上涨行情变成加速下跌行情。投资者可以在股价顶部逐渐降低时卖出股票。

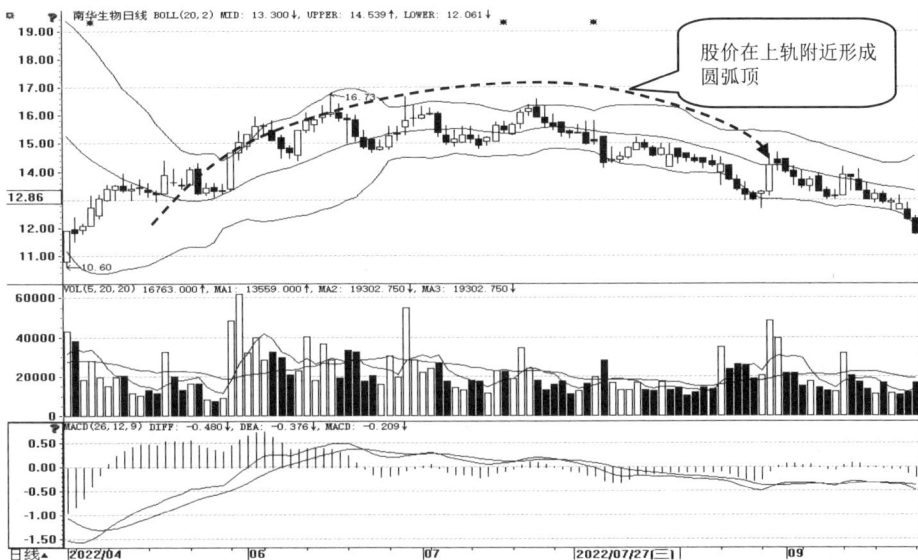

图 4-14 南华生物日 K 线

4.2 中轨以下的底部形态

4.2.1 W 形底

W 形底出现在下跌行情的尾端。股价连续两次下跌均获得支撑，形成两个底部。从第一次获得支撑后股价反弹的顶点作一条直线，即得到 W 形底的颈线，如图 4-15 所示。

在 W 形底形成过程中，股价首先经过一段时间的下跌后出现反弹，形成底部。但这次反弹并没有持续太长时间，股价在上涨一段时间后遇到阻力回调。这次短暂的上涨说明空方力量未被彻底消化，或者多方力量并没有准备充分。当股价回调一段时间后，再次获得支撑反弹，形成第二个底。此后股价持续上涨，突破颈线。

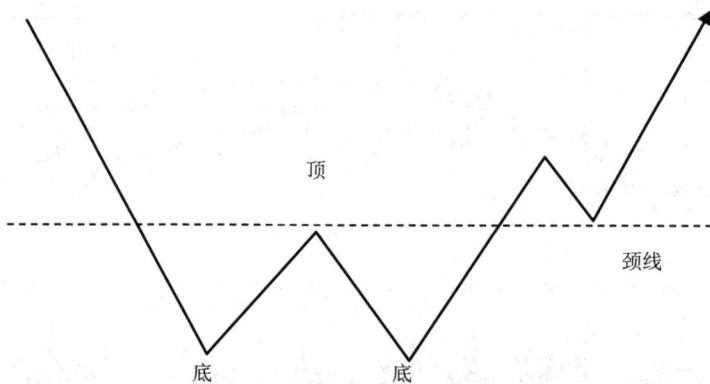

图4-15　W形底

　　股价突破颈线之后有时出现回抽，若回抽有效，股价回到颈线附近时可以止跌回升。这种回抽是对W形底形态的确认。

　　W形底在BOLL指标中轨下方形成，其颈线位置往往与中轨位置相接近。在股价上涨过程中，一旦突破颈线或中轨，说明底部形态确立，后市看涨。

　　如图4-16所示，2022年9月至11月，宁波联合（600051）日K线图上出现W形底形态。前期下跌过程中，股价保持在BOLL指标中轨以下，反弹突破中轨后，股价再次下跌，形成了第二底。11月1日，第二个底形成，股价在下轨处受到支撑，同时K线形成启明星形态，买点出现。

　　如图4-17所示，2022年9月至10月，陕国投A（000563）日K线图上出现W形底形态。前期下跌过程中，股价保持在BOLL指标中轨以下，反弹突破中轨后再次下跌，形成了W形底。投资者可以在11月1日K线在下轨处受支撑、形成启明星形态时买入持股。

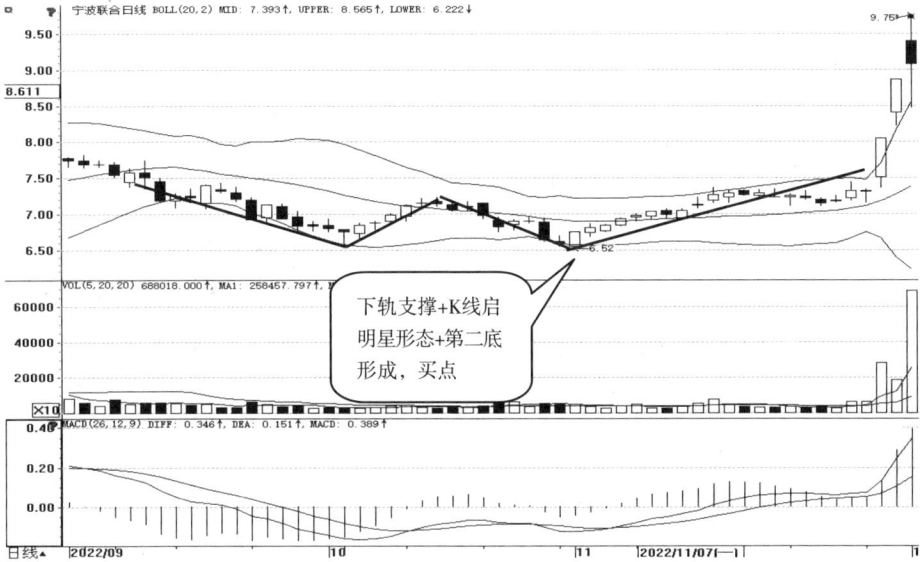

图 4-16　宁波联合日 K 线

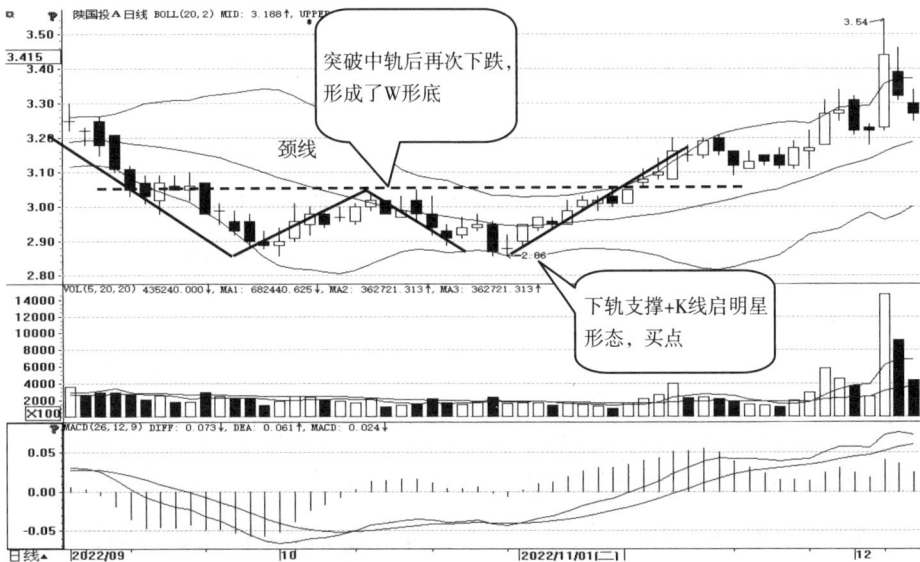

图 4-17　陕国投 A 日 K 线

4.2.2 头肩底

头肩底形态出现在下跌行情尾端，由连续的三个底部组成。三个底部从左到右依次叫作左肩、头部、右肩。左右两个肩部的最低价基本相同，中间头部的最低价则略低。在左肩和头部形成后的两次反弹过程中，股价在相近的价位受到阻力回调。这两个价位的连线为颈线，如图4-18所示。

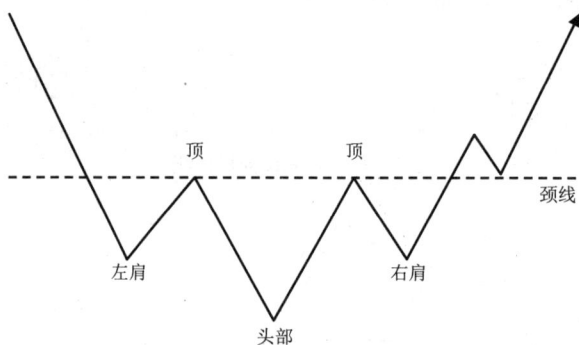

图4-18　头肩底

头肩底是十分强势的反转信号，表示空方力量被不断消耗。头肩底形态通常在BOLL指标中轨下方出现，形成第一个底时股价强势下跌，靠近下轨甚至跌破下轨；随后股价虽然再创新低，形成头部，但距离下轨越来越远，并逐渐走高。

头肩底形态指示的传统买点有两个：其一为向上突破颈线时，其二为回抽确认时。结合BOLL指标一起使用时，投资者要重点关注右肩的走势，一旦确定形态，可在右肩大幅向上时买入。

如图4-19所示，2022年9月至12月，粤宏远A（000573）日K线图上出现头肩底。在该形态中，左肩与右肩基本持平，而头部略低。2022年11月25日，股价得到BOLL指标中轨支撑向上放量大涨，右肩开始加速向上，买点出现。

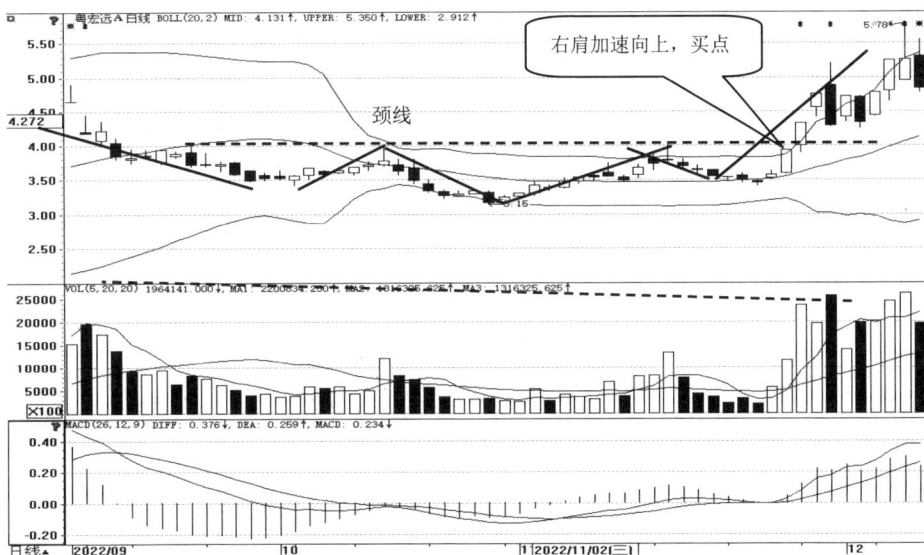

图 4-19　粤宏远 A 日 K 线

如图 4-20 所示，2022 年 3 月至 7 月，佛山照明（000541）日 K 线图上出现头肩底。在该形态形成过程中，左肩与右肩基本持平，股价大幅下跌跌破 BOLL 指标下轨，形成了头肩底的头部。7 月 20 日，股价突破颈线，买点出现。

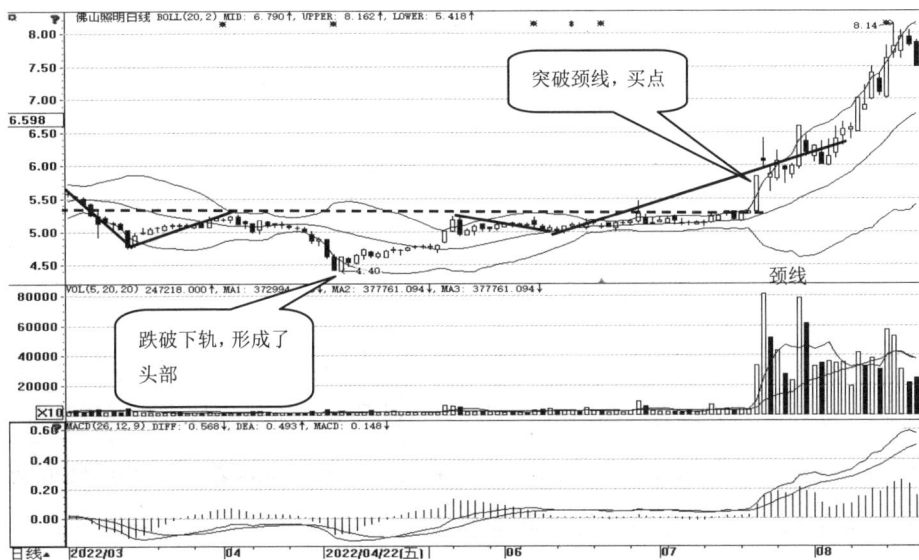

图 4-20　佛山照明日 K 线

　　头肩底的右肩走势不确定性很大，既可能只是短期回调后就再次上涨，也有可能长时间在 BOLL 指标中轨附近震荡。这种长时间震荡走势往往意味着后市的大幅涨跌，投资者要注意把握，一旦喇叭口敞开就要迅速锁定方向，积极入场。

4.2.3　三重底

　　三重底形态出现在一段下跌行情的尾端。股价连续三次下跌获得支撑，形成三个底部。在形成前两个底部后，股价反弹到几乎相同的价位遇到阻力回调，形成高度基本相同的两个顶部。顶部高点的连线就是颈线，如图 4-21 所示。

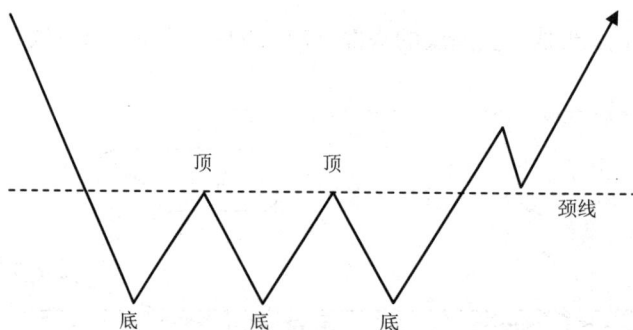

图 4-21　三重底

　　三重底形态表示多空双方的力量在底部不断交锋，最终多方取得主导地位。一旦股价突破颈线，则预示着多方力量胜利，未来股价将有可观的涨幅。所以，三重底形态为股价见底回升的看涨信号。股价突破颈线时若得到成交量有效放大的配合，则看涨信号更为强烈。

　　三重底形态出现在一段下跌行情的尾端，股价连续三次下跌受到 BOLL 指标下轨的支撑，形成三个底部。在三重底形态形成过程中，中轨往往从下降开始走平，下轨的支撑作用非常明显。在第三个底部形成后，股价加速上涨，将向上突破中轨和颈线位置，投资者可伺机买入。

如图 4-22 所示，2022 年 1 月至 5 月，前期下跌的中兵红箭（000519）在底部走出三重底形态。在三重底形成过程中，该股股价连续三次在 BOLL 指标下轨处得到支撑。4 月 27 日，股价在下轨处形成启明星的看涨形态，之后股价向上突破中轨，突破后在中轨上方缓缓震荡一段时间后受到支撑再次向上突破上轨和颈线。投资者要注意把握这些买点。

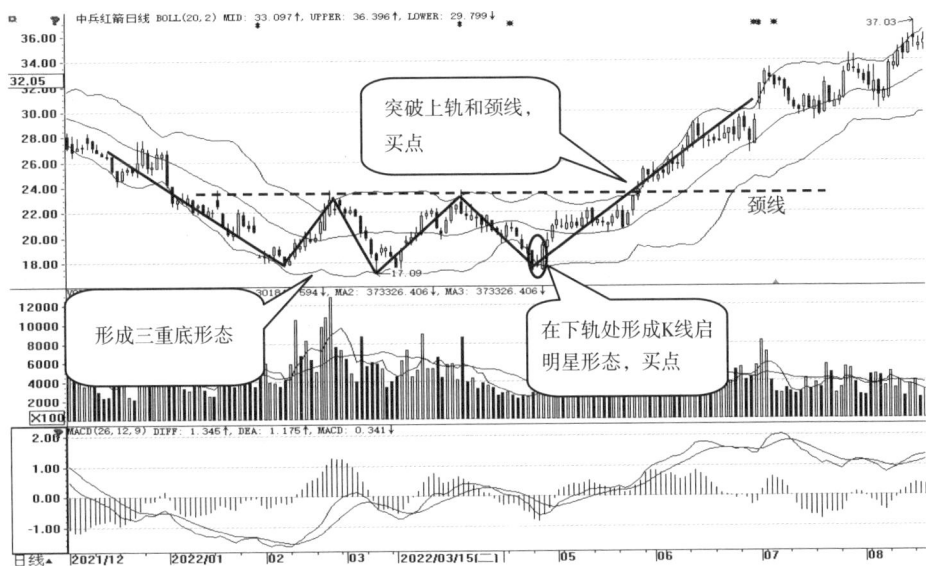

图 4-22　中兵红箭日 K 线 1

在实战中，第三个底的向上突破往往不是直线向上的，而是一波三折，可能要得到下轨、中轨的支撑。在把握具体买卖点时，要特别留意 %b 指标超买超卖信号的使用。

如图 4-23 所示，在三重底形态第三个底形成前后，%b 指标进入超卖区域，投资者可在指标脱离该区域时买入。

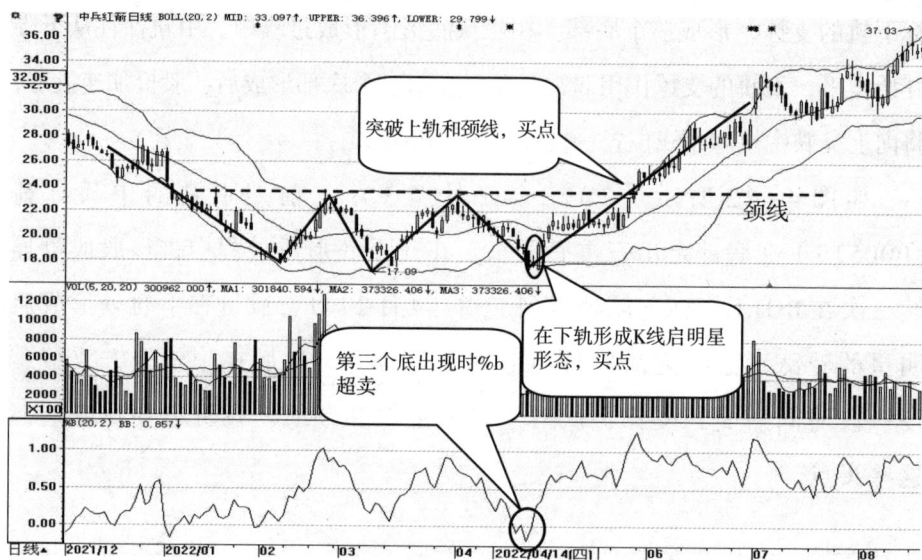

图 4-23　中兵红箭日 K 线 2

4.2.4　V 形底

V 形底出现在一段下跌行情的尾端。股价首先快速下跌，在下跌到一定幅度时，股价触底反弹，下跌和上涨之间的转换瞬间完成，没有整理过渡行情。V 形底的形态常在几个交易日内形成，且在转势点往往有较大的成交量，如图 4-24 所示。

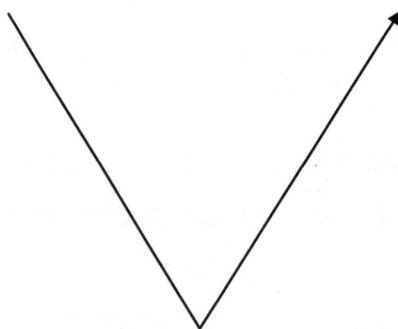

图 4-24　V 形底

在 V 形底的左侧，股价下跌速度很快，表示空方力量较强。通常，这种下跌会沿着 BOLL 指标的下轨进行，在到达底部前，股价有时会出现加速下跌，这时，BOLL 指标下轨将被击穿。随着空方力量消失，超跌后多方力量迅速崛起，股价一路上涨。

V 形底是较强势的底部反转信号。当股价下跌一段时间后在底部放量反弹时，V 形底已经基本形成。激进的投资者可以在股价出现反转迹象时买入股票，稳健的投资者不妨在股价突破中轨企稳后再伺机买入。

需要注意的是，在明显的单边行情中，BOLL 通道的指示信号并不准确，所以股价跌破下轨的用处不大。此时投投资者要留意 %b 指标的用法。

如图 4-25 所示，2022 年 4 月下旬至 5 月初，同仁堂（600085）股价出现大幅波动的走势，日 K 线图上出现 V 形底形态。4 月 27 日，连续出现阴线下跌后，该股在 BOLL 指标下轨处形成看涨吞没形态，同时 %b 指标脱离超卖区域，买点出现。

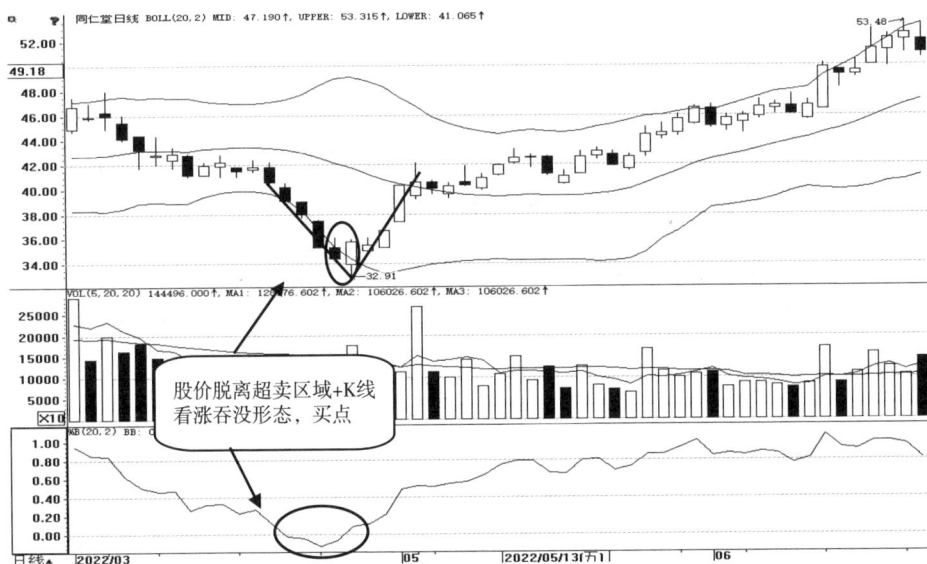

图 4-25 同仁堂日 K 线

如图4-26所示，2022年4月至5月，弘业股份（600128，已更名为苏豪弘业）走出V形底的形态。4月27日，%b指标脱离超卖区域，同时K线形成曙光初现形态，买点出现。

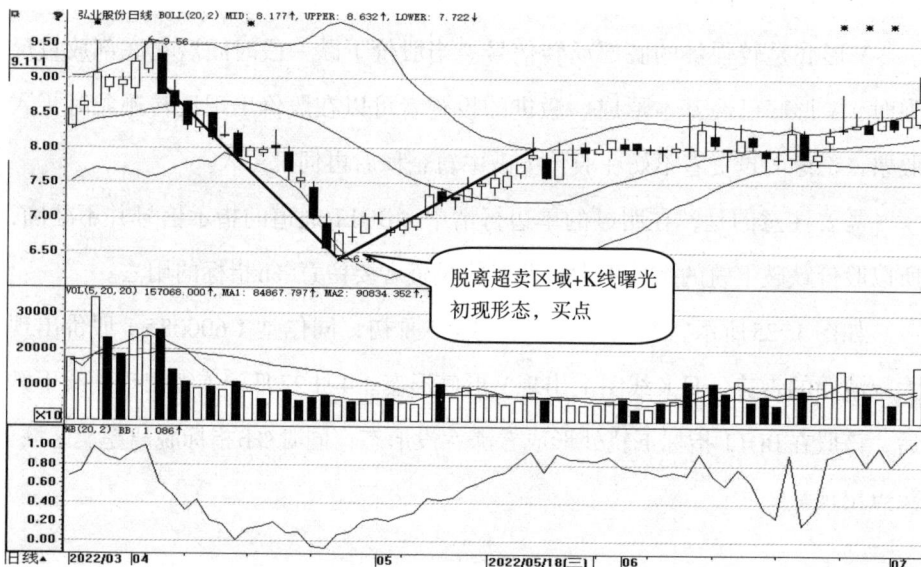

图4-26　弘业股份日K线

如图4-27所示，2022年9月至10月，林海股份（600099）出现V形底形态。9月20日和27日，%b指标两次出现"%b指标脱离超卖区域+K线旭日东升形态"的看涨信号，但之后股价很快就再次向下，创出新低。10月12日，K线形成看涨吞没形态，同时%b指标形成底背离，买点出现。之后股价向上突破BOLL指标中轨，且在中轨附近受到支撑后再次向上。

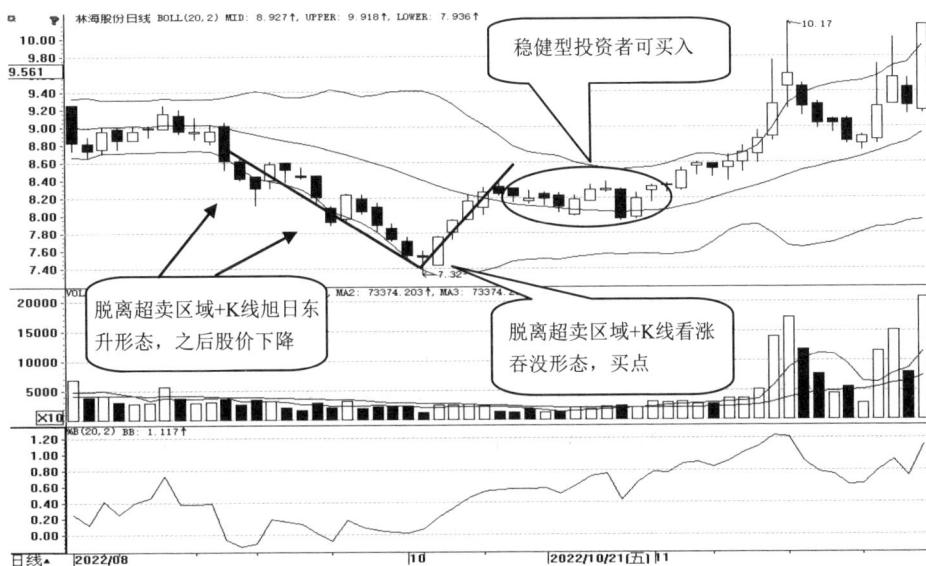

图 4-27　林海股份日 K 线

📖✒️ **实 战 经 验**

在实战中，投资者要注意以下两点。

1.图 4-27 十分典型，将 %b 指标在单边市中指示作用的优劣展现得淋漓尽致，稳健型投资者最好不要追底，而是等股价在中轨上方企稳后再趁势买入。

2.该例中 %b 指标的底背离也很经典，但在单边市中也会出现买入被套的情况。

4.2.5　圆弧底

圆弧底形态出现在一段下跌行情的尾端。股价下跌一段时间后，下跌的速度逐渐减缓，在低位反复震荡。若将每次震荡的低点用线连接起来，就形成一个向下凹陷的圆弧形状，如图 4-28 所示。

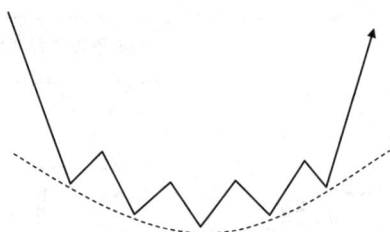

图4-28　圆弧底

在圆弧底形态中，股价先是在成交量逐渐减少的情况下，下跌速度越来越缓慢，直到成交量极度萎缩，股价才停止下跌。此后多方逐渐入场，成交量温和放大，股价由缓慢上升逐渐转变为加速上升，从而形成圆弧底形态。从BOLL指标来看，股价的多个低点先是越来越靠近下轨，然后再逐渐远离。投资者可以在底部逐渐升高的过程中适当买入。

如图4-29所示，2021年9月至11月，科汇股份（688681）日K线图上出现圆弧底形态。可以看到，股价先是下跌跌破中轨，此后走出震荡整理走势，且接下来的低点逐渐从下轨向中轨靠拢。投资者可以在形态形成后股价加速上涨时买入。

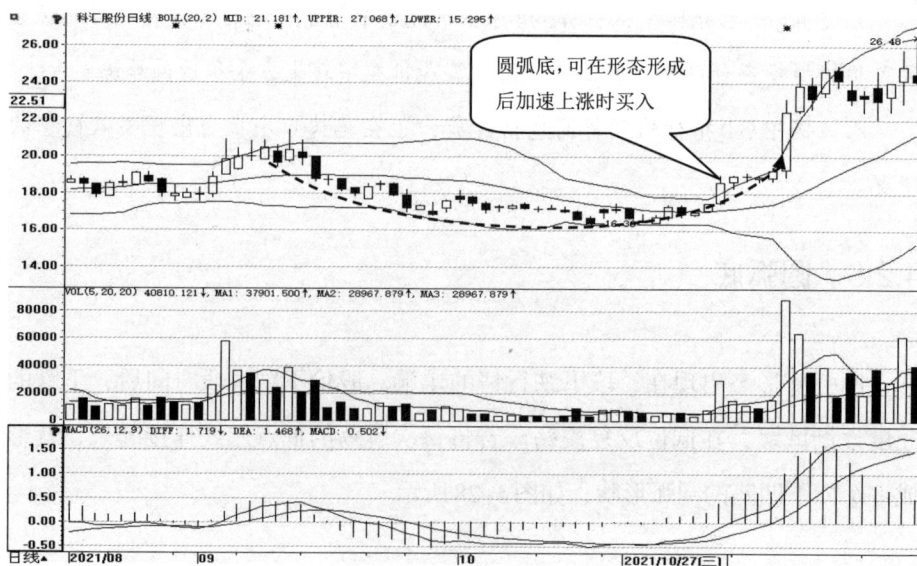

图4-29　科汇股份日K线

4.3 中轨附近的整理形态

4.3.1 三角形整理形态

三角形整理形态指股价在整理过程中，将高点和低点分别进行连线后，两条线虽然方向不同但能够最终相交，很像三角形的两条边，因此称为三角形整理形态。

三角形整理形态可以分为牛市中的三角形整理形态和熊市中的三角形整理形态。

1.牛市中的三角形整理形态

上涨趋势确定之后，如果股价回调，形成三角形整理形态，表明市场正在不断蓄势。之后，股价有较大可能延续原来的上涨趋势。

当确认股价将延续原来的上涨趋势时，一般将出现两个买点。

买点1：股价突破三角形上边线。

买点2：股价突破之后回抽确认。

牛市中的三角形整理形态大多对应着BOLL通道的持续收缩，一旦股价向上突破，BOLL指标喇叭口迅速敞开，同时中轨向上。

如图4-30所示，2021年4月至6月，宗申动力（001696）日K线图上出现牛市中的三角形整理形态。

在几个月中，宗申动力股价连续两次在一个几乎相同的价位遇到阻力回调，但回调的低点越来越高，形成上升三角形，同时BOLL通道不断收缩。

2021年6月10日，股价放量向上突破压力位，BOLL指标喇叭口敞开，同时中轨向上，形成买入信号，此时投资者可以买入股票。之后股价回抽确认，也是一个买点，投资者要注意把握。

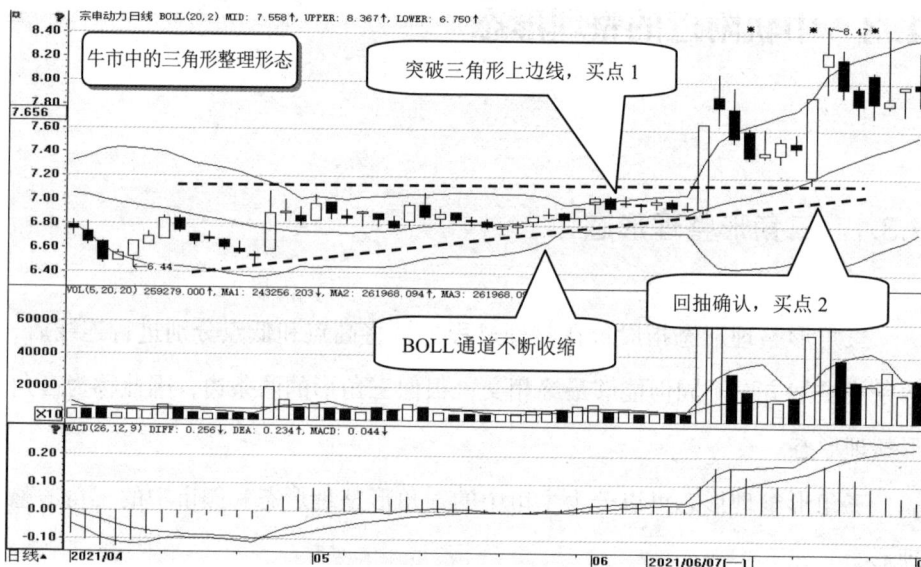

图4-30　宗申动力日K线

2.熊市中的三角形整理形态

熊市一旦形成，市场将在较长时间内处于下跌趋势中。在这个过程中，有时候股价会出现暂时的反弹走势，形成三角形整理形态。它表明市场正在不断蓄势，股价接下来有较大可能延续原来的下跌趋势。

当确认股价将延续原来的下跌趋势时，一般将出现两个卖点。

卖点1：股价跌破三角形下边线。

卖点2：股价反弹确认。

熊市中的三角形整理形态通常也对应着BOLL通道的持续收缩，一旦股价加速向下，BOLL指标喇叭口迅速敞开，同时中轨向下。

如图4-31所示，2022年3月至4月，盈峰环境（000967）日K线图上出现熊市中的三角形整理形态。

在反复震荡行情中，股价多次在同一价位获得支撑，但获得支撑后反弹的高点却越来越低，BOLL指标通道持续收缩。这表示多方力量不足，已经渐渐无力支撑股价。如果此时投资者手中持有股票，虽然不必急于卖出，但应该密切关注股价变化。

4月11日，股价放量跌破支撑位，同时BOLL指标喇叭口敞开，中轨向下，卖点出现。此时投资者应该尽快将手中的股票卖出。

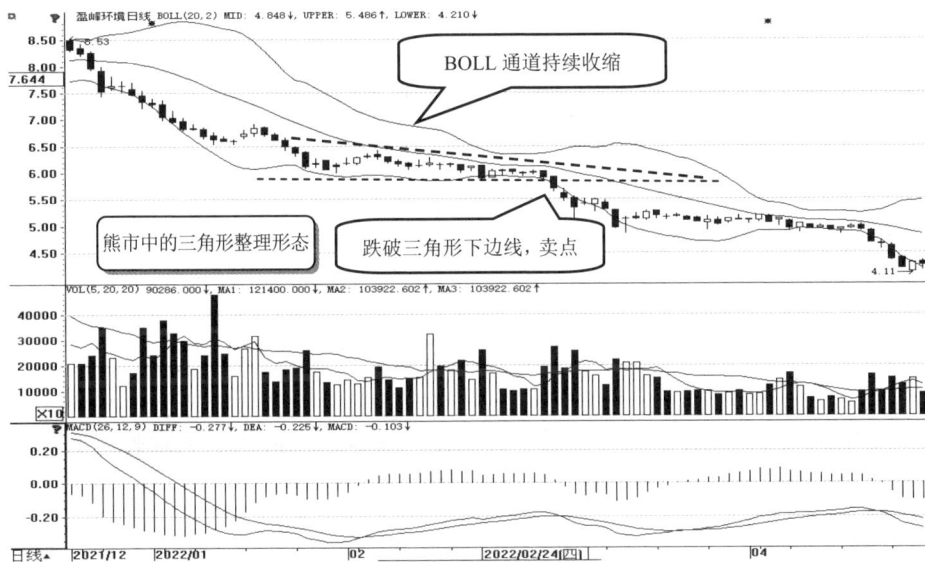

图4-31 盈峰环境日K线

📖🖊️ **实战经验**

一般来说，该卖点出现之前，股价跌幅已经较大，还没有出场的投资者已经被深套。卖点出现时，投资者可以先出场，之后等股价下跌后再回补，来降低持股成本。

4.3.2 矩形整理形态

矩形整理形态是指股价呈现横向的上下波动，将高点和低点分别进行连线后，就形成一个水平的矩形形态，如图4–32所示。

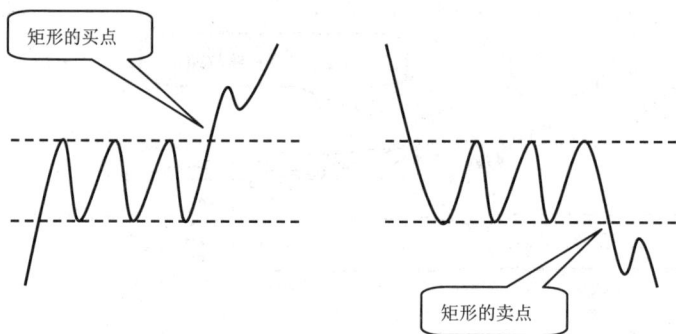

图4–32 矩形形态

当股价向上突破矩形的上边线时，买点出现；当股价向下跌破矩形的下边线时，卖点出现。

矩形整理形态出现时，BOLL指标通道明显收缩变窄，股价将在通道内上下震荡，上轨和下轨的阻力支撑作用逐渐变得明显，投资者可以在这个过程中高抛低吸以获得短线收益，一旦喇叭口敞开要注意及时买入或卖出。

如图4–33所示，从2022年2月中旬至3月下旬，科大讯飞（002230）以矩形形态不断震荡，同时伴随着成交量的降低。在这个过程中，股价出现多次在矩形下边线处止跌回稳的形态，BOLL指标通道逐渐收缩变窄。

2022年3月23日，股价向上放量突破矩形上边线，喇叭口开始敞开，买点出现。

如图4–34所示，2022年4月底，锡业股份（000960）股价经过一段时间的下跌之后进入震荡整理走势，且震荡中产生的阶段性高点和低点分别处于同一水平价位上，用直线将这些高点和低点分别连接后，形成矩形整理形态。在这个过程中，BOLL通道逐渐收缩变窄，通道的阻力支撑作用表现得较为明显。

2022年7月15日，股价向下跌破矩形下边线，同时喇叭口敞开，卖点1出现。之后，股价反弹确认，又形成了卖点2，投资者要注意把握。

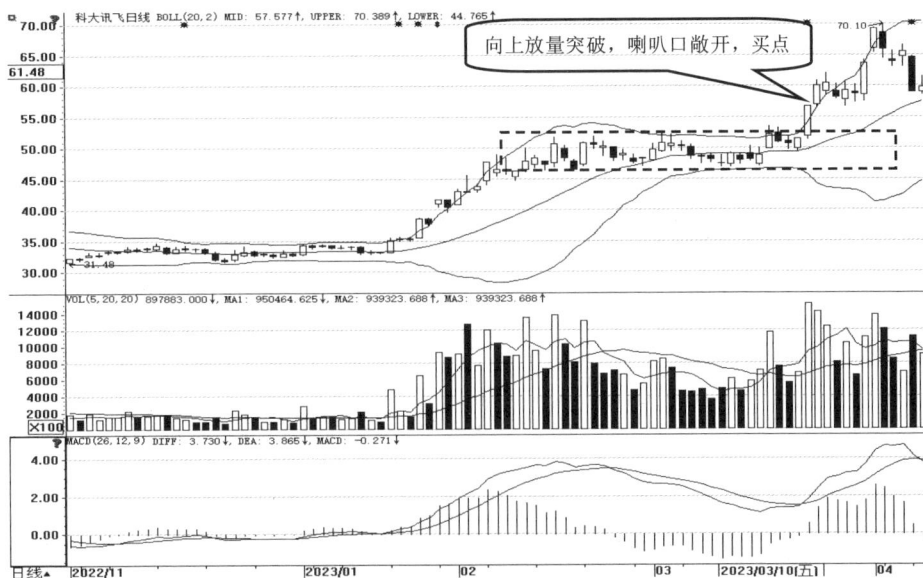

图4-33　科大讯飞日K线

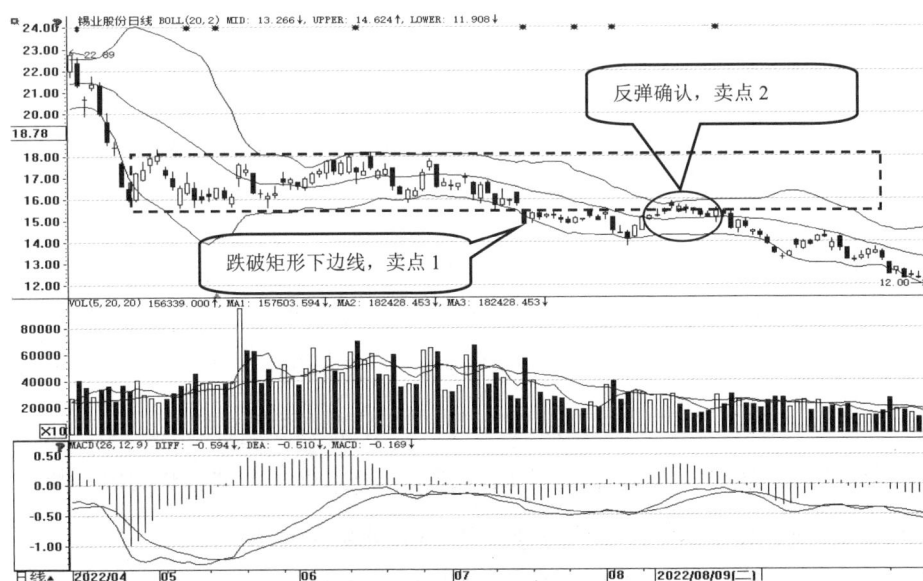

图4-34　锡业股份日K线

111

4.3.3　旗形整理形态

旗形整理形态又分为上升旗形形态和下降旗形形态。其中，上升旗形是看涨形态，下降旗形是看跌形态。

上升旗形形态在股价遇到阻力回调的时候出现。在回调过程中，股价不断波动。如果投资者将每次波动的高点和低点分别用直线连接起来，可以发现这两根直线向下倾斜且基本平行，如图4-35所示。

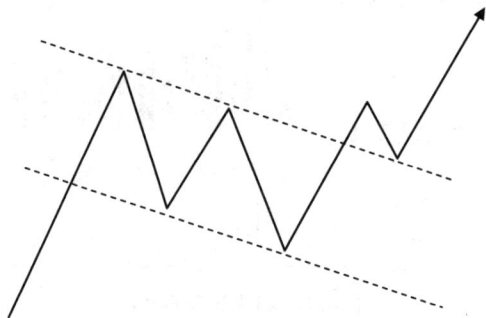

图4-35　上升旗形

上升旗形作为股价上涨的中继形态，常被主力用来洗盘。在股价上涨一段时间后，会积累一定量的获利筹码。为了继续拉升股价时不遇到太大阻力，主力有时会制造这样一个类似下降通道的旗形，使投资者看空后市。当投资者卖出股票后，主力将股价继续向上拉升。

股价向上突破旗形上边线，表明整理结束，股价展开上涨行情的概率大，为买入信号。此时股价往往在BOLL指标中轨附近发出相关的看涨信号，如突破中轨，回抽确认，受支撑后再次启动等，投资者要注意确认。

如图4-36所示，2022年11月18日开始，原本处于上涨趋势的电科数字（600850）进入调整走势。在调整过程中，K线走势呈现旗形形态。

2023年1月18日，股价放量向上突破旗形的上边线，同时股价在BOLL

指标中轨上方回抽确认，预示着调整结束，买点出现。

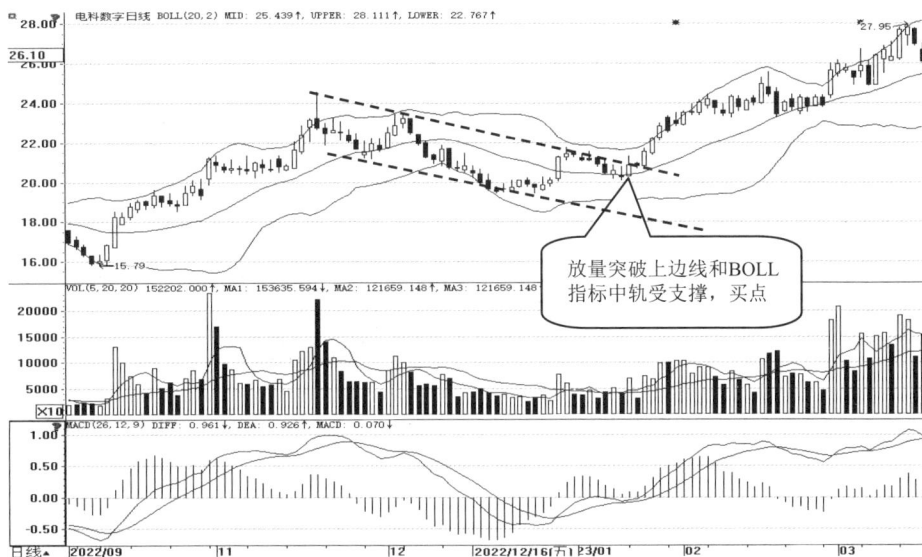

图 4-36 电科数字日 K 线

下降旗形是与上升旗形相反的整理形态，在旗形箱体内，股价小幅震荡走高，而当股价跌破旗形下边线时会持续下跌，如图 4-37 所示。此时股价往往在 BOLL 指标中轨附近发出相关的看跌信号，如跌破中轨，反弹确认，受阻力后再次启动等，投资者要注意确认。

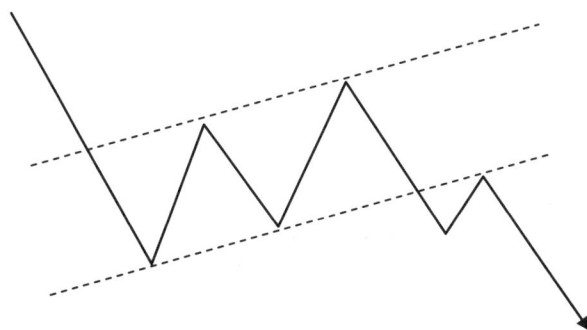

图 4-37 下降旗形

如图 4-38 所示，2022 年 9 月至 12 月，海欣股份（600851）日 K 线图上出现下降旗形。这属于主力制造多头陷阱，伺机出货的形态。看到这个形态后，投资者应该保持谨慎。

12月19日，股价跌破下降旗形的下边线，支撑位被破，同时股价以放量大阴线的形式跌破BOLL指标中轨，这是市场延续下跌趋势的信号。此时投资者应该尽快将手中的股票全部卖出。

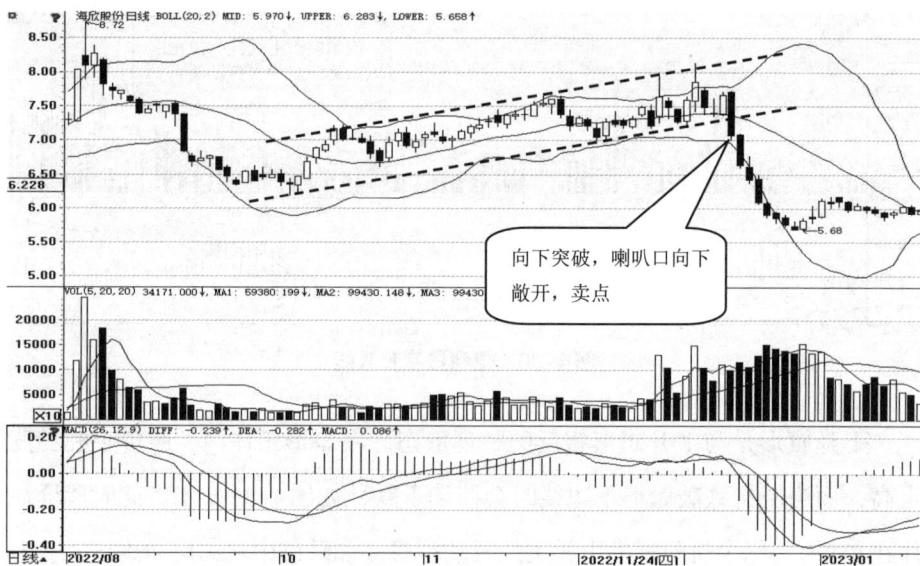

图4-38　海欣股份日K线

4.3.4　楔形整理形态

楔形整理形态是指股价在整理过程中，将高点和低点进行连线后，两条线的方向相同，但是角度逐渐收敛，就像一个楔子一样，分为上升楔形和下降楔形。

上升楔形出现在一段大幅下跌后的震荡反弹过程中。股价在震荡中上涨，上方压力线和下方阻力线均为向上倾斜的直线，但压力线要比支撑线平缓，如图4-39所示。

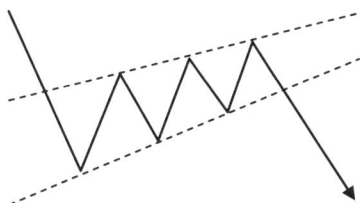

图 4-39　上升楔形

上升楔形中，通道的上边比下边平缓，说明多方虽然能对股价形成比较有力的支撑，但并没有太多力量拉升股价。经过一段时间震荡整理后，股价向下突破的可能性较大。

下降楔形出现在股价大幅上涨后的震荡回调过程中。在反复震荡下跌过程中，股价上方压力线和下方阻力线均为向下倾斜的直线，但支撑线要比压力线平缓，如图 4-40 所示。

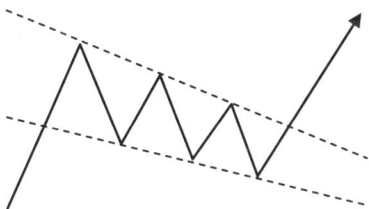

图 4-40　下降楔形

不论是上升楔形，还是下降楔形，在牛市和熊市中均有可能出现。其形态完成后，股价往往会沿着形态之前的运行方向继续运行，不过有时也会出现反转走势。因此，投资者应等楔形形态完成后，如果股价突破上边线，则进行买入操作；如果股价跌破下边线，则进行卖出操作。信号出现前后，BOLL 指标的中轨多会发出配合信号，或者上升或者下降，投资者要注意把握。

如图 4-41 所示，在经过一波上涨走势之后，从 2022 年 8 月下旬到 9 月下旬，大港股份（002077）缩量回调，以下降楔形的形式不断震荡。

2022 年 10 月 14 日，该股股价向上突破楔形上边线，之后缓缓震荡。10 月

20日，股价又放量大涨突破BOLL指标中轨，说明上涨趋势即将延续，买点出现。

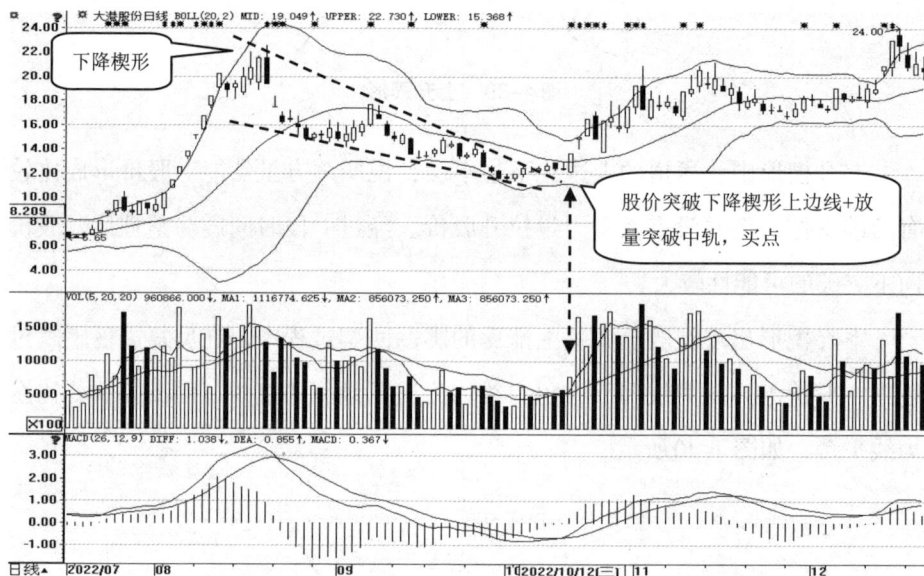

图4-41　大港股份日K线

如图4-42所示，2021年10月中旬至2022年1月初，江苏国泰（002091）股价经过一段时间的下跌后出现反弹走势，且反弹中出现的阶段高点和低点都在不断抬高，且振幅在不断缩小。用直线高点和低点分别连接后可以看出反弹走势呈现出一个上升楔形的形状。

2022年1月19日，该股股价向下放量跌破上升楔形的下边线，表明反弹走势的终结，股价将要继续下跌，此时BOLL指标的中轨也开始明显向下，卖点出现。

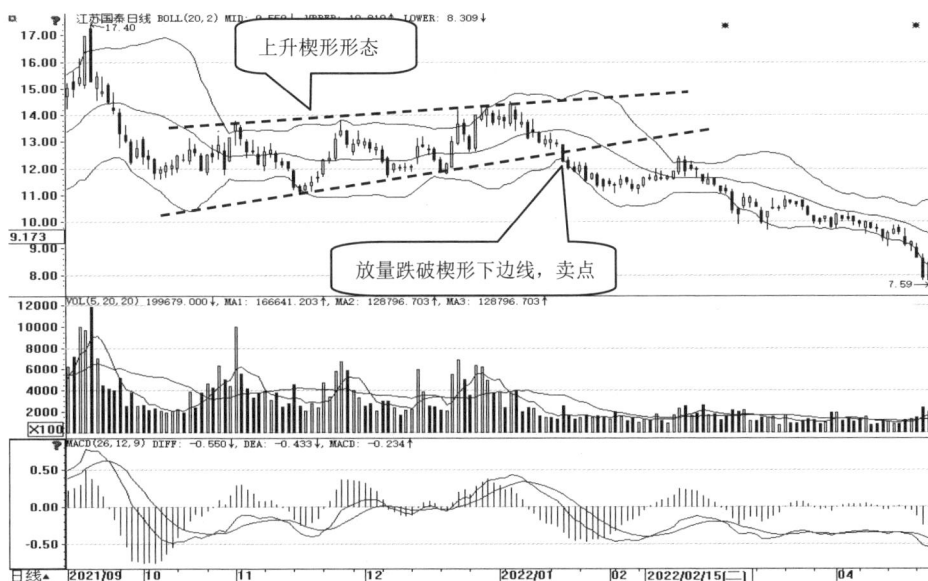

图4-42　江苏国泰日K线

第 5 章

——

布林线与成交量

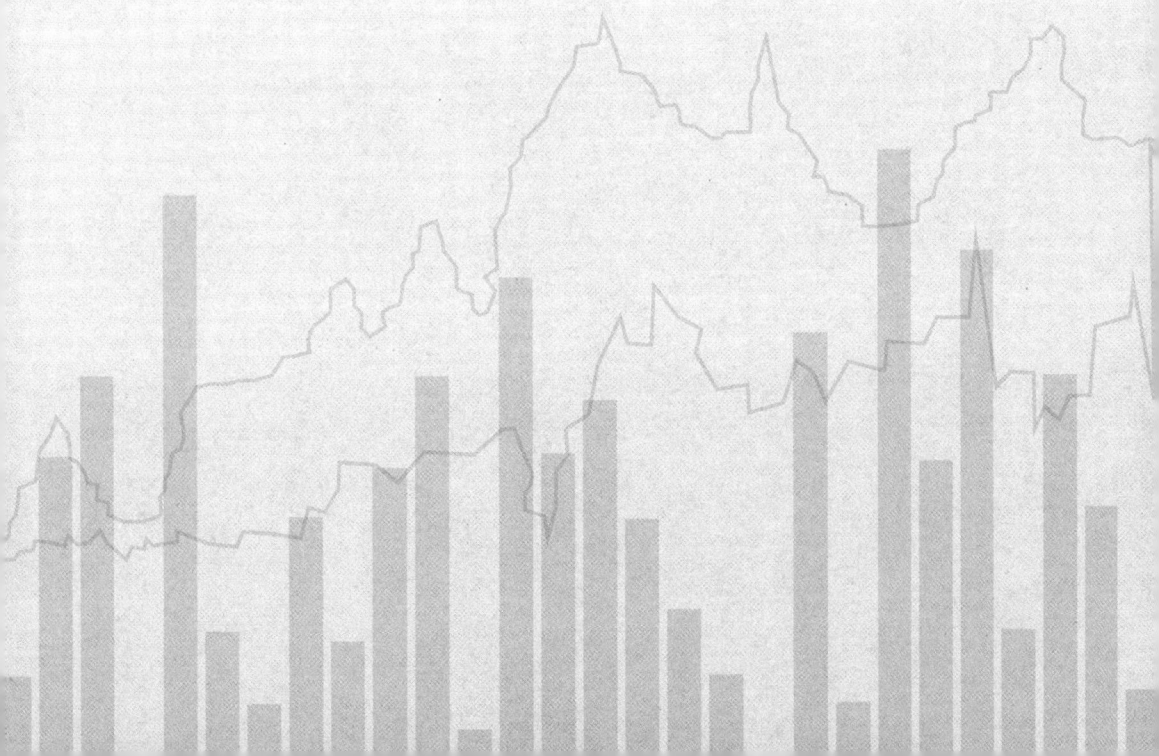

——

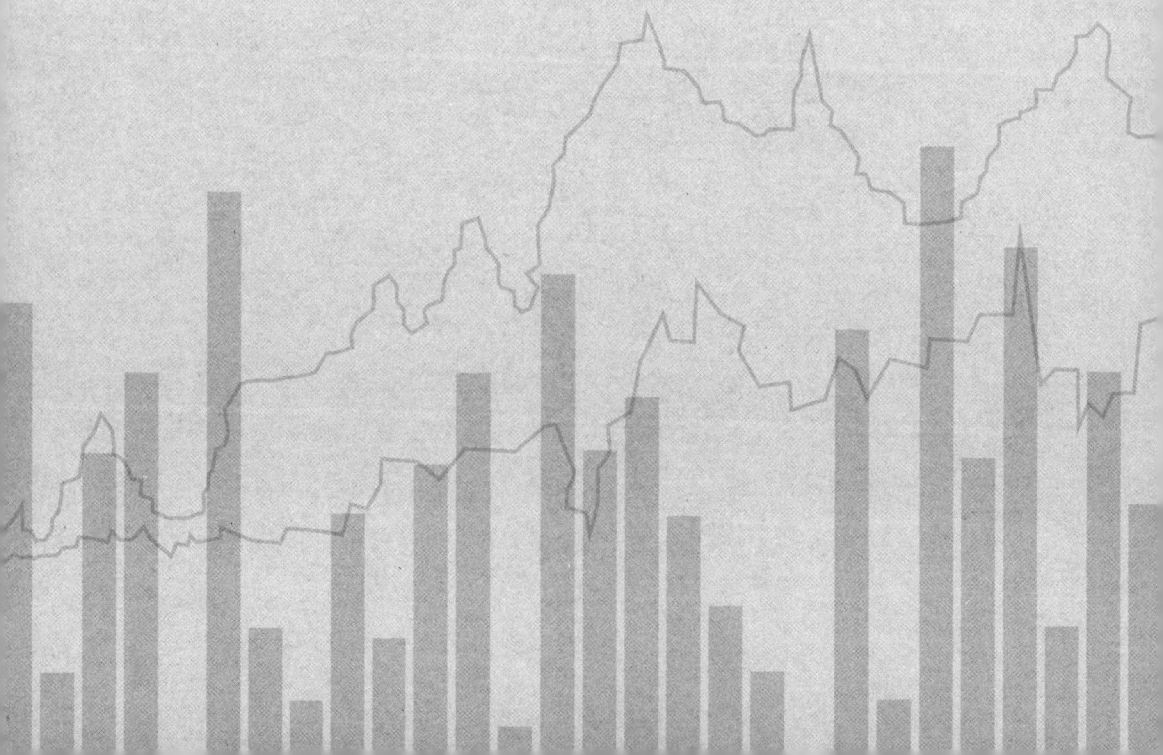

5.1　四种基本的量价关系

5.1.1　放量上涨

放量上涨是指个股股价上涨的同时，个股成交量也同步增加的一种量价配合现象。放量上涨是一种理想的量价配合关系，它表明随着股价的上涨，上升动能增加，多方力量逐渐增强，预示着股价仍将持续走高。放量上涨通常出现在持续上涨行情中，又可分为温和放量上涨和放巨量上涨。

1.温和放量上涨

温和放量上涨，即个股股价持续上涨的过程中，成交量呈现出小幅递增的状态。处于温和放量上涨的个股，被认为是涨势优质的个股。此类股票上涨之势均匀，上涨周期较长，而上涨幅度通常也较大。

如图 5-1 所示，2022 年 3 月至 4 月，国投资本（600061）股价持续上涨，出现了温和放量上涨的走势。可以看到，股价沿着 BOLL 指标中轨持续上升，这是一种良好的上涨态势。

如图 5-2 所示，2022 年 11 月，开创国际（600097）股价出现了一波缓缓上涨走势，由 BOLL 指标中轨处向上，同时成交量开始温和放大。

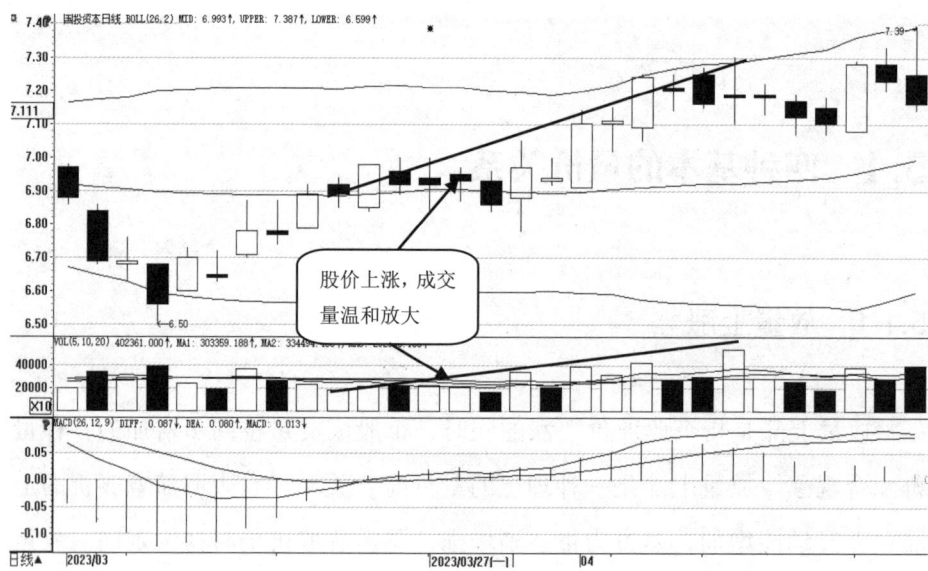

图5-1　国投资本日K线

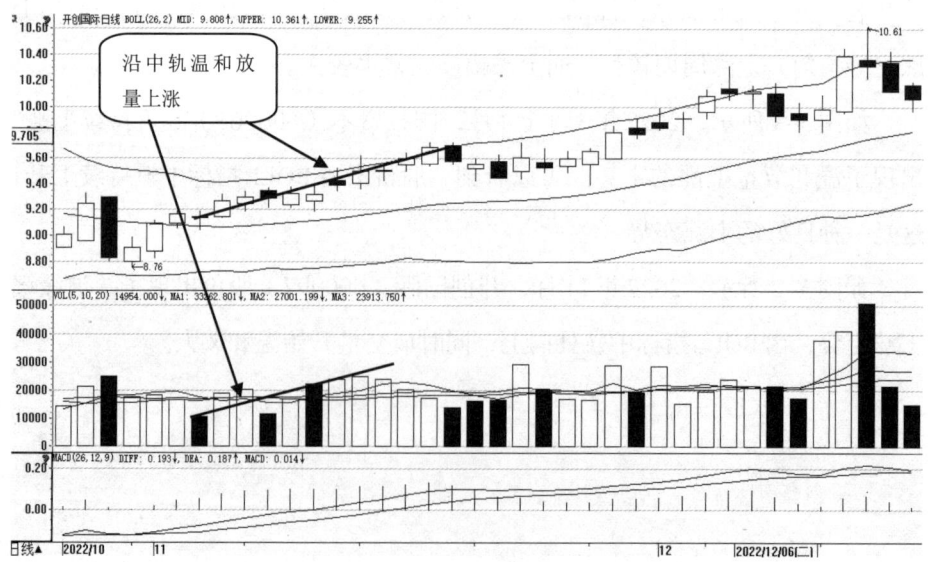

图5-2　开创国际日K线

2.放巨量上涨

放巨量上涨，即个股上涨的过程中，成交量呈现出爆发式的增长状态。有时，巨量会在个股已经有一定涨幅的时候出现，这是主力为了拉高出货所为。巨量上涨会吸引散户的跟风盘进入，而主力则借机抛售筹码。因此，放巨量上涨具有一定的危险性，之后有可能遭遇个股的持续下跌。

如图5-3所示，2021年11月底，民丰特纸（600235）走出了一波强势上涨。2021年11月30日开始，该股连续放量大涨。经过4个交易日的强势上涨后，股价随后冲高回落。

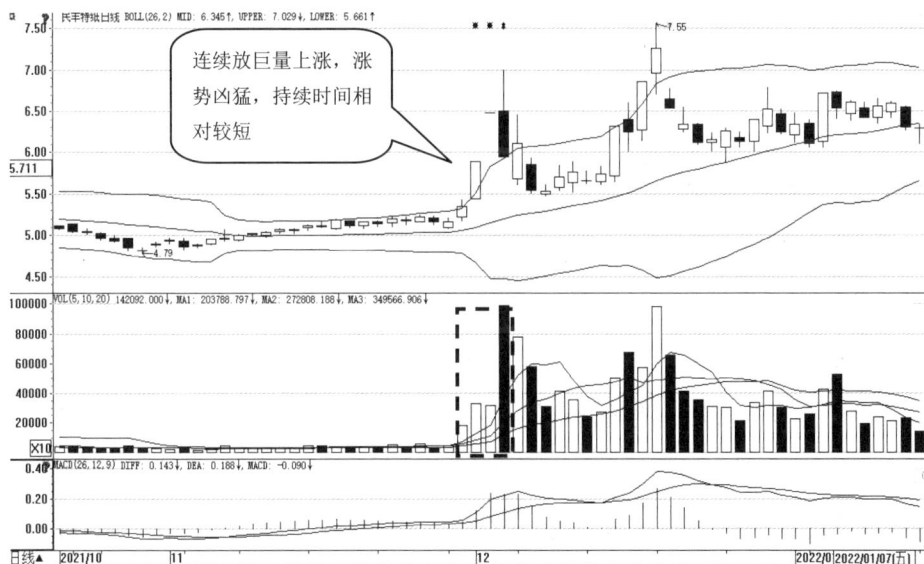

图5-3　民丰特纸日K线

如图5-4所示，2022年11月至12月，海南椰岛（600238）走出了一波强势上涨行情。2022年11月28日，该股放巨量走出涨停。此后该股继续放巨量上涨，连续多个交易日走出了涨停。股价进入高位后，有规律地进行整理，形成了无力回天的看跌形态。

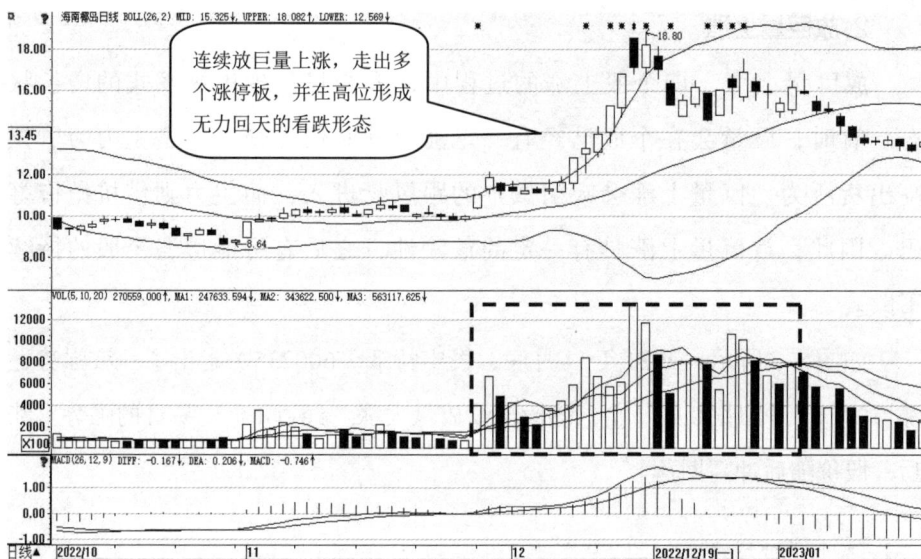

图5-4　海南椰岛日K线

5.1.2　缩量上涨

缩量上涨是指随着价格的上涨，成交量却不断缩减，是最主要的"价量背离"表现形式。就好比汽车在上坡过程中，油门在逐渐减弱，那么汽车在依靠惯性上升一段后，将逐渐地停下来。

当出现这种走势特征时，往往预示着股价即将见顶下跌。由于股价仍有上涨的惯性，因此投资者不用急于卖出，而是要保持高度警惕，当发现股价出现明显的见顶迹象后，再及时进行卖出操作。

如图5-5所示，2022年6月下旬至7月下旬，宝胜股份（600973）的股价持续上涨，而成交量明显下降，形成短期的价升量减现象。它表明市场上涨动能减弱，后市有较大可能出现回调走势，之后该股股价明显下跌。

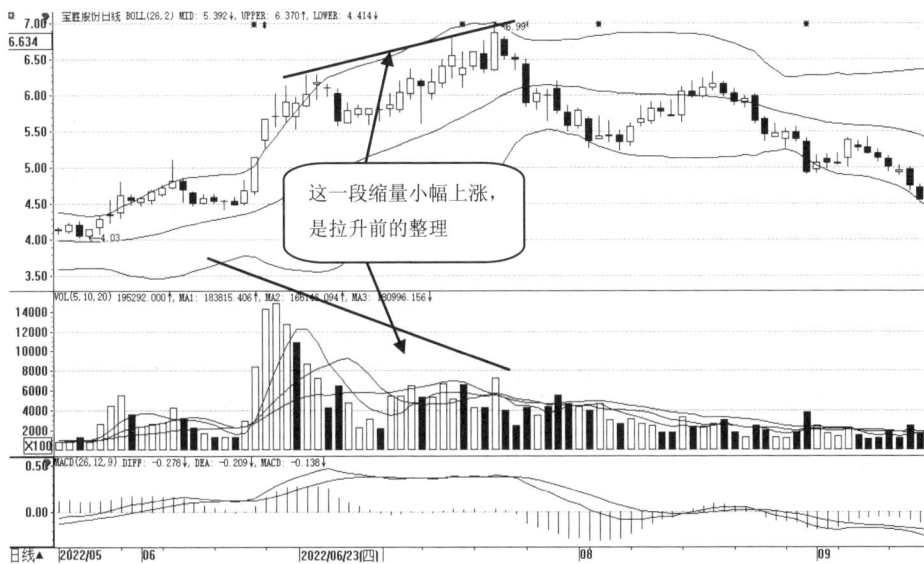

图 5-5　宝胜股份日 K 线

5.1.3　放量下跌

放量下跌是指随着股价的不断下跌，成交量出现持续放大的情形。这种走势，反映出随着股价的下跌，多空双方的力量均在不断增加，而空方力量仍然处于领导地位，股价会持续下跌。

如图 5-6 所示，从 2023 年 3 月 28 日开始，北大荒（600598）的股价在高位震荡一段时间后下跌，而成交量却不断增加，形成了放量下跌的情形。它表明获利筹码开始杀跌出局，投资者要注意立即出场，之后股价再创新低。

如图 5-7 所示，从 2022 年 12 月 6 日开始，川投能源（600674）在经过一波上涨走势后回调，出现放量下跌走势。之后该股持续下跌，到 BOLL 指标中轨附近企稳。

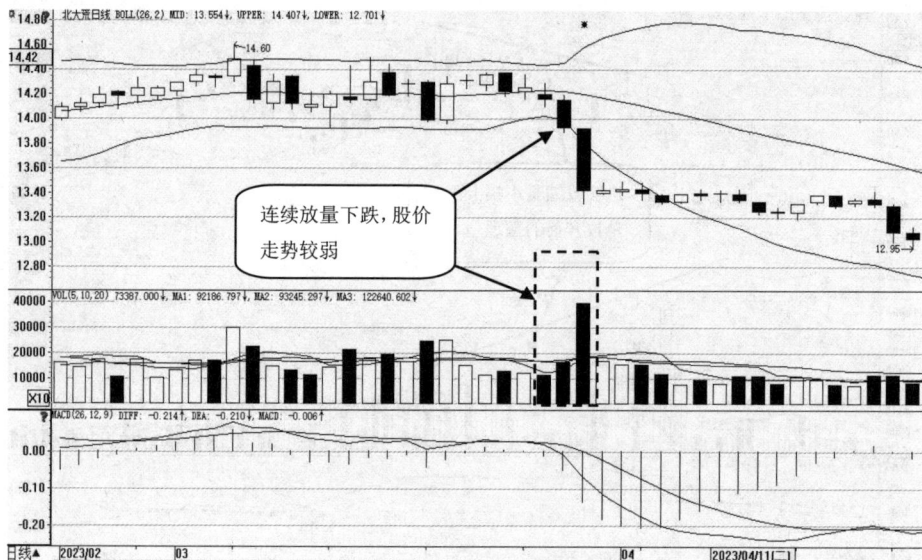

连续放量下跌，股价走势较弱

图5-6　北大荒日K线

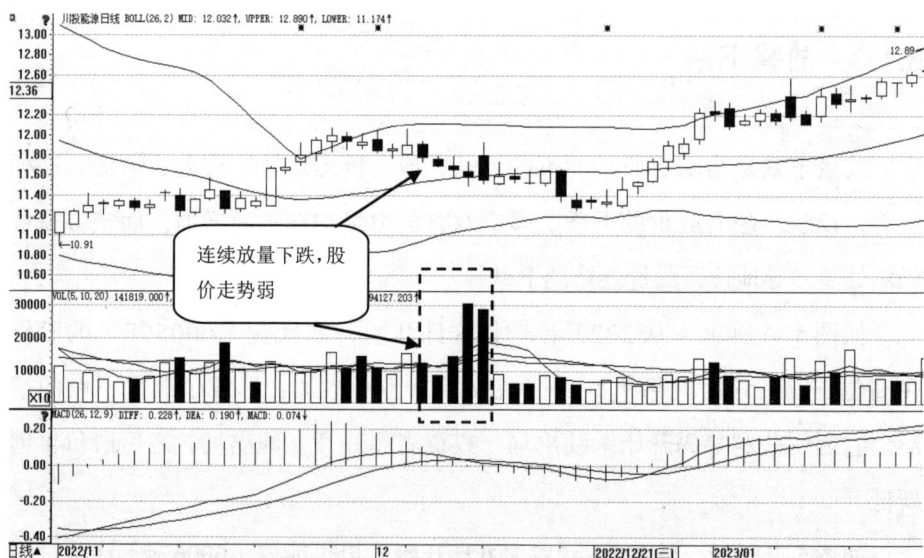

连续放量下跌，股价走势弱

图5-7　川投能源日K线

5.1.4　缩量下跌

缩量下跌是指随着股价的不断下跌，成交量也在不断缩减，一般称"价量齐跌"，是"放量上涨"之外的另一种"价量同向"的表现形式。

在实践中，这种走势比放量下跌更为常见，表示随着股价的不断下跌，看空者已经抛出了筹码，空方力量被逐渐释放。缩量下跌后，个股质地（基本面、估值高低等因素）和大盘走势决定了未来的股价走势。

如图 5-8 所示，2022 年 2 月至 3 月，珠江股份（600684）的股价处于上涨趋势中。2 月 22 日，该股股价在达到阶段性高点之后开始回调，同时成交量也逐步缩减，形成了上涨趋势中的缩量下跌现象。之后，该股在短暂回调之后，再次放量上涨，延续原来的上涨趋势。投资者可伺机买入。

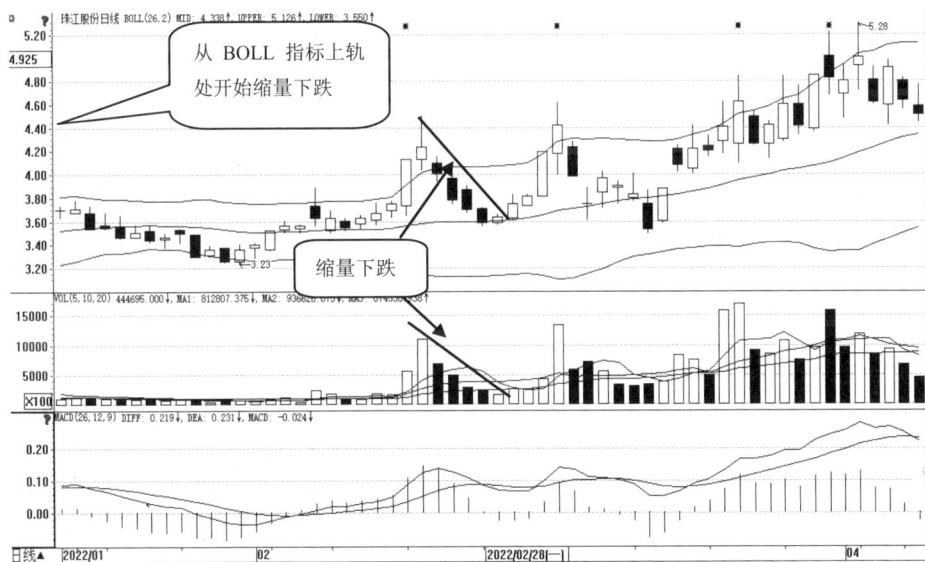

图 5-8　珠江股份日 K 线

如图 5-9 所示，2022 年 9 月，中船防务（600685）持续进行震荡整理。9 月 22 日，经过前期上涨后，该股持续进行回调，股价下跌而成交量出现缩减。随后，股价到达下轨企稳，再度上涨。

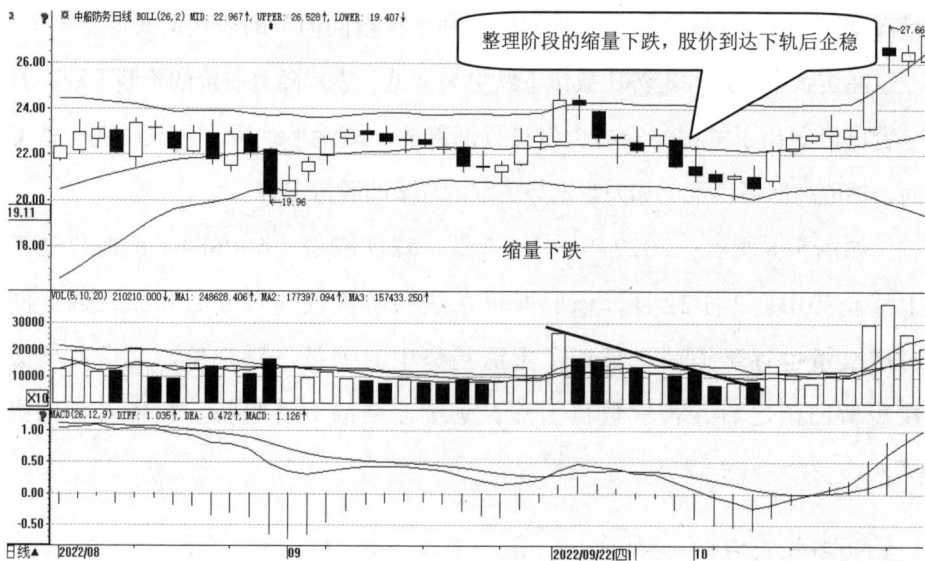

图5-9　中船防务日K线

如图5-10所示，2022年6月至9月，上海凤凰（600679）的股价持续下跌，同时成交量也不断缩减，形成了下跌趋势中的价跌量减。它表明市场低迷，买盘稀少，投资者要注意保持观望，不要急于入场。

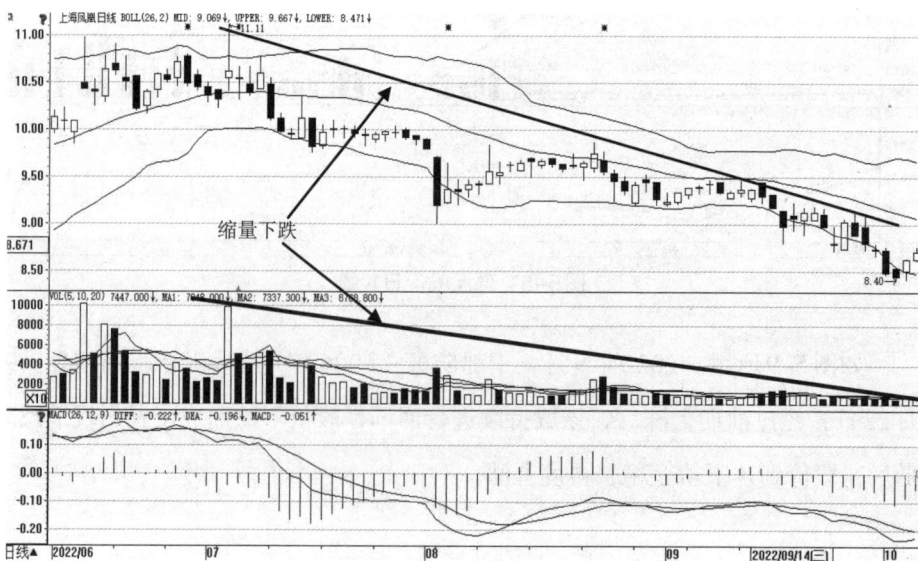

图5-10　上海凤凰日K线

5.2　布林线与成交量配合找买点

5.2.1　底部温和放量上涨

底部温和放量是指股价在一波下跌之后开始逐步回升，同时成交量呈现逐步小幅递增的现象。底部温和放量表明有资金正在低位不断吸筹，在大盘走势配合的情况下，股价接下来有较大可能由下跌走势转为上涨走势。

从BOLL指标的角度来看，温和放量上涨时股价波动相对较小，股价多数时间距离中轨较近。股价在底部出现温和放量上涨时，BOLL指标中轨由前期的角度向下逐渐走平，继而出现小幅上翘。中轨方向开始向上，表明市场上涨趋势彻底形成。投资者可在股价加速上涨时买入。

如图5-11所示，2022年10月，云赛智联（600602）的股价从低位开始缓缓上涨，同时成交量也逐步放大，形成股价温和放量拉升态势。它表明有资金正在低位不断地吸筹，市场已经初步地由下跌走势转为上涨走势。之后，股价在BOLL指标中轨上方走稳，10月26日，股价在中轨上方加速上涨，买点出现。

如图5-12所示，2022年10月底至11月中旬，经过前期持续下跌的新世界（600628）股价从低位开始上涨。可以看到，这段时间随着股价小幅上涨，成交量也温和放大。这是一种良好的量价配合，表明投资者逐渐看多，后市看涨。投资者可以在11月17日股价放量突破上轨形成小荷露角形态时买入。

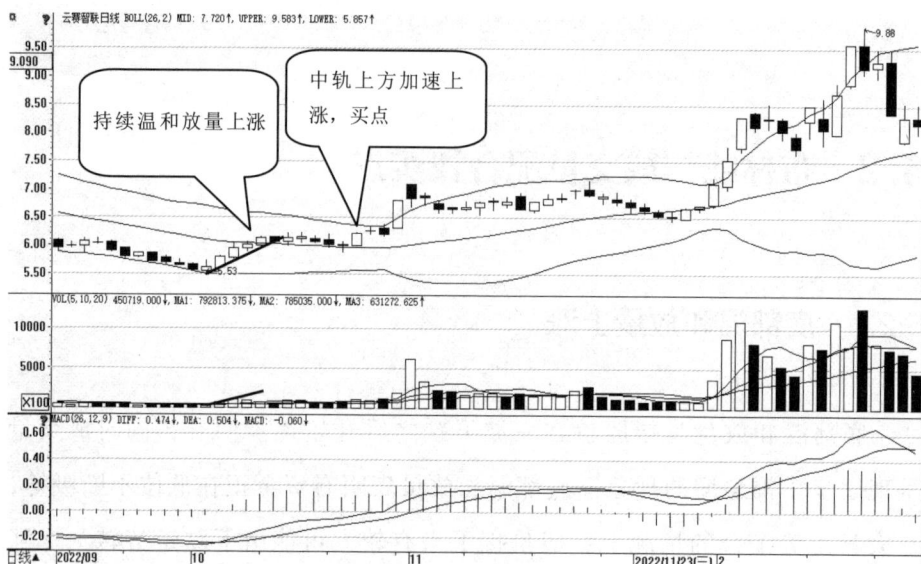

图5-11　云赛智联日K线

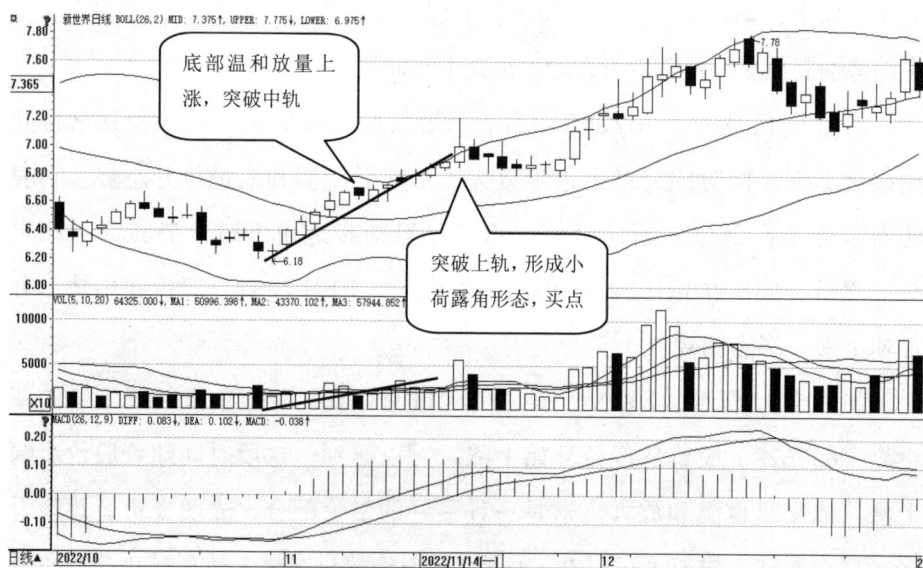

图5-12　新世界日K线

5.2.2 中轨处的缩量回调

在上涨走势中，股价总是以一浪接一浪的方式走高，成交量通常也会呈现波浪式运动，即上涨时成交量增加，下跌时成交量减少。

从BOLL指标的角度来看，股价上涨至BOLL指标上轨附近时，会因涨势过猛产生回调，此时股价回归中轨，而成交量出现缩量；当股价在中轨附近企稳回升时，新的一波上涨即将展开。因此，投资者可以在股价缩量回调结束，企稳回升时逢低买入，持股待涨。

如图5-13所示，2023年1月至3月，国脉文化（600640）股价处于持续上涨状态。2月下旬，股价在创造阶段性高点之后开始回调整理，同时成交量也持续缩减，出现缩量回调走势。2月28日，当股价调整至BOLL指标中轨处时，再次放量上涨。投资者可于此时买入该股。

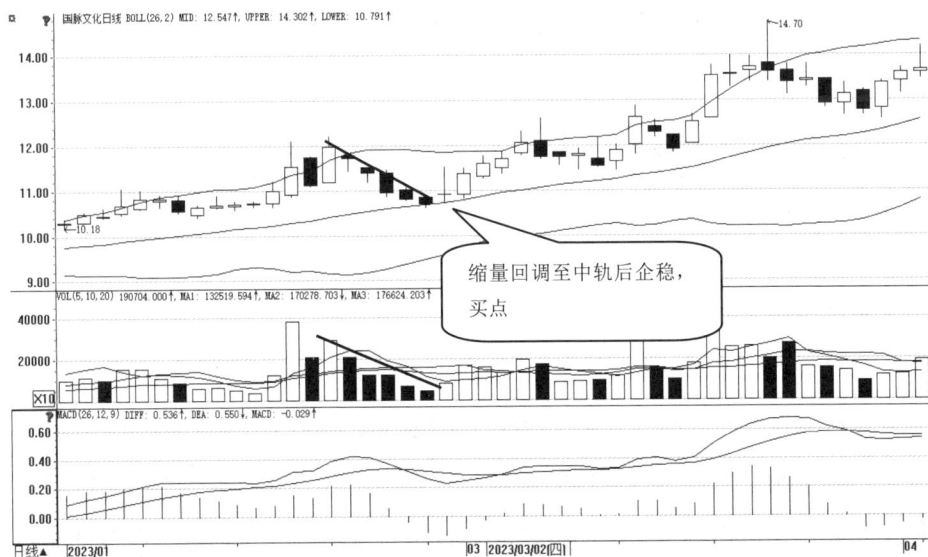

图5-13 国脉文化日K线

如图5-14所示，2022年11月中旬，信达地产（600657）股价在到达

BOLL指标上轨后开始缩量回调。11月24日，股价回调至中轨附近企稳后放量上涨，表明多方力量再次爆发。投资者可以在缩量回调后进行短线买入，之后该股连续出现三个涨停板。

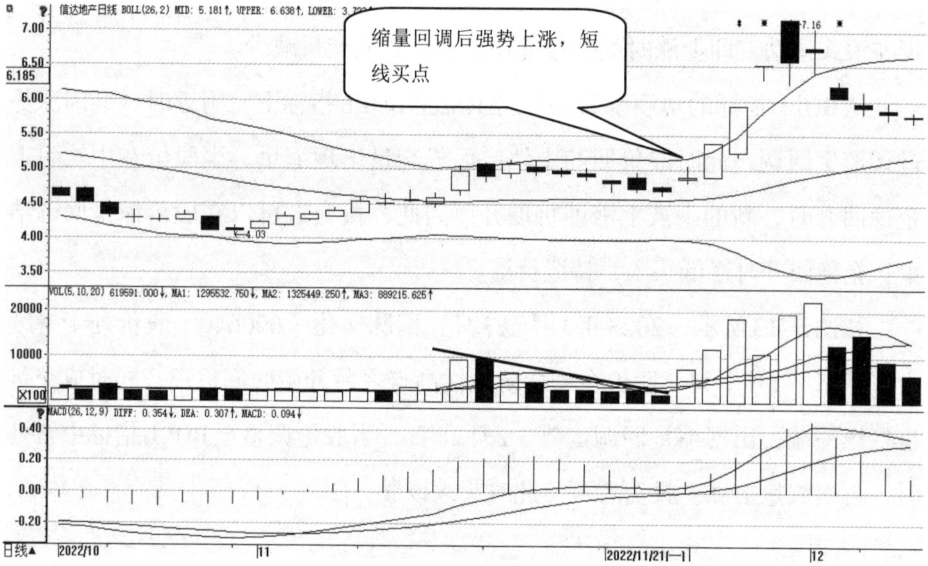

图5-14　信达地产日K线

5.2.3　低位缩量涨停

在下跌走势末期，股价开始在低位不断震荡，逐渐企稳。在这个过程中，成交量从原来的低迷状态变得逐渐活跃。

当这种状态持续一段时间后，股价有时会以一字涨停（以涨停价开盘，并且保持涨停价至收盘，日K线形成一字线形态）的形式突然突破前期高点，成交量却很小，形成缩量涨停的形态。它表明空方力量极弱，主力可以轻易地拉升股价，后市继续上涨的概率大。投资者可结合大盘走势，在缩量涨停后伺机买入股票。

如图5-15所示，从2022年5月5日开始，前期持续下跌的爱旭股份

（600732）以涨停价开盘，同时成交量也出现缩量，连续5个交易日走出了缩量涨停走势。此后，该股经过半个月左右的横盘，再度拉升。投资者可以在股价缩量涨停后的整理区间买入该股。

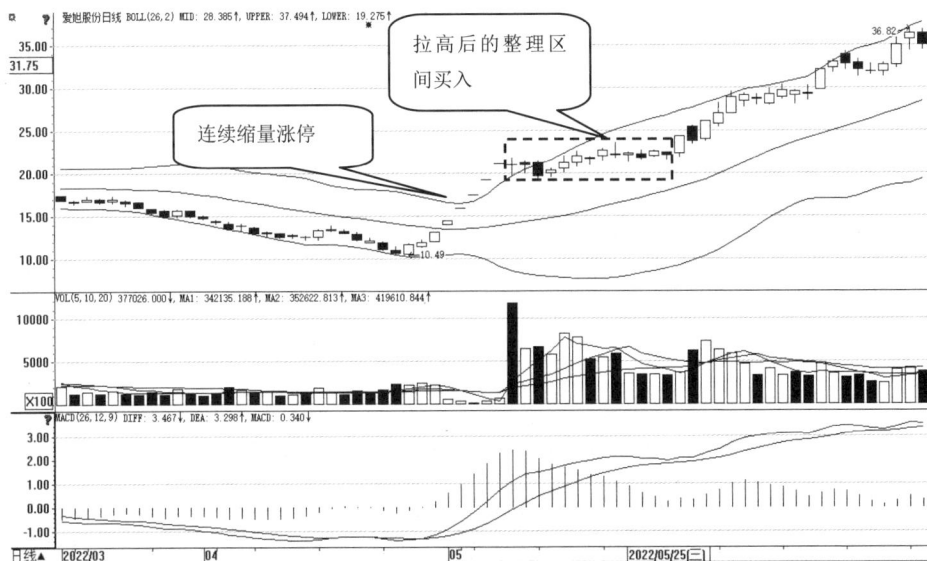

图5-15　爱旭股份日K线

在应用低位缩量涨停作为买入股票的依据时，投资者需要注意以下三点。

1.股价处于低位

股价处于低位是一个前提条件。其原理是，个股在低位有潜在利好信息，主力在需要快速建仓时会使用这种缩量涨停的拉升方式，逼迫前期的解套筹码卖出。

2.买点的复杂性

该买点中的低位是相对低位，而不是绝对低位。因此，不但在下跌趋势的后期有可能出现该买点，在上涨趋势中出现回调走势时，也有可能出现。

3.缩量涨停后回调确认

缩量涨停之后，可能会有一个回调确认的过程，是买入的良机。此时，投资者要注意耐心等待回调确认的出现。

5.2.4　放量突破中轨

在第2章中已经为投资者介绍过，BOLL指标的中轨是股价的一条移动平均线。股价自下而上穿过中轨，表明短期股价走势转强，预示着股价未来趋势向上，发出买入信号。若股价突破中轨时得到成交量的配合，即成交量出现明显的放大，则这种买入信号更为强烈。

2007年以来，我国股市的成交量较往年大幅增加。个股的成交量变化加剧，常会放出巨量，甚至是10倍以上的放量现象（指日成交量是前一个交易日的10倍以上）也时有发生。因此，这里需要对放量做出较为清晰的定义：与前一个交易日相比，2倍以上的放量即符合这里对放量的要求。

如图5-16所示，2022年10月12日，均胜电子（600699）股价放量上涨，突破BOLL指标的中轨。放量突破中轨，表明上涨动能不断增强，股价短期走势较强，形成买入信号。投资者可以在10月12日股价形成放量突破时买入该股。

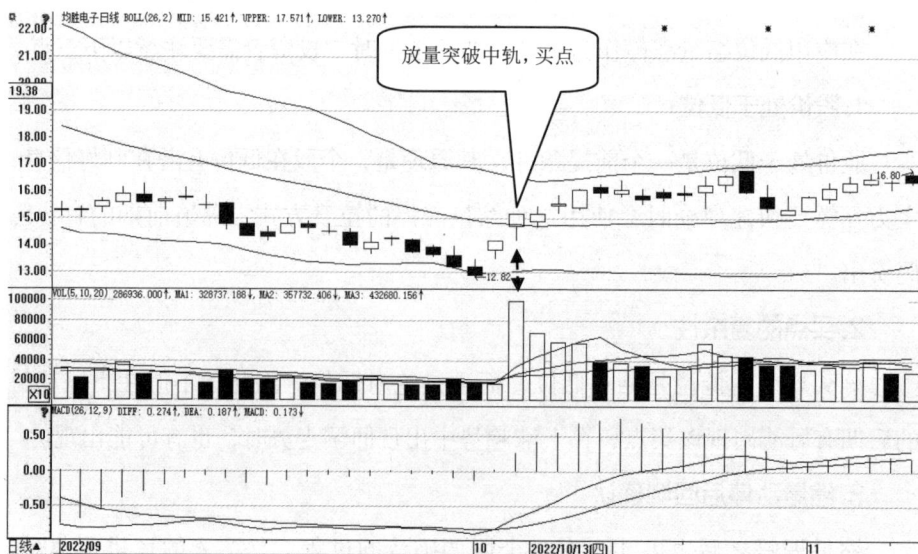

图5-16　均胜电子日K线

如图 5-17 所示，2022 年 12 月 30 日，乐凯胶片（600135）股价放量上涨，突破了 BOLL 指标的中轨。放量突破中轨，表明上涨动能增强，形成买入信号。投资者可以在 12 月 30 日股价形成放量突破时买入该股。

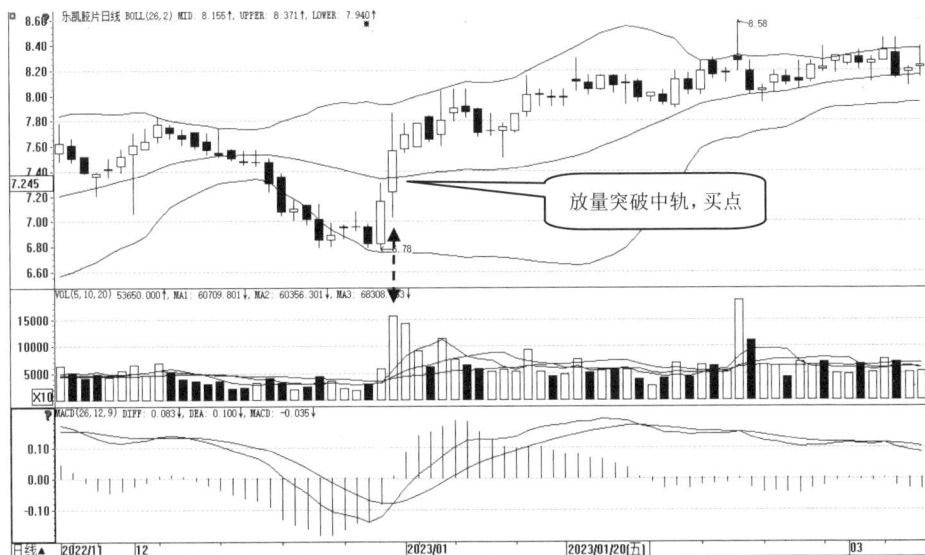

图 5-17　乐凯胶片日 K 线

具体把握该买点时，投资者需要注意两个关键点。

1. 之前是否有看涨信号

放量突破中轨前，是否有其他明显的经典看涨信号出现，如果有的话投资者不妨激进一些，尽量找到一个占据优势的入场点。

2. 尽量不要追涨

放量突破中轨走势，其最高点可能是当日股价的涨停板价位，但在这个价位买入追涨无疑是不明智的，投资者要避免追涨，尽量在当日分时走势图里伺机寻找最佳买入点。

如图 5-18 所示，2022 年 12 月 30 日，乐凯胶片（600135）的分时走势图显示当日有 3 个明显的买入点。

首先是当日的开盘价，由于前一日的下轨处出现放量看涨吞没形态，12

月 30 日股价只要高开就说明其较强的上涨意义。激进型的投资者可以在开盘竞价阶段就适当买入。

其次是开盘不久后的低位震荡，这又是买入的良机。

最后是在盘中股价突破均线的 7.35 元价位附近买入。但很多投资者都是在突破后的震荡位买入，对短线投资而言，这是非常被动的。

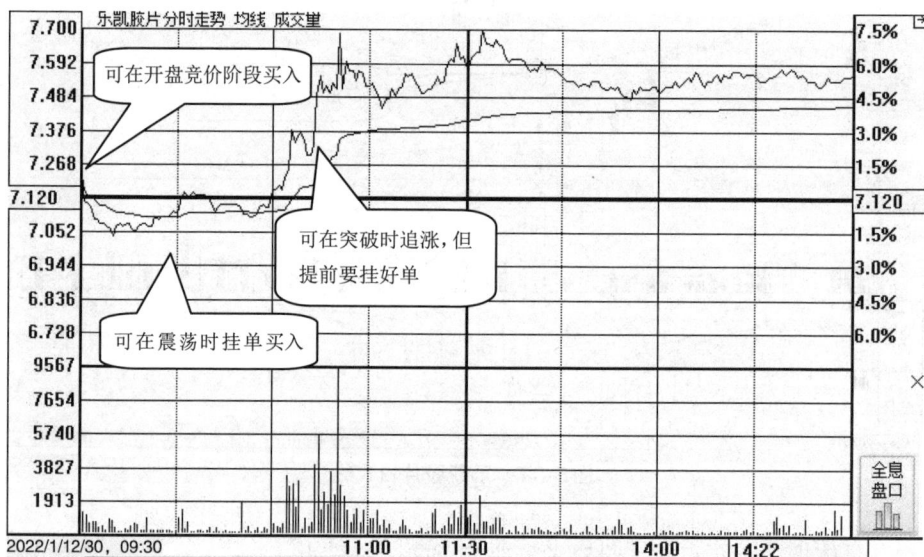

图 5-18　乐凯胶片分时走势

5.3　布林线与成交量配合找卖点

5.3.1　顶部放量滞涨

顶部放量滞涨是指在上涨走势的后期，当股价经过前期大幅上涨而处于高位时，尽管成交量出现明显且持续的放大，但股价却不再持续上涨，反而

在BOLL指标上轨附近出现高位震荡甚至下跌的走势。它表明空方力量正在积
聚，在多空双方的较量中多方不再占有优势，股价接下来出现一波下跌走势
的可能性较大。

如图5-19所示，2022年2月中旬至3月下旬，中青旅（600138）的成交
量出现了明显的放大，股价在经过大幅上涨后，在高位大幅震荡，形成了
顶部放量滞涨的态势。它表明市场下跌动能正在积聚，股价接下来有较大
可能出现一波下跌走势。投资者可在放量滞涨区域内伺机卖出（多在上轨
附近）。

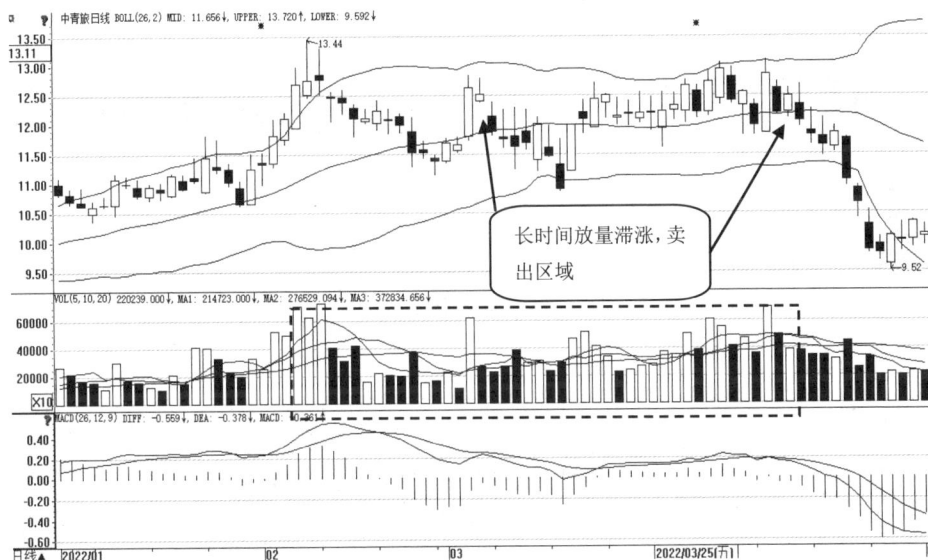

图5-19　中青旅日K线

如图5-20所示，2021年9月至11月，兴发集团（600141）经过前期大幅
上涨后，该股在高位持续震荡，形成了顶部放量滞涨的态势。投资者可在放
量滞涨区域内伺机卖出。

如图5-21所示，2022年5月，长春一东（600148）放量上涨，但股价在
经过一波上涨走势之后，在高位开始放量滞涨。6月13日，成交量再创单日
新高，但价格明显欲振乏力，之后两个交易日K线再次形成两根阴线，形成K

线三只乌鸦的看跌形态，与此同时该股走出无力回天形态。它表明市场下跌动能正在积聚，股价接下来有较大可能出现一波下跌走势。投资者要注意果断卖出。

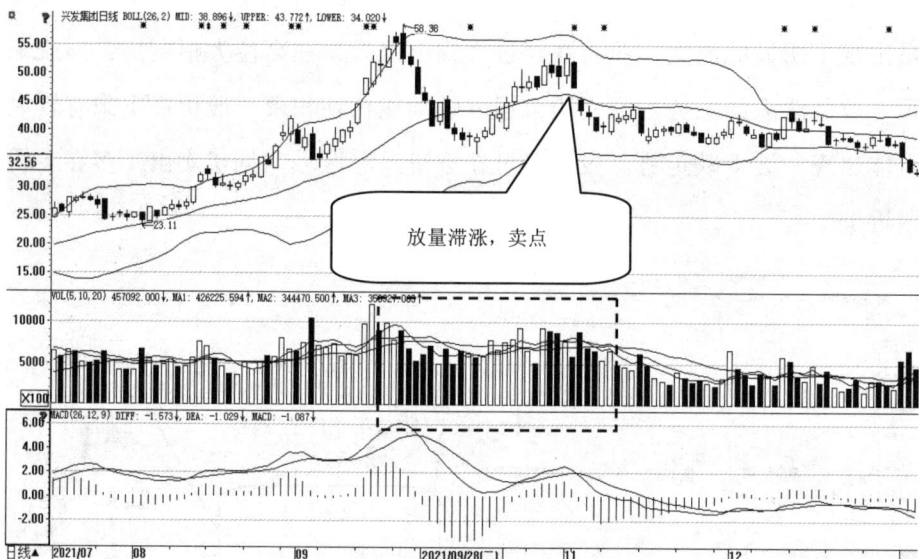

图5-20　兴发集团日K线

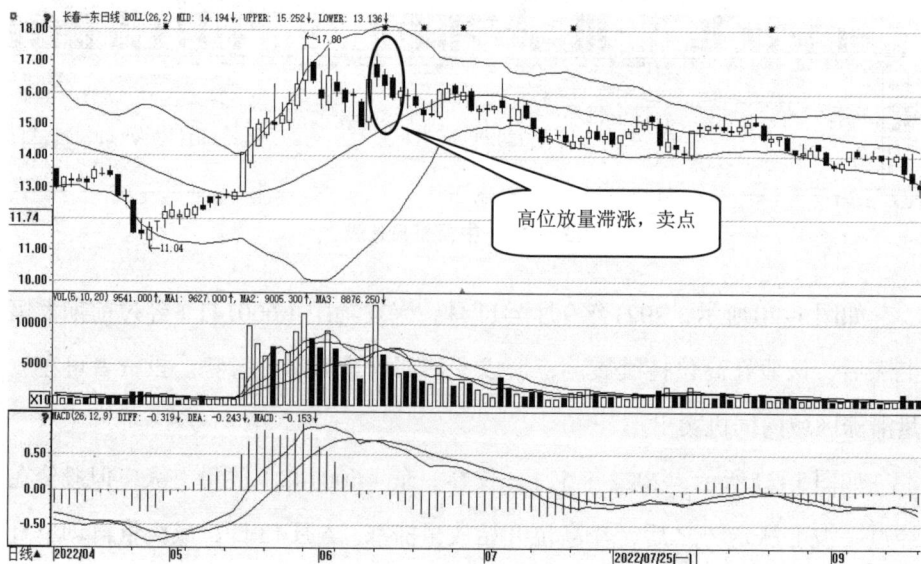

图5-21　长春一东日K线

实战经验

在实战中，投资者要注意以下两个方面。

1.股价在顶部放量滞涨时，股价K线组合往往形成反转形态。投资者一旦见到"顶部放量滞涨＋K线反转形态"，基本可以确定一波下跌走势要出现了。

2.顶部放量滞涨，往往是主力趁机出货所致。此时，投资者要注意筹码分布的异动，以辅助判断。

5.3.2　放量跌破中轨

BOLL指标的中轨是股价的一条移动平均线，其与股价的位置关系可以用来衡量短期股价走势的强弱。当股价从BOLL指标的中轨上方回落，并向下击穿中轨时，股价短期走势由强转弱，后市看空，发出卖出信号。若跌破中轨时成交量出现放大，则看空信号更为强烈。

如图5-22所示，从2023年1月3日开始，建发股份（600153）走出了一波上涨走势，股价顺利向上突破BOLL指标中轨。但股价突破后欲振乏力，1月9日，股价大幅下跌跌破了中轨，且成交量出现大幅放大，说明抛盘较大，发出卖出信号。

如图5-23所示，2023年4月21日，巨化股份（600160）在一波缓缓上涨行情后，由于受突发不利消息的影响，股价大幅放量下跌，且一举跌破了BOLL指标的中轨，卖点出现。此后，股价持续走弱。

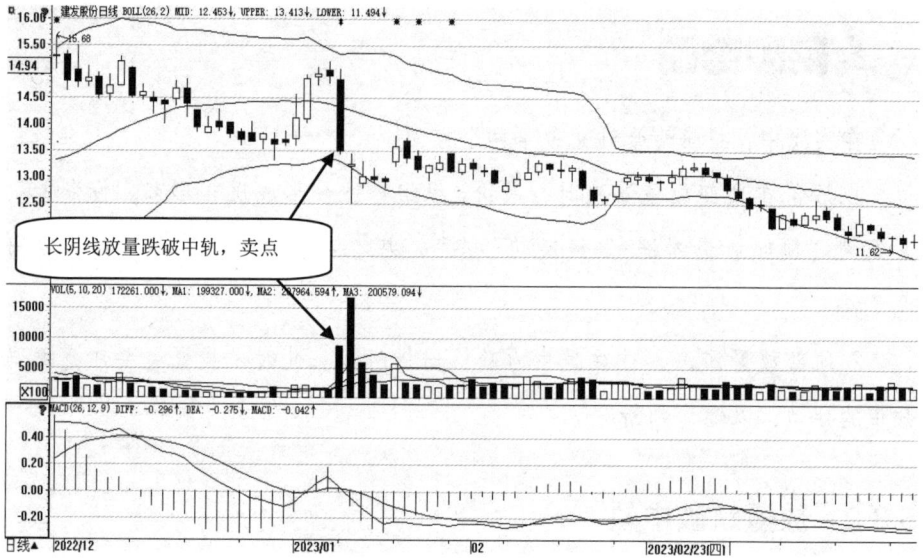

长阴线放量跌破中轨，卖点

图5-22 建发股份日K线

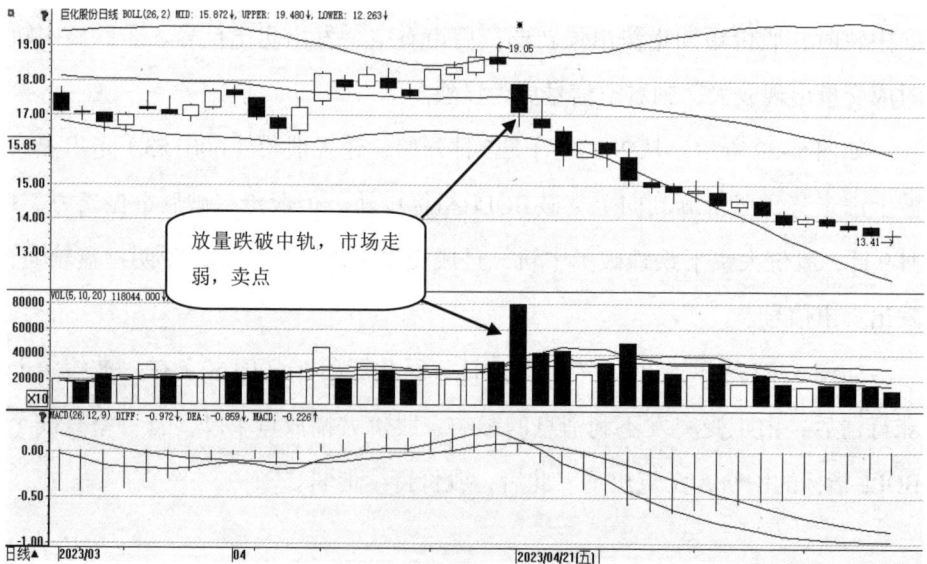

放量跌破中轨，市场走弱，卖点

图5-23 巨化股份日K线

5.3.3　连续放量下跌

连续放量下跌常在股价经历一波上涨后出现，个股 K 线连续走出阴线，且成交量持续放大。从与 BOLL 指标的位置关系来看，连续放量下跌后，股价通常持续走弱，主要在 BOLL 指标的中轨以下运行。连续放量下跌的形态发出卖出信号，投资者见此形态应及时离场。

如图 5-24 所示，2022 年 7 月 1 日，上海家化（600315）的股价放量冲高回落，随后几天该股继续下跌，跌破 BOLL 指标中轨，形成连续放量下跌的态势。它表明该股主力正在疯狂出货，投资者要注意及时卖出。

如图 5-25 所示，2022 年 3 月 30 日，狮头股份（600539）的股价放量收出一根长阴线，第二天、第三天股价连续跳空，低开低走，也都收成了阴线，3 个交易日形成了连续放量下跌的态势，之后 2 个交易日股价跌破 BOLL 指标中轨。它表明大量筹码正在高位疯狂出货，投资者可在形态出现或跌破中轨时果断出场。

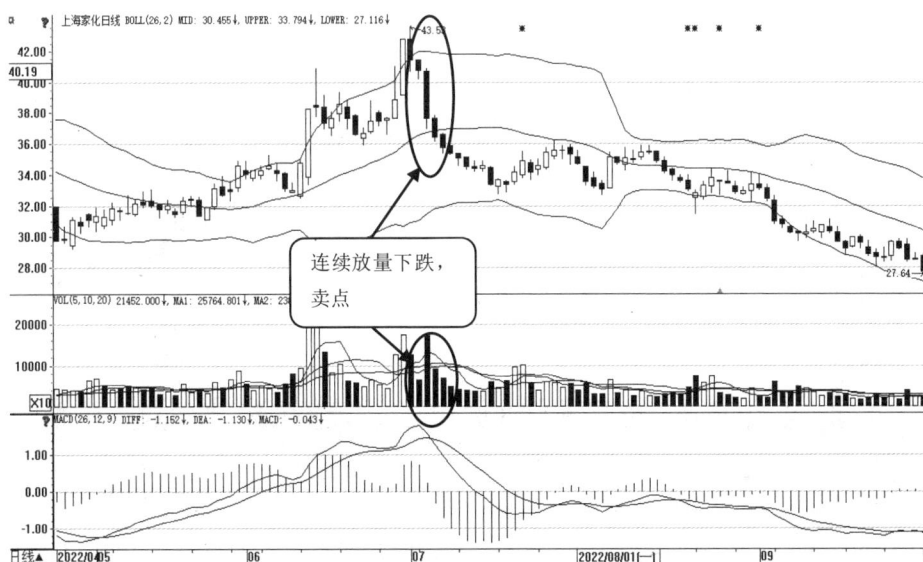

图 5-24　上海家化日 K 线

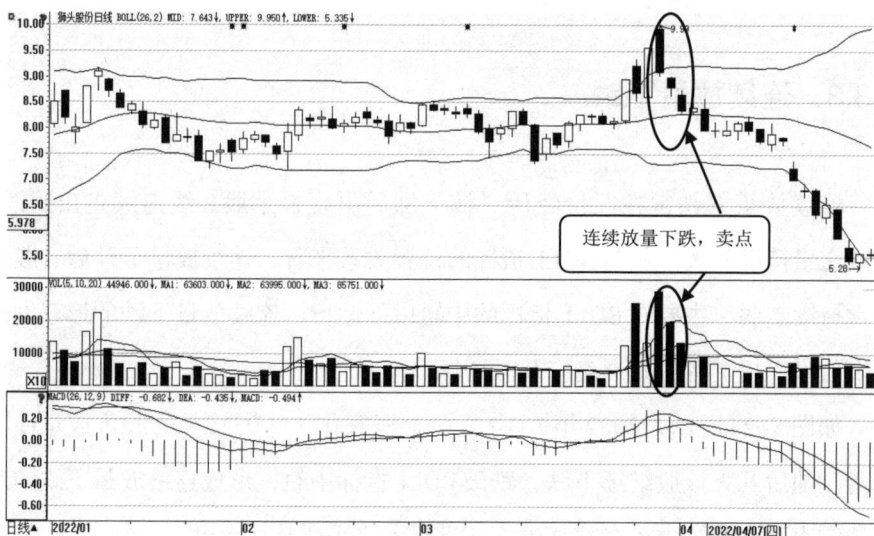

图5-25　狮头股份日 K 线

　　如图5-26所示，从2023年4月19日开始，卓郎智能（600545）的股价在一波缓缓下跌走势后开始加速下跌，同时成交量放大，形成连续放量下跌走势。该走势表明该股主力正在大量卖出筹码，后市看空，卖点出现。之后，股价沿着BOLL指标下轨持续下跌，毫无波澜。

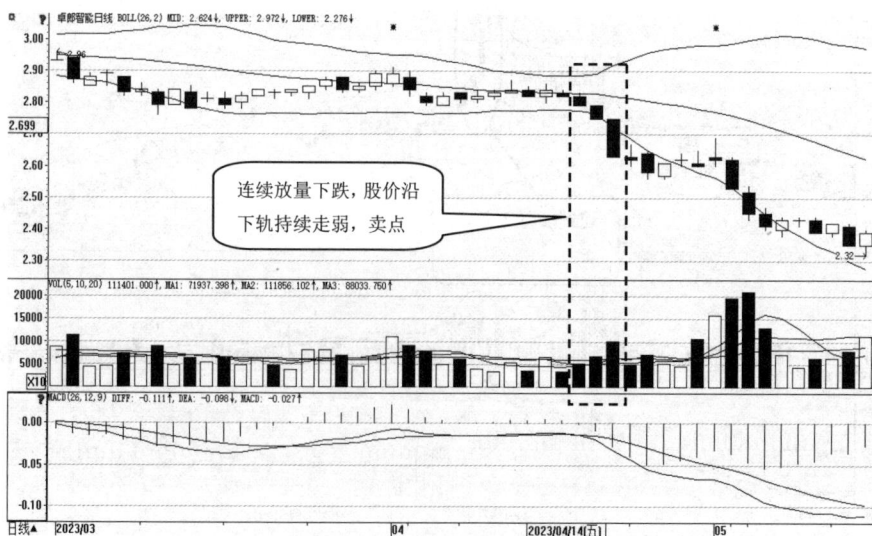

图5-26　卓郎智能日 K 线

5.3.4　跌势中的放量反弹

在长期下跌趋势中，股价走出一浪低于一浪的趋势。在每一轮创新低的时候，成交量也不断缩减，形成价跌量缩的态势。而在这个过程中，股价往往会走出一些放量反弹的趋势，K线上出现少量的大阳线，随后继续以阴线下跌为主。这是被套牢的投资者可以降低损失的卖出时机。

如图5-27所示，2022年1月至4月，精达股份（600577）的股价持续下跌。在这个过程中，股价出现了两次明显的放量反弹的走势。投资者可以在这个过程中逢高卖出，然后在低位回补，以降低成本。

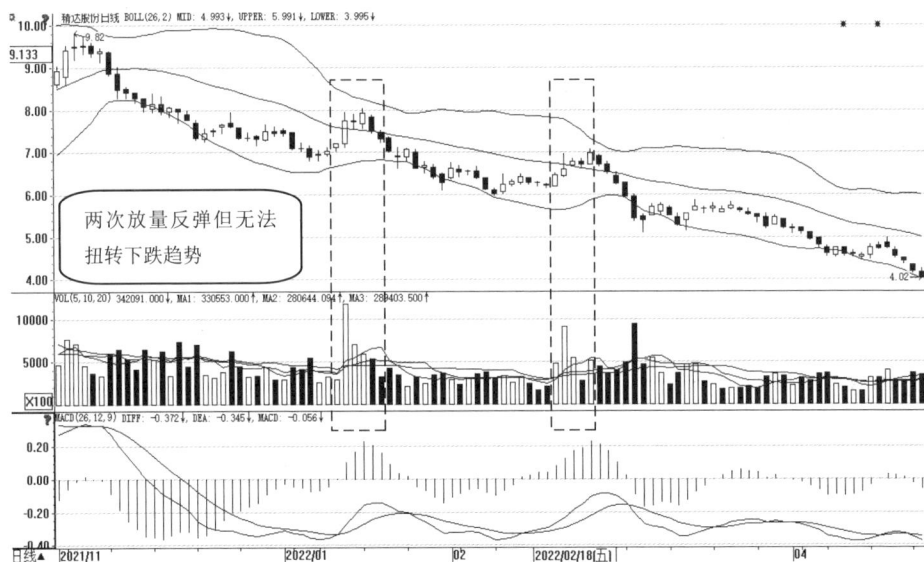

图5-27　精达股份日K线

第 6 章

——

布林线与其他技术指标

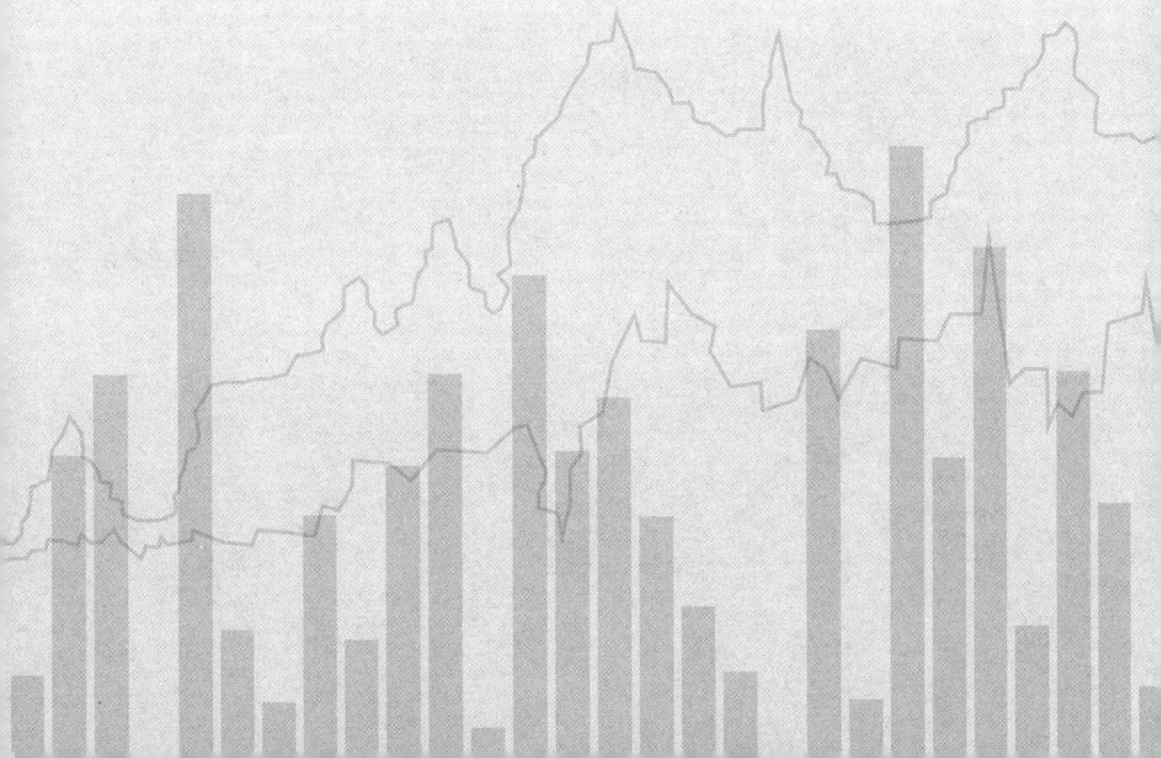

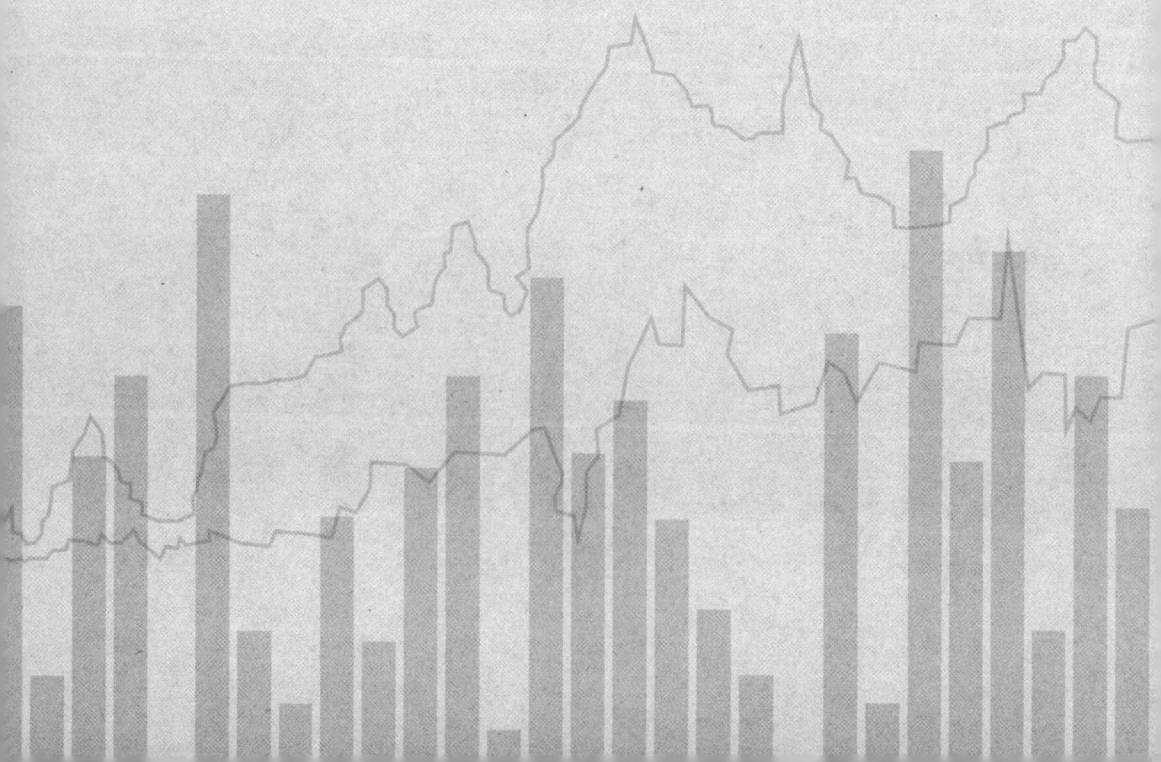

6.1　KDJ 指标

6.1.1　KDJ 指标的黄金交叉和死亡交叉

KDJ 指标，又称随机指标，属于超买超卖类指标。它根据当前股价在近期股价分布中的相对位置，评估市场的超买超卖程度，进而预测市场的走势。这一指标主要应用于短线操作。

如图 6-1 所示，KDJ 指标包含指标线 K、指标线 D 和指标线 J，取值范围为 0 至 100。这三条曲线中，指标线 J 最为灵敏，指标线 K 次之，指标线 D 最为平滑。KDJ 指标的交叉、背离等信号可以帮助投资者判断未来的股价走势。

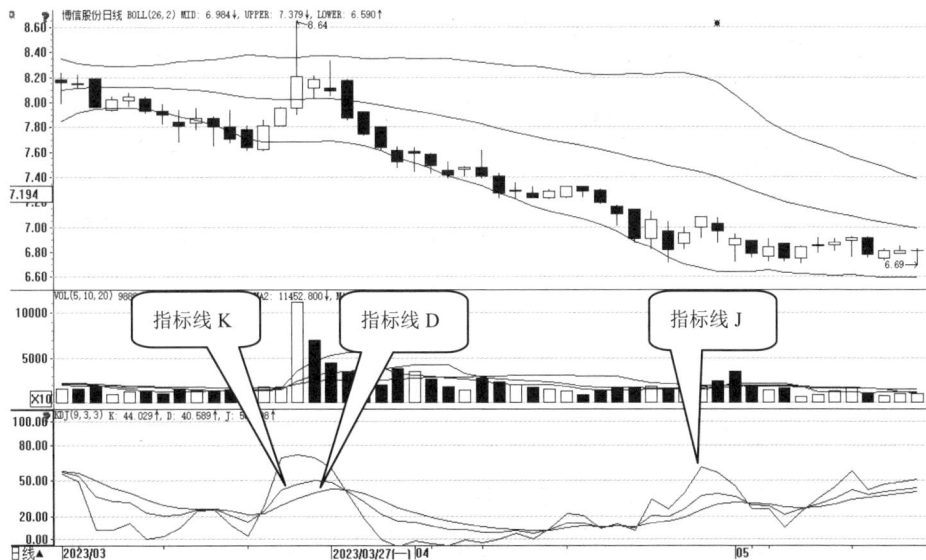

图 6-1　KDJ 指标

当指标线 K 由下向上突破指标线 D 时，KDJ 指标形成黄金交叉（以下简称金叉），该信号表明多方力量聚集，是看涨买入信号。通常来说，股价处于震荡阶段，BOLL 指标的中轨走平时，KDJ 指标金叉发出的买入信号的有效性较高。

如图 6-2 所示，2022 年 8 月至 11 月，大名城（600094）股价处于震荡整理走势中。可以看到，KDJ 指标中的指标线 K 有 4 次向上突破指标线 D 形成金叉，且金叉形成后股价在多个交易日内均持续上涨。金叉表明市场上涨动能较强，为买入信号，投资者可以在金叉出现时买入该股。

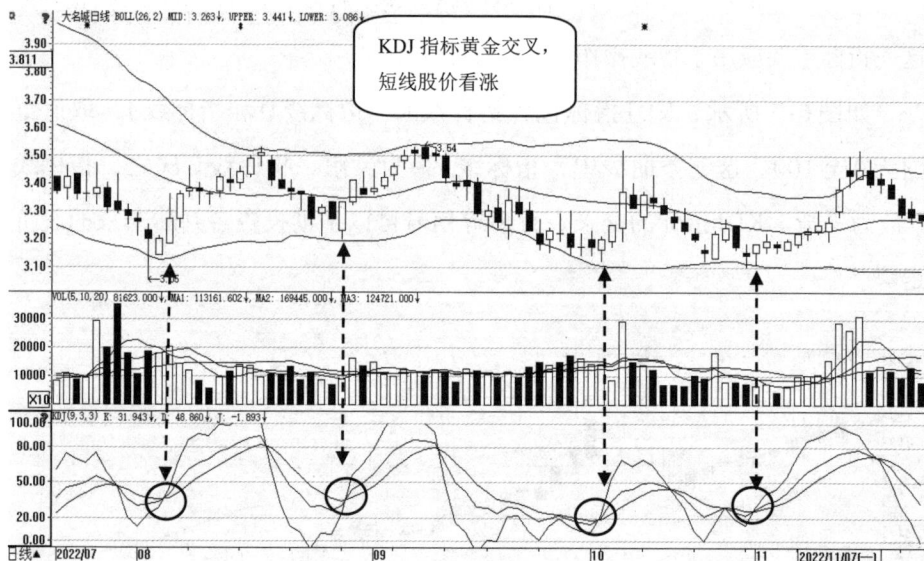

图 6-2　大名城日 K 线

如图 6-3 所示，2023 年 3 月，三变科技（002112）股价出现一波下跌走势，BOLL 指标通道不断收缩，中轨逐渐走平。3 月 24 日，KDJ 指标形成金叉，且金叉形成后股价均开始上涨，买点出现。

当指标线 K 由上向下跌破指标线 D 时，KDJ 指标形成死亡交叉（以下简称死叉），该信号表明空方力量转强，短期看空，发出卖出信号。当死叉出现在 BOLL 指标中轨上方时，卖出信号较强。

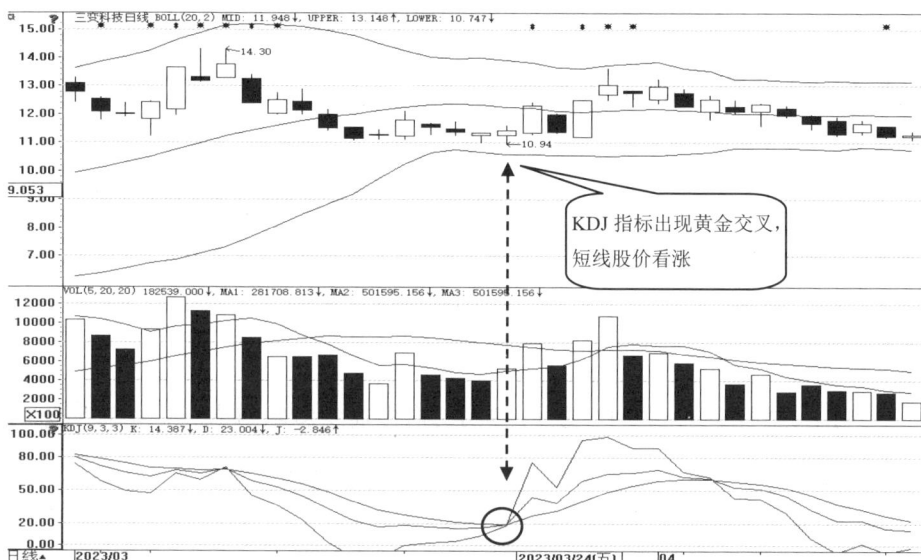

图6-3　三变科技日K线

如图6-4所示，2022年7月至9月，韵达股份（002120）股价处于震荡整理走势中。其间，KDJ指标3次形成死叉。在BOLL指标中轨上方出现死叉，这是较强的卖出信号，投资者可以在死叉出现时卖出该股。

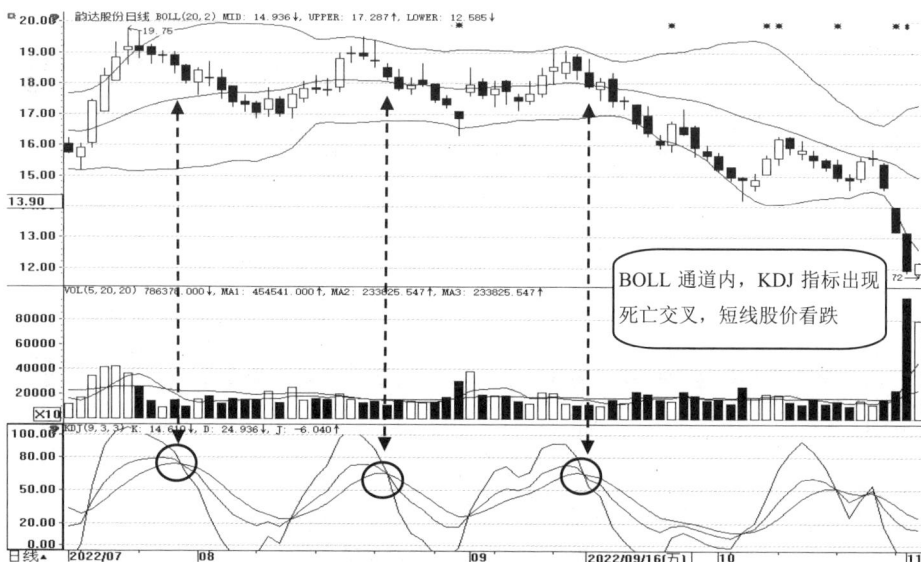

图6-4　韵达股份日K线

6.1.2　KDJ 指标的超买超卖

当指标线K向下跌破20时，KDJ指标进入超卖区域，表明空方处于极度强势的状态。这种强势状态往往难以持续，一旦空方力量衰竭，股价将迅速见底反弹。当指标线K向上突破20，脱离超卖区域时，发出买入信号，此时投资者可以买入该股票。

当KDJ指标进入超卖区域时，BOLL指标通常喇叭口敞开，中轨明显向下，此时根据指标找买点要避免"买在半山腰"，这就需要其他技术指标的配合。投资者如果要买入，要注意轻仓操作。

如图6-5所示，2022年9月底，石基信息（002153）的KDJ指标中，指标线K向下跌破20进入超卖区域，BOLL指标喇叭口敞开且中轨向下。这表明市场进入空方极度强势的行情。超卖过后，股价往往出现反弹。10月14日，该股KDJ指标脱离超卖区域，买点出现。

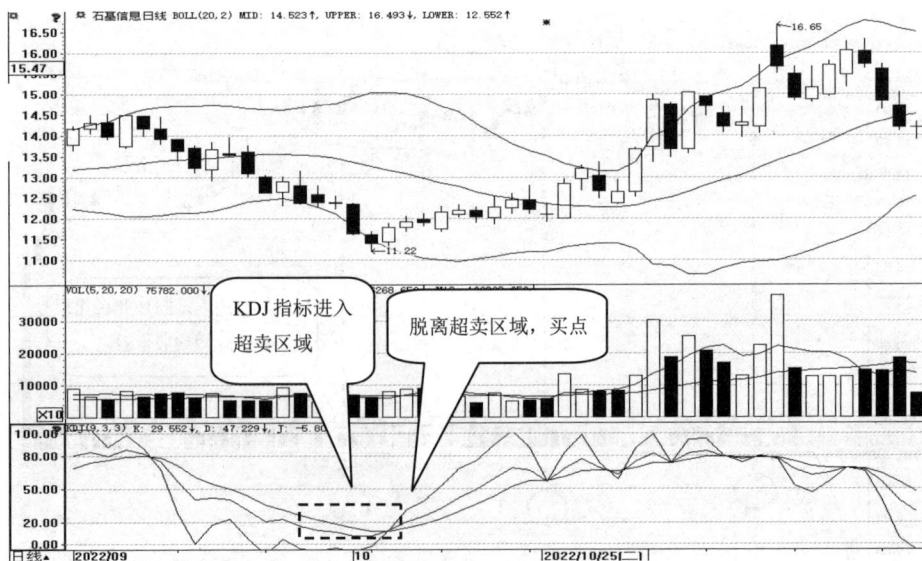

图6-5　石基信息日K线

如图6-6所示，2022年9月下旬，通富微电（002156）的KDJ指标中，指标线K向下跌破20进入超卖区域，BOLL指标喇叭口敞开且中轨持续向下。这表明市场进入空方极度强势的行情。10月14日，该股KDJ指标脱离超卖区域，且在此前走出了金叉，买点出现。

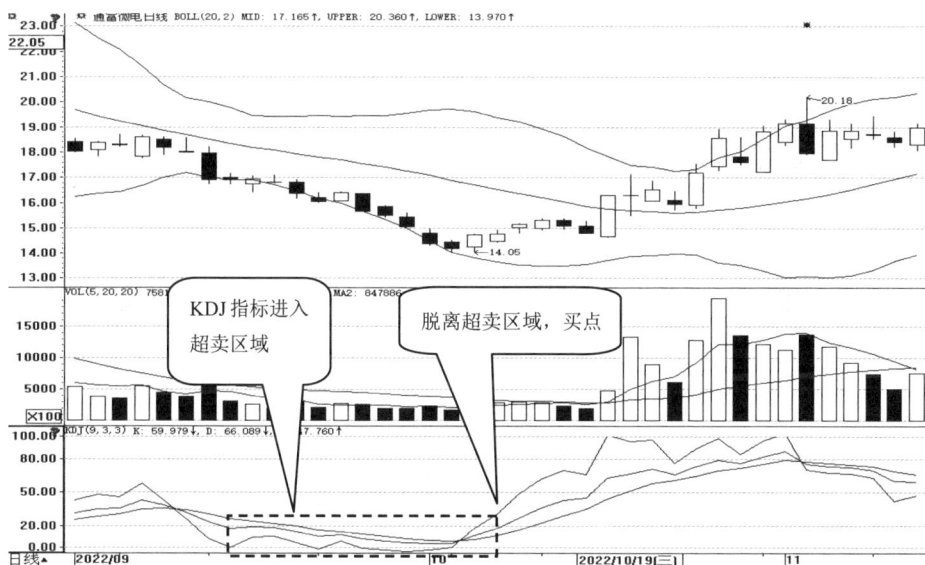

图6-6 通富微电日K线

当指标线K向上突破80时，KDJ指标进入超买区域，表明多方处于极度强势的状态。这种强势状态也难以维持很久，随着多方力量逐渐转弱，空方力量逐渐加强，股价将见顶下跌。当指标线K向下跌破80，脱离超买区域时，发出卖出信号，此时投资者应卖出股票。

当KDJ指标进入超买区域时，BOLL指标通常喇叭口敞开，中轨明显向上，此时根据指标找卖点要提前设计好策略，避免"踏空"上涨趋势，这就需要其他技术指标的配合。

如图6-7所示，随着股价的持续上涨，2023年4月下旬，游族网络（002174）的KDJ指标突破80，进入超买区域，同时BOLL指标喇叭口持续放大且中轨向上。此信号表明多方进入极度强势的状态，这种状态是难以持续的。5月9日，指标线K跌破80脱离超买区域。这表明多空力量已经转换，后市看空。此时投资者应及时卖出股票。

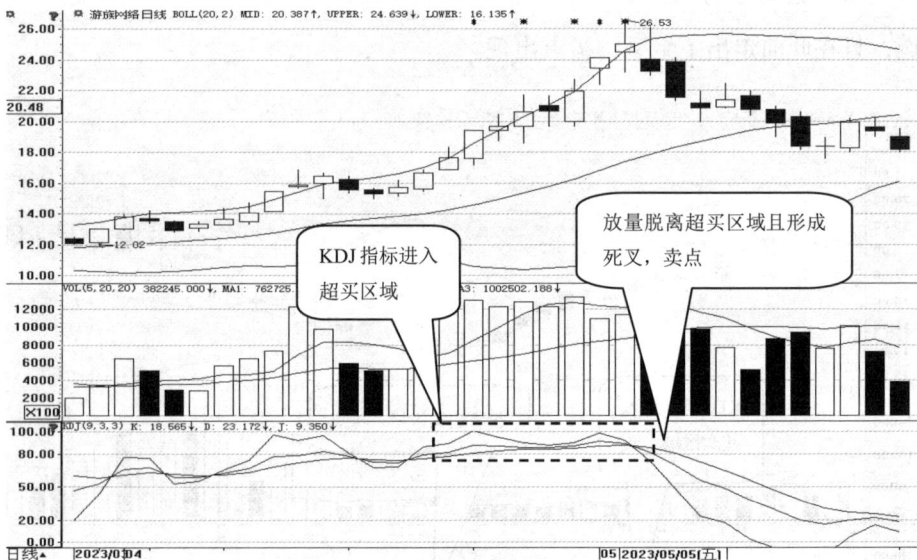

图6-7　游族网络日K线

6.1.3　KDJ 指标的失效

作为一种摆荡指标，KDJ指标在股价长期呈现单边走势时会失效，原来的买卖信号将变得不再准确，这被称为指标的"钝化"现象。这里的单边走势是指股价运动方向趋于一致，反方向的波动次数较少及波动幅度较小。单边走势主要包括单边上涨走势、单边下跌走势。

如图6-8所示，2021年7月初至8月初，江特电机（002176）的股价持续上涨，走出了单边上涨的走势。可以看到，在股价上涨的过程中，KDJ指标K值保持大部分时间在80以上的区域内，波动较小，实际上已经处于钝化状态。这种状态下，KDJ指标无法对未来走势给出明确信号，指标处于失效状态。

如图6-9所示，2023年3月初至5月初，纳思达（002180）的股价持续下跌，走出了单边下跌的走势。可以看到，在股价下跌的过程中，KDJ 指标长时间保持在 20 以下，三条指标线长期纠缠在一起，金叉和超卖信号基本失效，指标整体处于钝化状态。

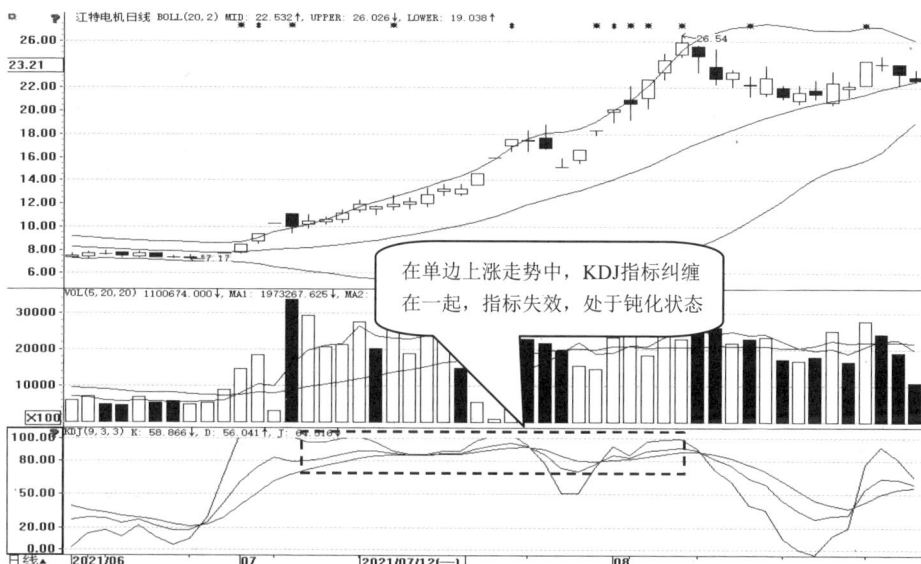

图 6-8　江特电机日 K 线

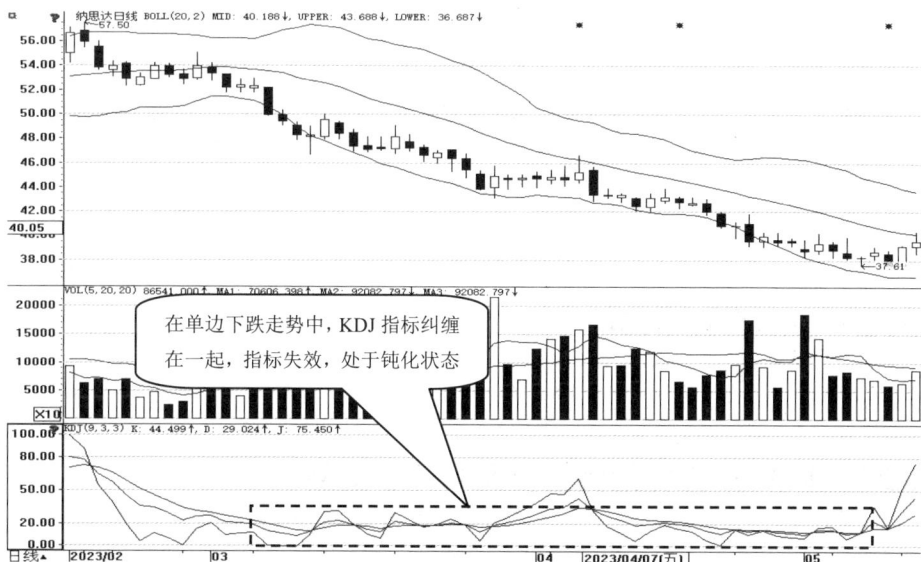

图 6-9　纳思达日 K 线

投资者应怎样区分 KDJ 指标是有效还是无效呢？KDJ 指标中的 K 线和 D 线构成了交叉的要素。区分交叉是否有效的标准是：若 K 线与 D 线交叉后，K 线超出 D 线 20% 以上，这种交叉有效；若 K 线与 D 线交叉后，K 线没有超出 D 线 20% 以上，而是两线纠缠在一起，则这种交叉无效。

如图 6-10 所示，2023 年 2 月至 3 月，融捷股份（002192）的股价持续下跌后，走出一波强势下跌的行情。可以看到，在股价下跌的过程中，KDJ 指标保持在 20 附近。期间，指标两次出现金叉，但 K 线向上击穿 D 线后并未与 D 线拉开距离，金叉失效。

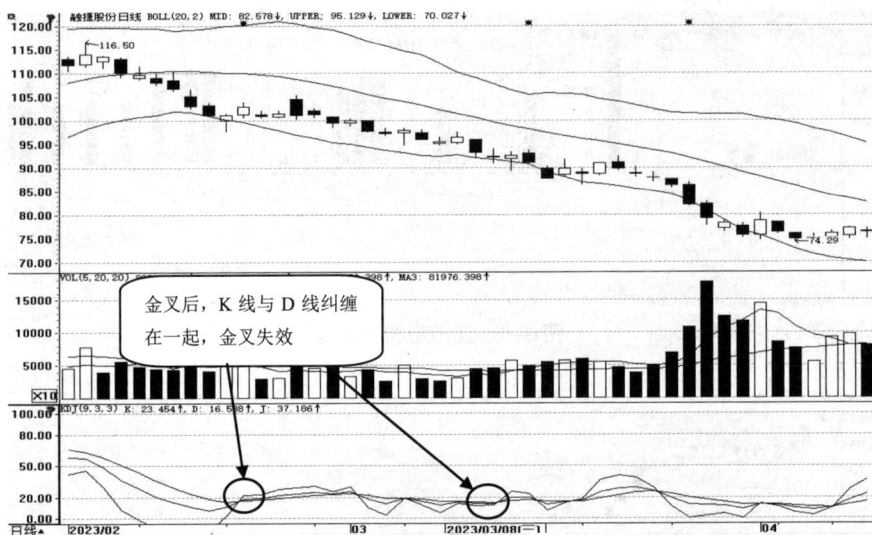

图 6-10　融捷股份日 K 线

6.2　MACD 指标

6.2.1　MACD 指标的黄金交叉和死亡交叉

MACD 指标，即指数平滑异同移动平均线指标，是一种趋势性指标。它

由 DIFF 线、DEA 线以及 MACD 柱线组成（如图 6-11 所示），投资者可通过这
三项指标之间的背离、交叉等多种方式，对股价走势进行分析。

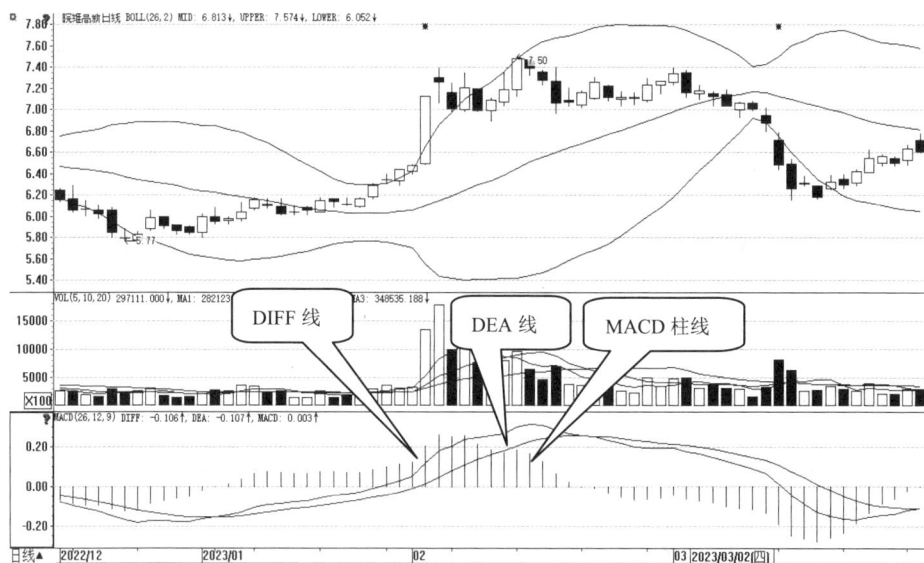

图 6-11　MACD 指标

　　当 MACD 指标中的 DIFF 线向上突破 DEA 线时，两者就形成了 MACD 指
标的黄金交叉（以下简称金叉）。这样的形态说明股价下跌的速度减慢，或
上涨的速度加快，市场上的多方力量持续增强。MACD 指标金叉是看涨买入
信号。该信号出现时，股价多在 BOLL 指标中轨附近运行，此时如果股价能顺
利向上突破中轨，则可靠性大大增强。

　　如图 6-12 所示，2022 年 11 月 3 日，上海梅林（600073）的 MACD 指标中
的 DIFF 线向上突破了 DEA 线，形成 MACD 指标金叉。这个金叉的出现显示股
价开始进入上涨走势，后市看多，发出买入信号。

　　如图 6-13 所示，2023 年 1 月 5 日，湘财股份（600095）的 MACD 指
标中的 DIFF 线向上突破了 DEA 线，形成 MACD 指标金叉。这个金叉出现
时，股价处于 BOLL 指标中轨上方，且逐渐走高。金叉的出现发出买入
信号。

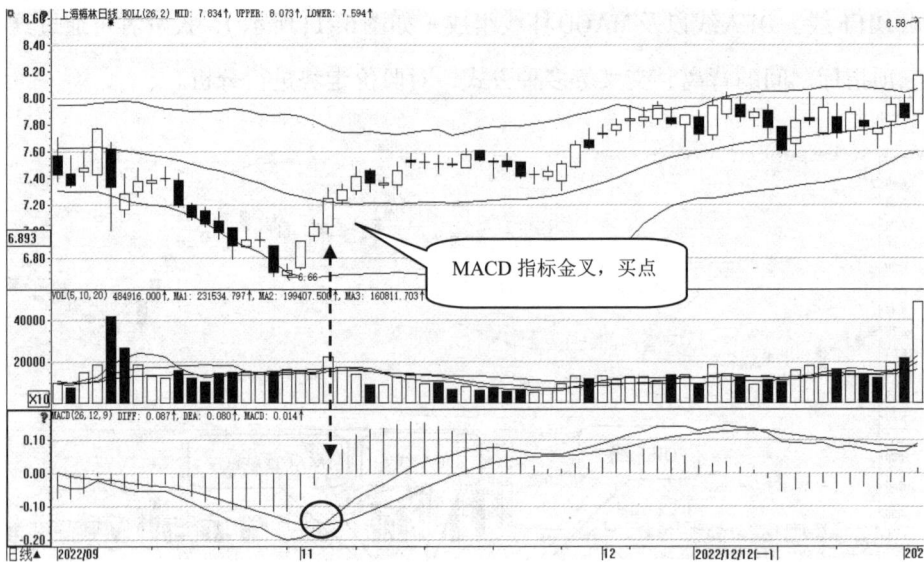

图6-12　上海梅林日K线

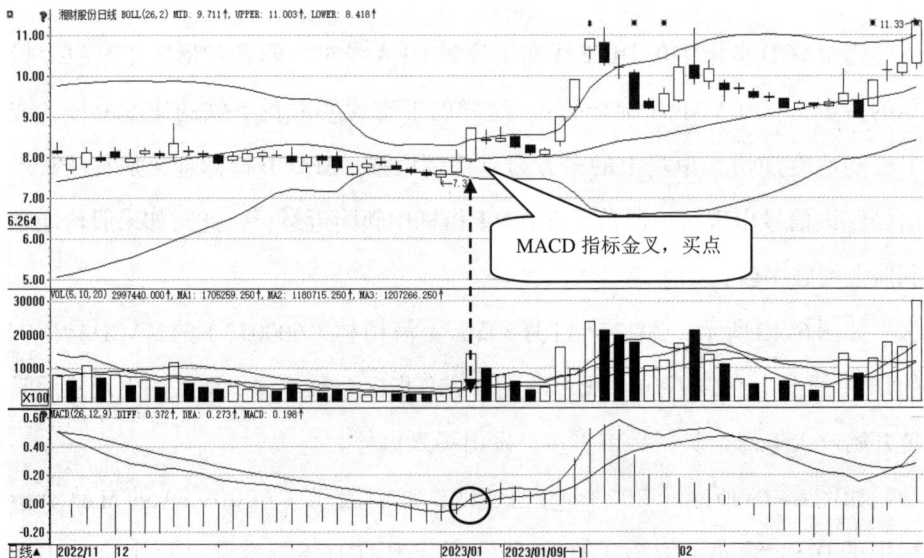

图6-13　湘财股份日K线

当 MACD 指标中的 DIFF 线跌破 DEA 线时，就形成了 MACD 指标的死亡交叉（以下简称死叉）。这个形态说明股价的上涨速度逐渐减慢，或下跌速度正在加快，市场上的空方力量逐渐增强。MACD 指标死叉是看跌信号。该信号出现时，股价多在 BOLL 指标中轨附近运行，此时如果股价能顺利向下跌破中轨，则卖出可靠性大大增强。

如图 6-14 所示，2022 年 12 月 22 日，云天化（600096）的 MACD 指标中的 DIFF 线跌破 DEA 线，形成 MACD 指标死叉。这个形态说明市场已经由上涨行情进入下跌行情，后市看空。此时持股的投资者应果断卖出股票。

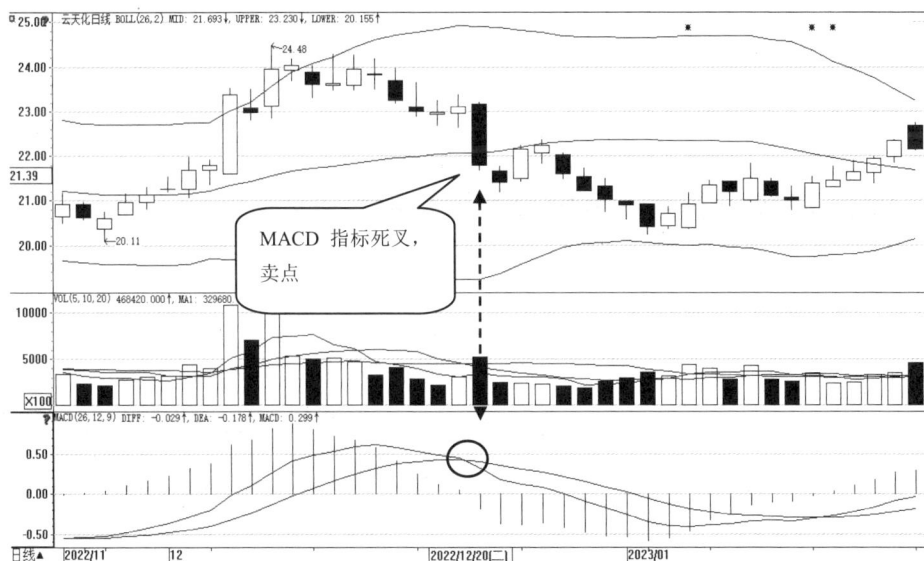

图 6-14　云天化日 K 线

如图 6-15 所示，2022 年 12 月 13 日，林海股份（600099）的 MACD 指标中的 DIFF 线跌破 DEA 线，形成 MACD 指标死叉。死叉出现后不久，股价跌破 BOLL 指标中轨，且逐渐走弱。投资者应凭此信号卖出股票。

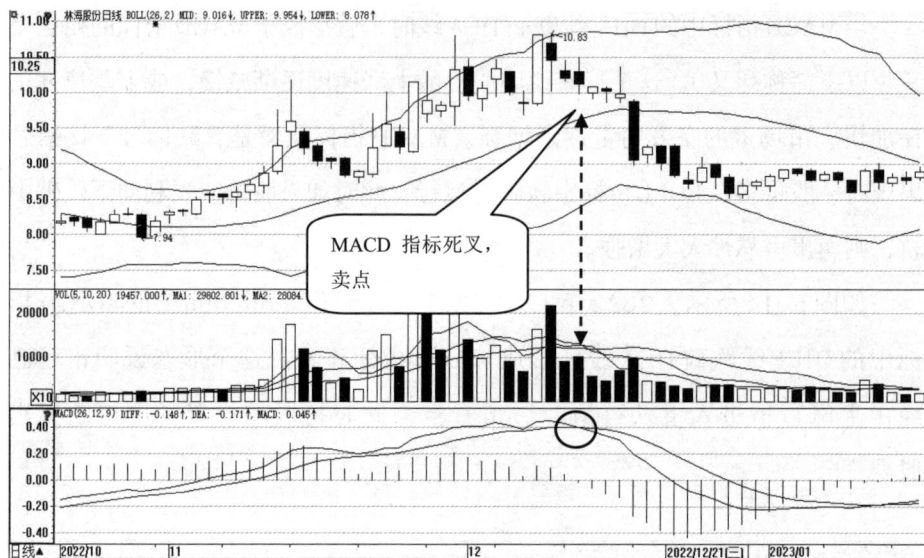

图6-15　林海股份日K线

6.2.2　MACD指标的底背离和顶背离

当股价经历了持续下跌，创出新低，而MACD指标中的DIFF线底部逐渐走高时，即为MACD指标的底背离。底背离表示个股跌势放缓，空方力量减弱，往往预示着股价将在不久之后掉头向上，是趋势反转的信号。此时，投资者要注意"中轨以下的底部形态"，如W形底、头肩底等，可结合BOLL指标的下轨和中轨，找到最佳买入点。

如图6-16所示，2022年10月底，亚盛集团（600108）股价震荡下行。在股价下跌的同时，MACD指标走高，形成了MACD指标与股价的底背离。这说明股价的下跌趋势已经逐渐减弱，短期买点出现。投资者可于底背离后在下轨处适时买入。

如图6-17所示，从2022年9月中旬开始，浙江东方（600120）股价震荡下行。在股价下跌的同时，MACD指标走高，形成了MACD指标与股价的底背离。这说明股价下跌趋势已经逐渐减弱，股价短期内有反转趋势。投资者可于底背离后适时买入。

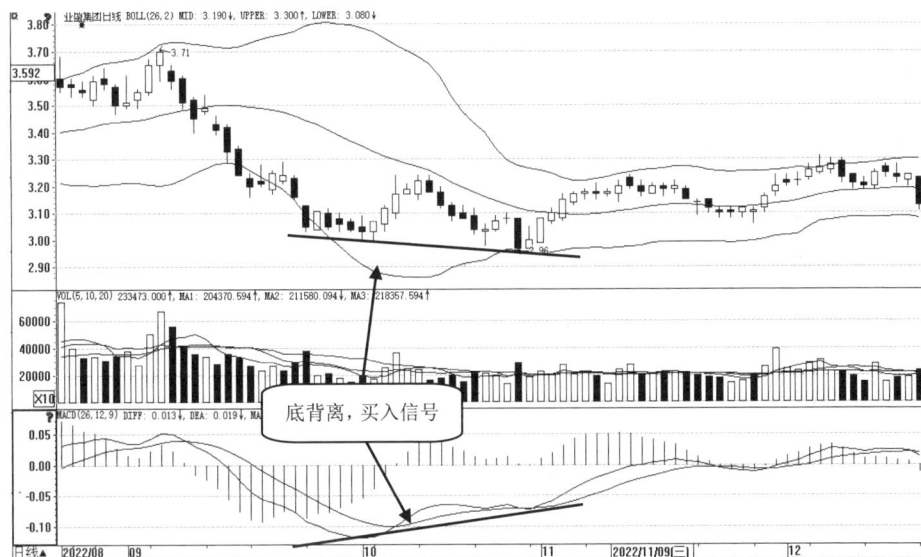

图 6-16　亚盛集团日 K 线

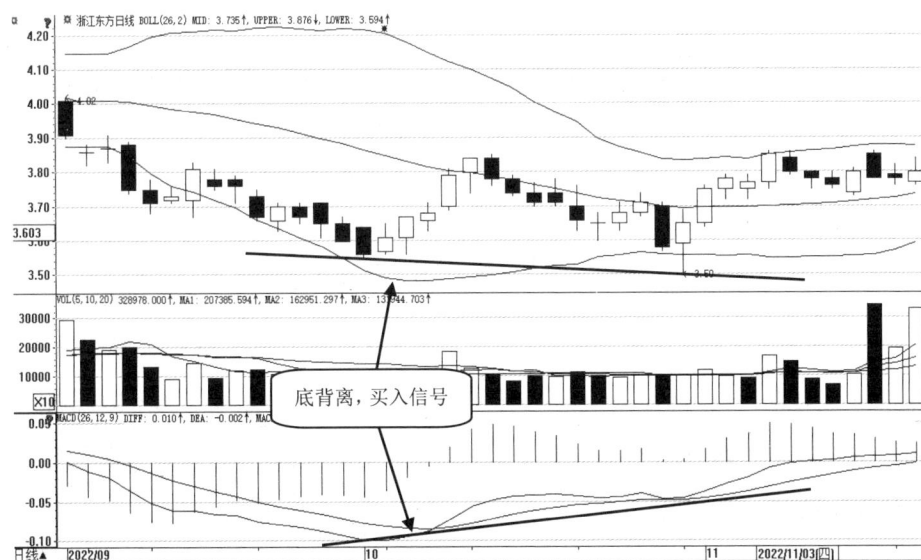

图 6-17　浙江东方日 K 线

159

股价走势经历了持续的上涨后，当价格继续上涨创出新高，而MACD指标中的DIFF线逐渐走低时，这种走势即形成了MACD指标的顶背离。顶背离表示个股涨势放缓，多方力量减弱，往往预示着股价走势将要反转，是卖出信号。此时，投资者要注意"中轨以上的顶部形态"，如M形顶、头肩顶等，可结合BOLL指标的上轨和中轨，找到最佳卖出点。

如图6-18所示，2023年4月中旬，国网信通（600131）走出震荡上涨的趋势。股价持续上涨，创出新高，而MACD指标却越来越低，形成了MACD指标与股价的顶背离。这预示着股价上涨动力不足。这时投资者应该考虑在适当的高位卖出股票，获利出场。

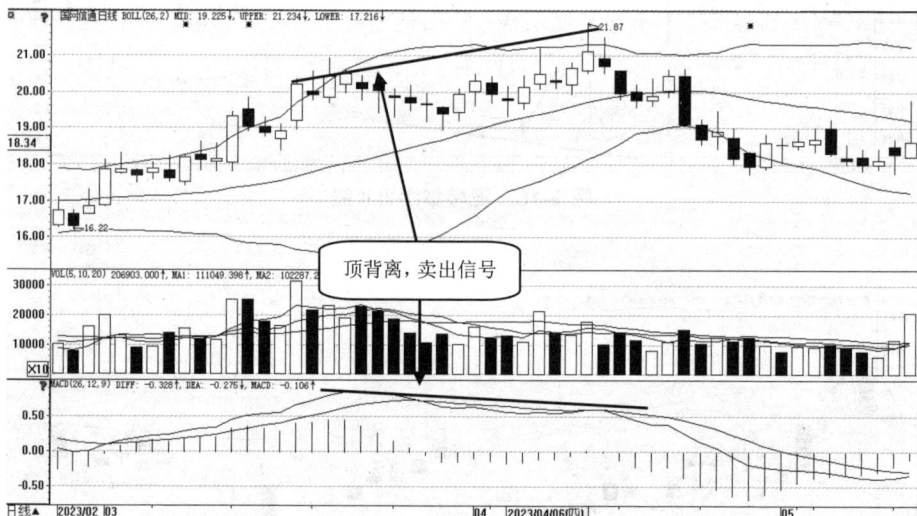

图6-18　国网信通日K线

如图6-19所示，2023年2月，重庆啤酒（600132）走出震荡上涨的走势。股价持续上涨，创出新高，而MACD指标却越来越低，形成了MACD指标与股价的顶背离。这预示着股价上涨动力不足。这时投资者应该考虑在适当的高位卖出股票，获利出场。

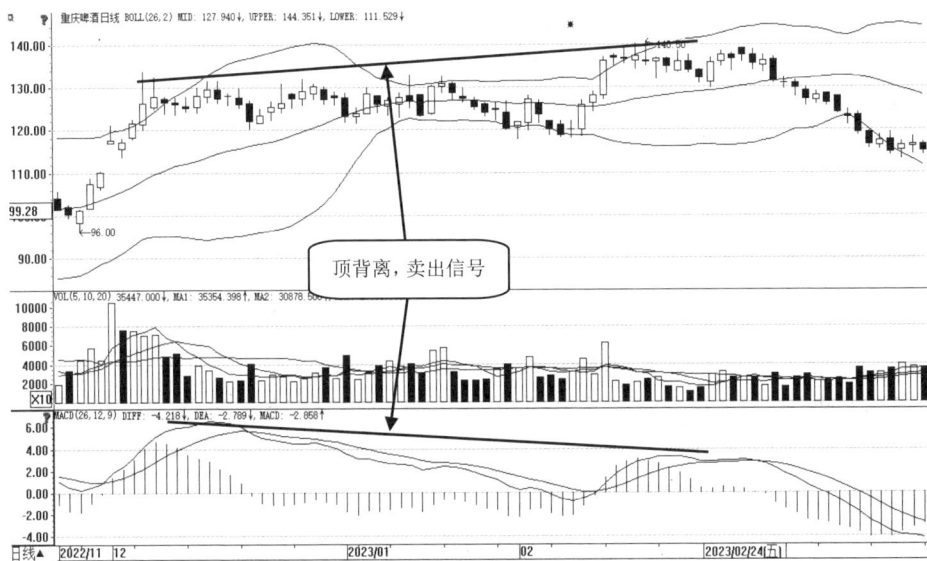

图 6-19　重庆啤酒日 K 线

6.2.3　MACD 指标的缺陷

作为中长期的趋势类指标，MACD 指标可以很好地应用于中长线操作。然而，同 KDJ 指标相比，MACD 指标的波动变化并没有那么迅速，而 MACD 指标金叉或死叉给出的买卖信号也会出现滞后的现象。

如图 6-20 所示，2022 年 11 月至 12 月，浙江医药（600216）走出了一波强势上涨走势。股价在多个交易日内持续放量上涨，MACD 指标也逐渐上升；当顶部形成后，股价开始走弱，随后 MACD 指标发出死叉的卖出信号。可以看到，这个死叉在股价下跌了 5 个交易日后出现，具有滞后性。

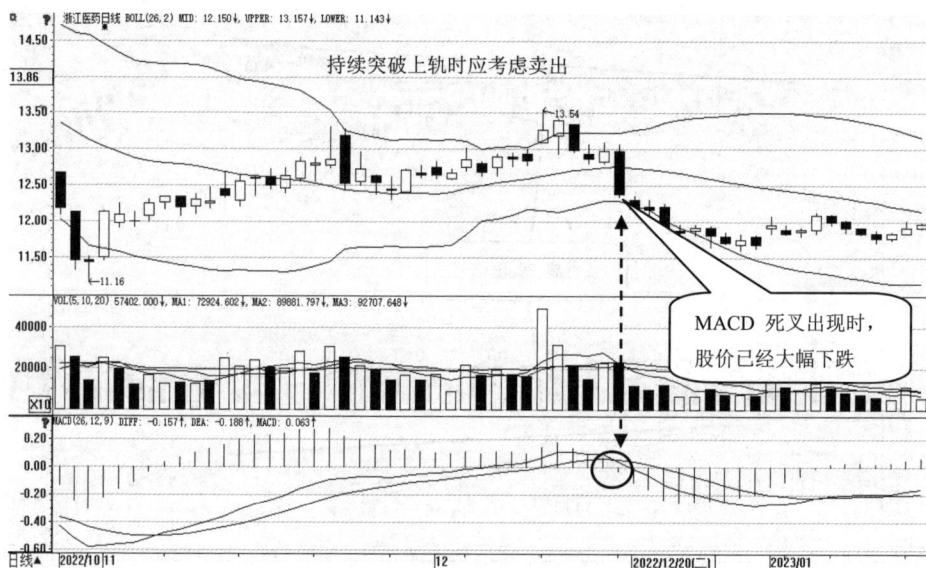

图6-20　浙江医药日K线

6.3　RSI 指标

6.3.1　RSI 指标的黄金交叉和死亡交叉

RSI指标又称相对强弱指标，是利用一段时间内平均收盘涨幅和平均收盘跌幅的比值来反映市场走势的指标。

RSI指标可用来评估市场多空双方力度大小，进而分析股价未来可能的走势。在大多数炒股软件中，RSI指标由6日、12日、24日这3条RSI指标线组成，如图6-21所示。RSI指标的取值范围为0～100。

RSI指标的3条指标线中，以6日RSI和12日RSI为准，当这两条指标线相交时，形成RSI指标的黄金交叉或死亡交叉（以下简称金叉或死叉）。RSI指标的金叉或死叉，是判断个股短期走势转变的重要依据。

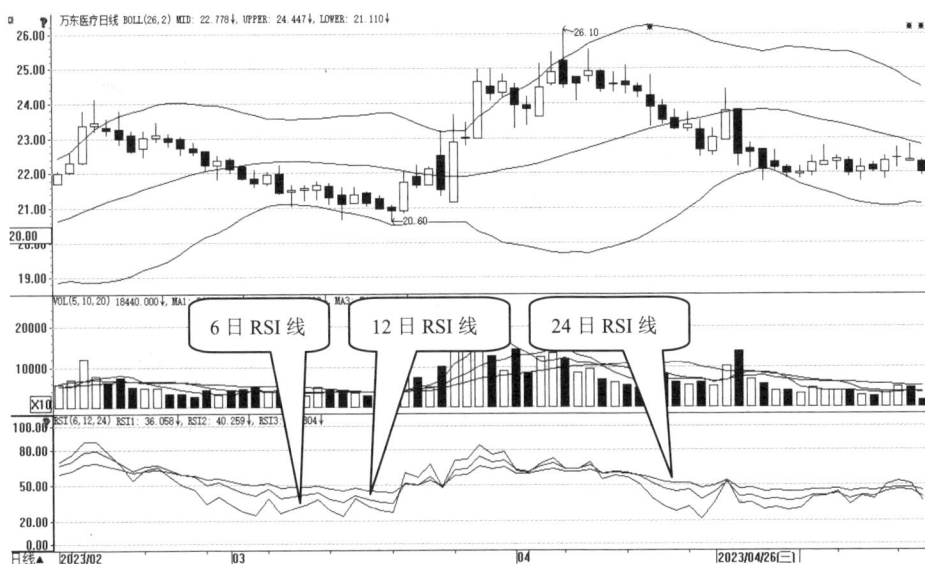

图6-21　RSI指标

RSI指标的金叉是指6日RSI线自下而上突破12日RSI线，金叉发出买入信号。当金叉出现在RSI指标低位的超卖区域，即当RSI值小于20时出现金叉，买入信号更为强烈。此时，BOLL指标中轨、下轨往往有验证信号，投资者要注意把握。

如图6-22所示，2023年4月27日，南京高科（600064）6日RSI线上穿12日RSI线，形成金叉，为买入信号。与此同时，股价在BOLL指标下轨附近形成启明星的看涨形态，此时投资者可以逢低买入。

如图6-23所示，2023年4月6日，菜百股份（605599）股价在接近BOLL指标中轨时上涨。该股6日RSI线上穿12日RSI线，形成金叉，发出买入信号。此时投资者可以买入该股。

RSI指标的死叉，即6日RSI线自上而下跌破12日RSI线，发出卖出信号。其中，若RSI指标在高位超买区域形成死叉，卖出信号更为强烈。此时，BOLL指标中轨、上轨往往有验证信号，投资者要注意把握。

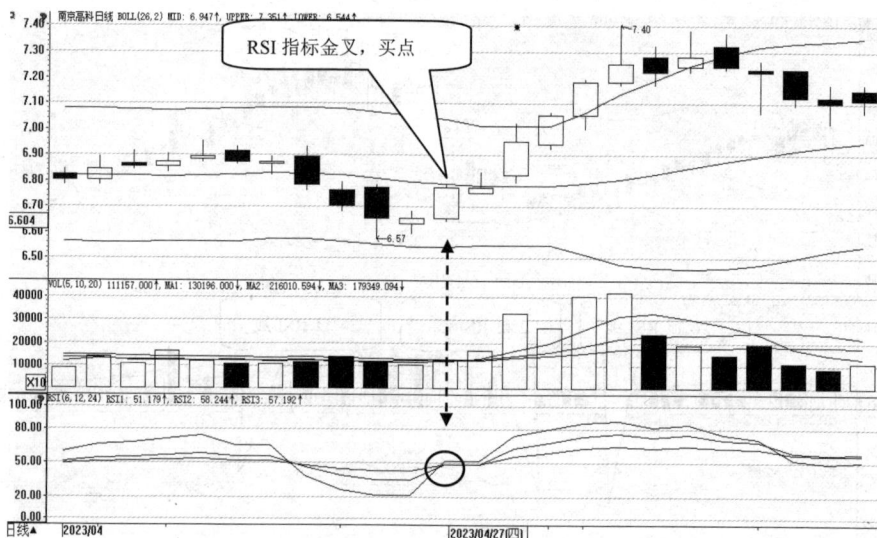

图6-22　南京高科日K线

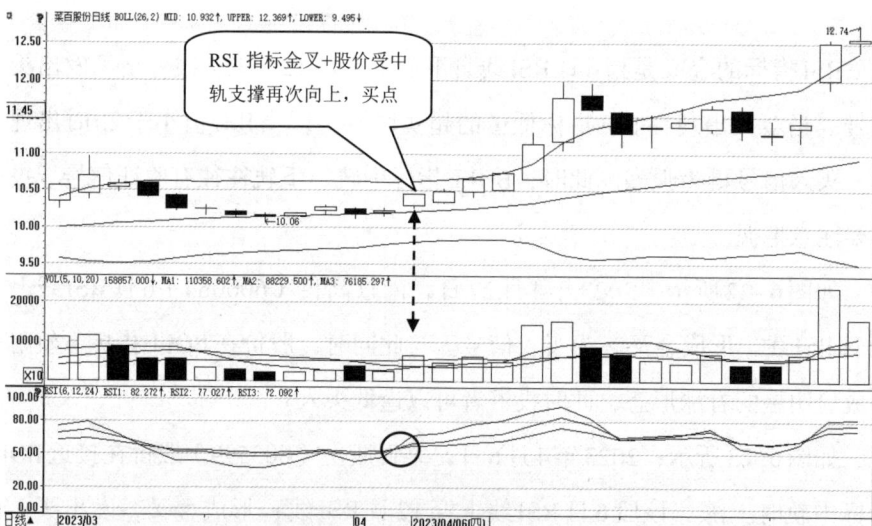

图6-23　菜百股份日K线

如图6-24所示，2023年4月26日，中国通号（688009）的RSI指标中，6日RSI线向下击穿12日RSI线形成RSI指标死叉，后市看空，卖点出现。与此同时，BOLL上轨附近形成倾盆大雨的看跌形态，更增加卖出信号的可靠性，投资者要注意及时出场。

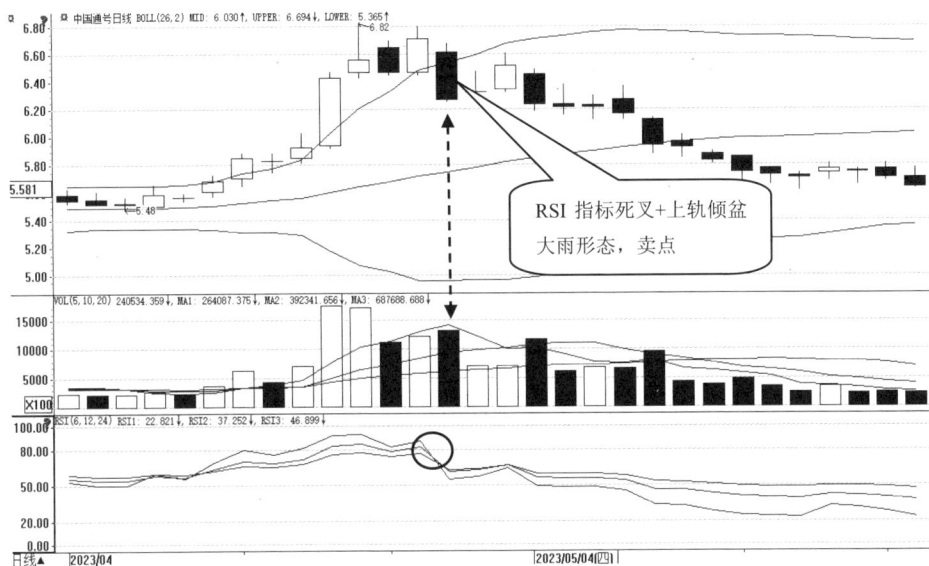

图6-24　中国通号日K线

如图6-25所示，2023年4月17日，必易微（688045）的RSI指标出现死叉。死叉出现在50以上的较高位置，且股价也处于BOLL指标中轨上方，K线形成倾盆大雨的看跌形态，看空信号较强。投资者应及时卖出股票。

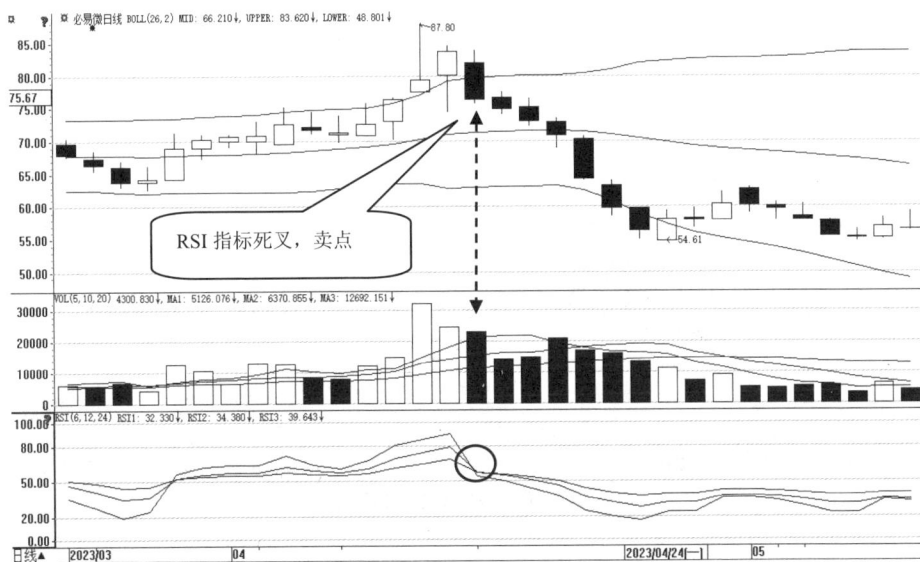

图6-25　必易微日K线

6.3.2　RSI 指标的超买和超卖

RSI指标可以用来衡量市场上的买卖关系，即市场是否处于超买或超卖状态。该指标对判断短期个股走势是否会发生改变具有指导作用。

当RSI值超过80时，表示市场处于超买状态，预示着股价走势在这里出现反转的概率较大。随着多方的停止买入以及空方力量的不断增强，股价随时有下跌的可能。此时，投资者要注意BOLL指标上轨、中轨附近相关看跌反转信号的配合。

如图6-26所示，从2022年11月底开始，芯能科技（603105）走出了一波强势上涨。在股价持续上涨的过程中，该股的6日RSI线超过80，进入超买区域，表明股价随时有下跌的可能。此后，该股在高位走出大阴线，并放出了这一波最大的日成交量，股价即见顶下跌。

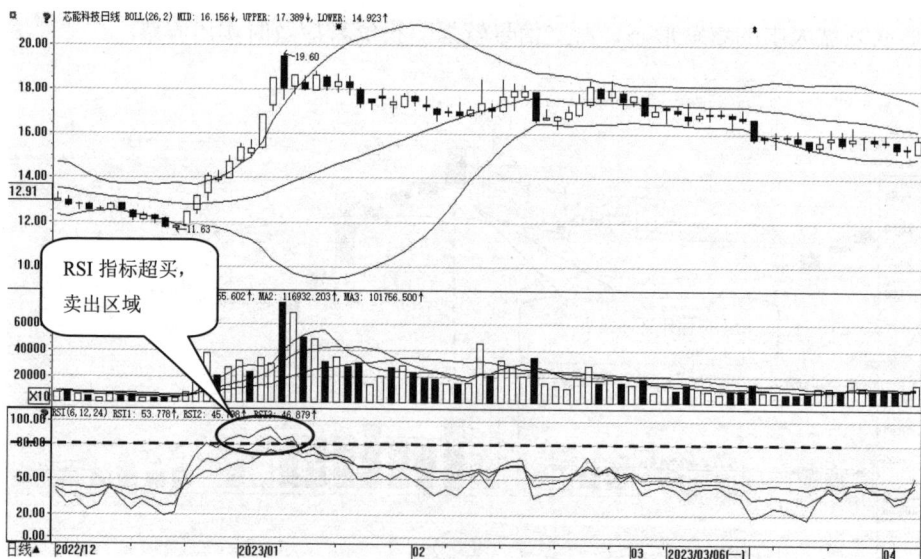

图6-26　芯能科技日K线

如图6-27所示，2022年12月底至2023年年初，华翔股份（603112）走出了一波上涨行情。在股价持续上涨的过程中，该股的 6 日 RSI 线超过 80，进入超买区域，表明股价随时有下跌的可能。2023 年 2 月 3 日，股价在上轨附近出现黄昏星的看跌信号，卖点出现。

图 6-27　华翔股份日 K 线

当 RSI 值小于 20 时，表示市场处于超卖状态。股价经过持续下跌后，在这里出现反弹的概率较大。投资者可以结合 K 线与 BOLL 指标的位置关系以及成交量变化来把握具体的买点。

如图 6-28 所示，2022 年 12 月底，经过前期的持续下跌，华培动力（603121）的 6 日 RSI 线跌破 20，进入超卖区域。此信号表明股价随时有反弹的可能。2023 年 1 月 3 日，股价在下轨处大幅向上，买点出现。

如图 6-29 所示，2023 年 4 月 25 日，中材节能（603126）股价持续下跌，6 日 RSI 线也跌破 20，进入超卖区域。第二天，6 日 RSI 线脱离超卖区域，股价在 BOLL 指标的下轨处形成锤子线的看涨形态，买点出现。

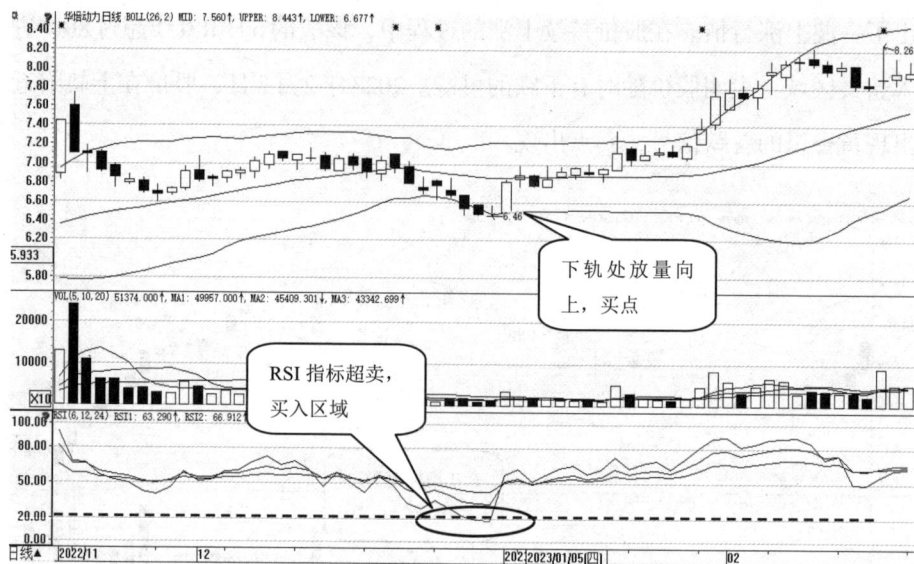

图6-28　华培动力日K线

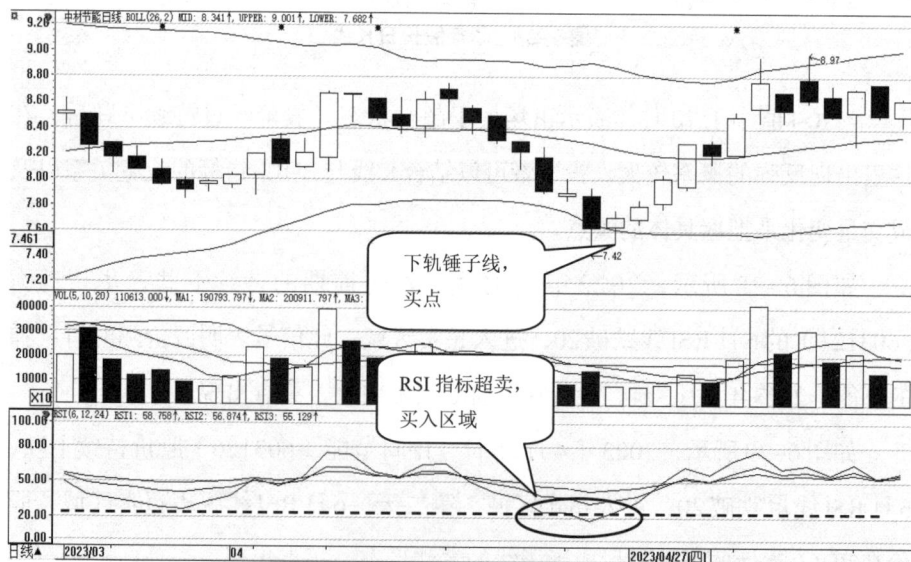

图6-29　中材节能日K线

6.4　BIAS 指标

6.4.1　BIAS 指标的超买和超卖

BIAS指标即乖离率指标，是在移动平均线指标的基础上派生出来的技术分析指标，表示个股当日收盘价与移动平均线之间的差距。

BIAS指标的理论基础是，如果股价偏离移动平均线太远，不论是在移动平均线之上还是在移动平均线之下，都不会保持太长时间，随时会向移动平均线靠拢。

当股价在移动平均线之上时，BIAS指标为正。此时BIAS指标越大，表示股价偏离移动平均线越远，下跌的可能性也就越大。当股价在移动平均线以下时，BIAS指标为负。此时BIAS指标越小，表示股价偏离移动平均线越远，上涨的可能性也就越大。

BIAS指标按照不同周期，分为6日、12日、24日三条指标线，如图6-30所示。

BIAS数值的大小可以用来衡量股价的超买超卖程度，为投资者判断股票买卖时机提供重要依据。12日BIAS线达到7以上时，BIAS指标超买，发出卖出信号。

该信号出现时，要注意BOLL指标上轨、中轨附近的看跌信号，综合把握，从而提升卖点的可靠性。

如图6-31所示，2023年2月3日，重庆路桥（600106）的12日BIAS线达到7以上，进入超买状态，表明短期内股价有较强的下跌动能。随后，股价在BOLL指标上轨出现射击之星的看跌信号，投资者应凭借此信号，在超买区域内及时卖出该股。

图6-30　BIAS指标

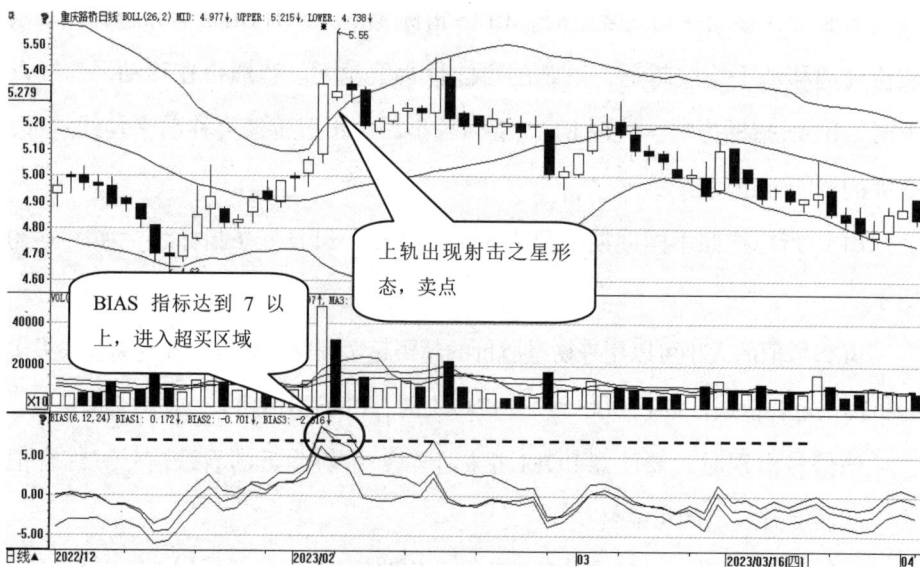

图6-31　重庆路桥日K线

　　如图6-32所示，2022年8月底，圣济堂（600227，已更名为赤天化）股价强势上涨，该股的12日BIAS线达到7以上，进入超买状态，BIAS指标超买表明短期内股价有下跌的可能性。8月31日，股价在BOLL指标上轨形成看跌吞没形态，发出卖出信号。

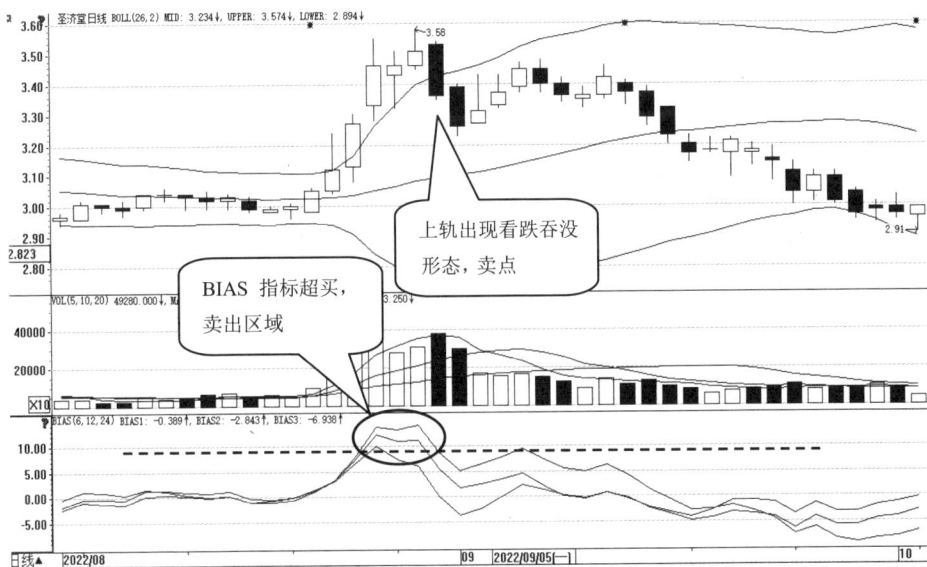

图6-32 圣济堂日K线

当12日BIAS线达到-7以下时，BIAS指标进入超卖区域。随着个股多方力量的回归，股价将出现反弹，BIAS指标超卖发出买入信号。此时，投资者要注意BOLL指标下轨和中轨附近的看涨信号配合。

如图6-33所示，2022年10月底，随着安琪酵母（600298）股价的持续下跌，该股的12日BIAS线进入超卖区域。BIAS指标超卖表明市场在短期内即将出现一波上涨走势，11月1日，股价在BOLL指标下轨附近出现启明星形态，买点出现。

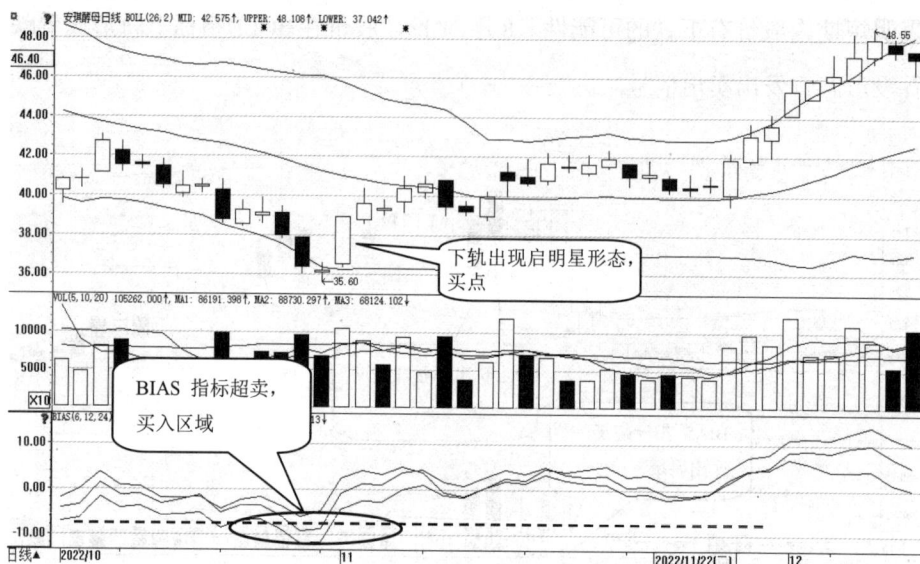

图6-33 安琪酵母日K线

6.4.2 BIAS 指标的底部形态和顶部形态

BIAS指标线出现顶部或底部形态后，股价走势可能会出现反转。因此，BIAS指标线出现的顶部和底部形态也是判断股价走势的一种分析工具。

当BIAS指标线在高位形成M头或三重顶等顶部形态时，可能预示着股价走势由强势转为弱势，股价即将大跌。此时投资者应及时卖出股票。如果股价K线图中BOLL指标出现卖出信号，是对该形态的确认。在判断的过程中，只需一根BIAS指标线即可，下面以12日BIAS线为例详细说明（为了更清晰地说明，把BIAS指标的参数设为12/12/12）。

如图6-34所示，2023年4月上旬至5月上旬，中远海发（601866）的BIAS指标线走出M形顶形态。该形态可能预示着股价由强势转为弱势，股价即将大跌。5月9日，股价在BOLL指标上轨出现射击之星的看跌形态，卖点出现。

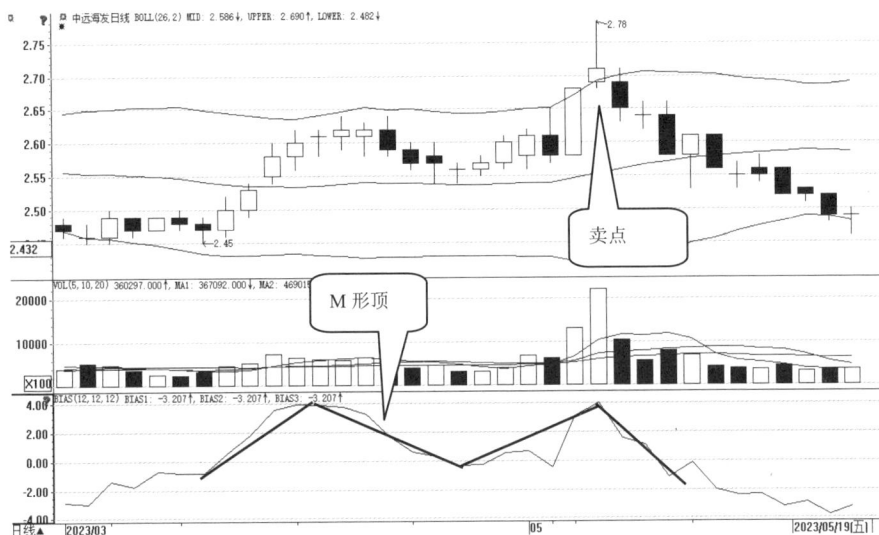

图6-34 中远海发日K线

如图6-35所示,2022年12月下旬至2023年2月初,福莱特(601865)的BIAS指标线走出头肩顶形态。该形态可能预示着股价由强势转为弱势,发出卖出信号。可以看到,头肩顶形态右肩出现后,股价在BOLL指标上轨横盘数日,开始下跌,投资者可伺机卖出。

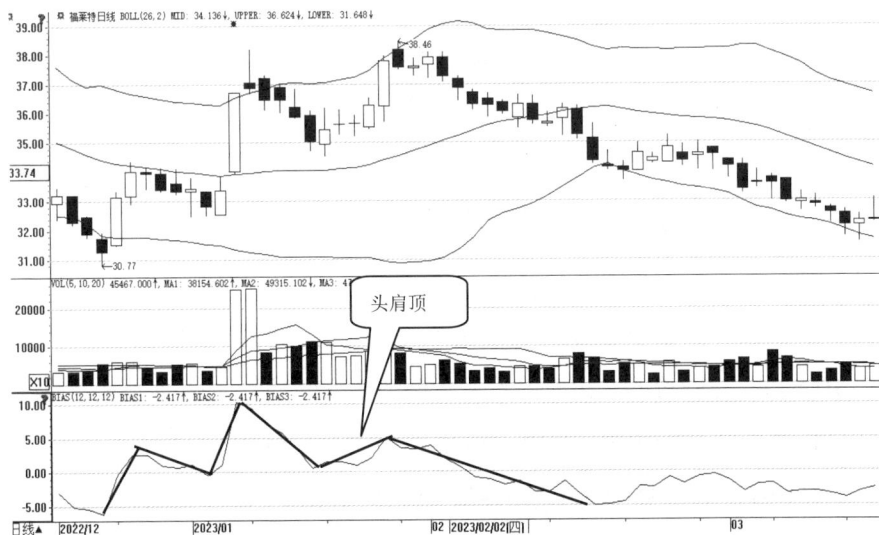

图6-35 福莱特日K线

当BIAS指标线在低位出现W形底或三重底等底部形态时，可能预示着股价由弱势转为强势，即将反弹向上。如果股价K线图中BOLL指标下轨附近出现买入信号，是对该形态的确认。此时投资者可以逢低分批买入股票。

如图6-36所示，2021年8月下旬至9月下旬，中国汽研（601965）的BIAS指标线走出W形底形态。此形态预示着股价走势由弱势转为强势，股价即将反弹向上，是买入信号。投资者可以在第二个底形成之后伺机买入该股。

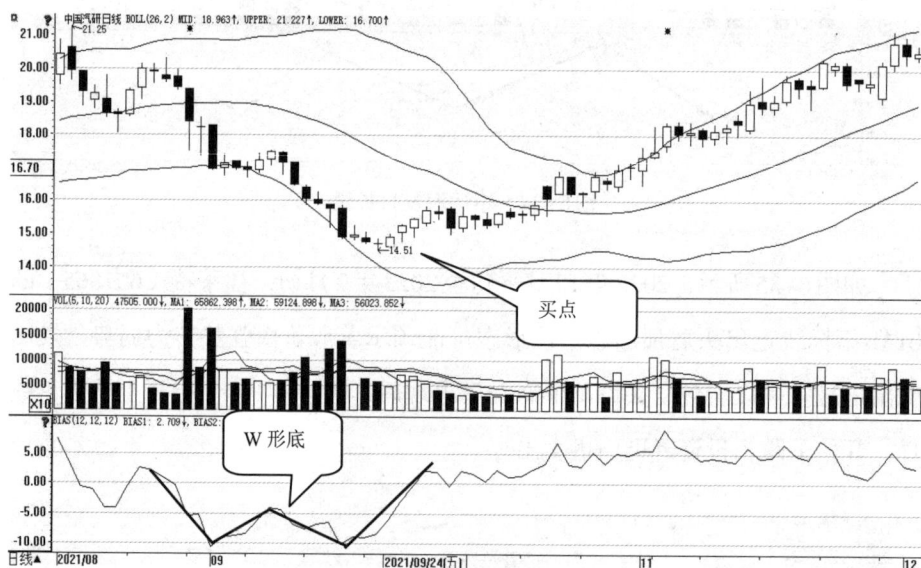

图6-36　中国汽研日K线

6.4.3　BIAS指标的底背离和顶背离

BIAS指标与股价的背离，是指BIAS指标线与股价按照相反方向运行的状态。BIAS指标与股价的背离是股价运行趋势转变的信号。这种背离分为顶背离和底背离，实际操作中常以12日BIAS指标线为基础进行分析。

当股价在下跌走势中逐步创出新低时，12日BIAS指标线却逐步走高，就形成了12日BIAS指标线与股价的底背离。

BIAS指标与股价的底背离显示上涨动能正在积聚，股价接下来有较大概率出现一波上涨走势，为买入信号。投资者同时也可以结合K线和BOLL指标，使买入时机更为准确。

如图6-37所示，2022年9月至10月，大湖股份（600257）股价创出了新低，而12日BIAS指标线反而不断上行，形成了BIAS指标与股价的底背离。10月31日，底背离后，K线在BOLL指标下轨处出现孕育形态，为买入信号。投资者可以积极买入股票。

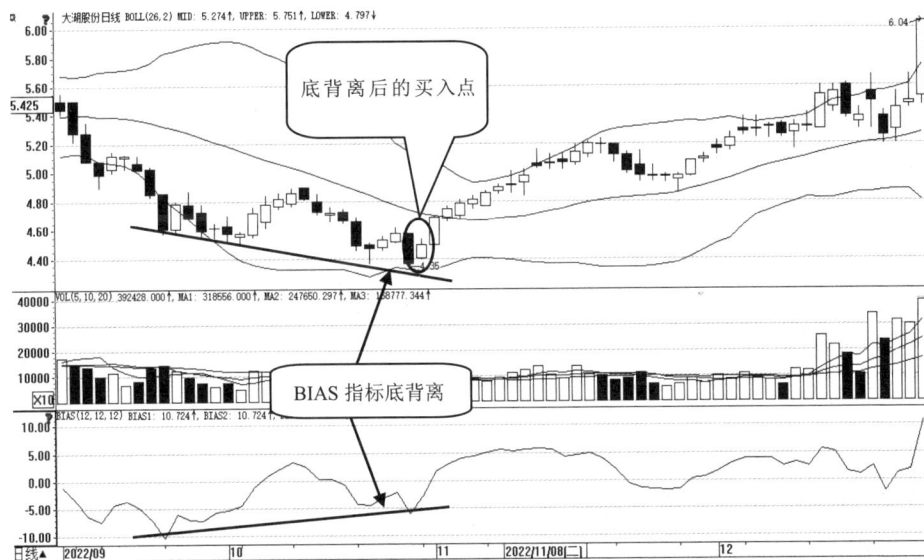

图6-37　大湖股份日K线

如图6-38所示，2022年11月1日，鄂尔多斯（600295）股价创出了新低，而12日BIAS指标线逐渐升高，形成了BIAS指标与股价的底背离，表明股价即将出现反弹。同时，K线在BOLL指标下轨处形成看涨吞没形态，为买入信号。

当股价在上涨走势中创出新高，而12日BIAS曲线却逐渐走低时，即形成了BIAS指标与股价的顶背离。

BIAS指标与股价顶背离预示着市场下跌动能正在积聚，接下来出现下跌

走势的概率较大，为卖出信号。在实践中，投资者可以结合K线和BOLL指标
上轨判断具体的卖点。

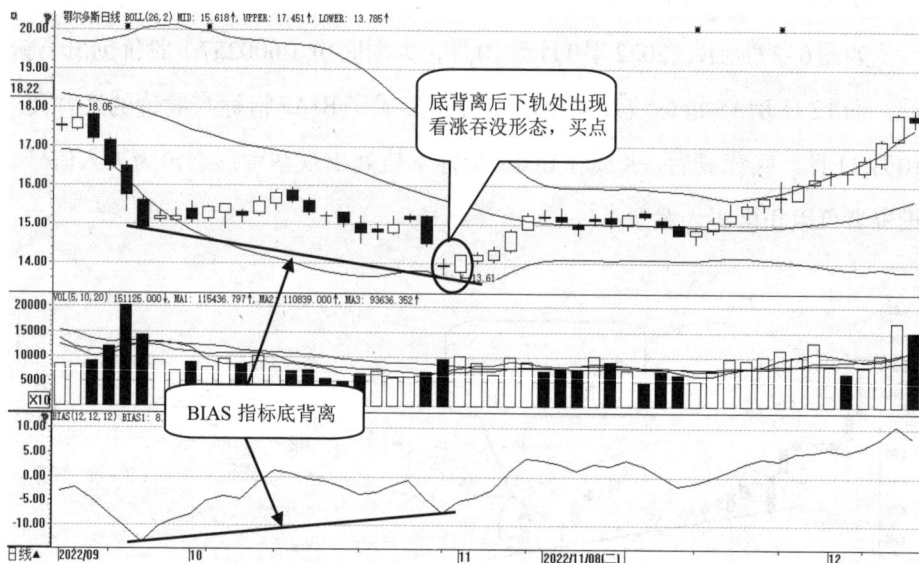

图6-38 鄂尔多斯日K线

如图6-39所示，2022年9月6日，安迪苏（600299）的股价在上涨走势
中创出了新高，而12日BIAS指标线逐渐走低，形成了BIAS指标与股价的顶
背离，显示出市场较强的下跌动能。随后两个交易日，股价在BOLL指标上轨
形成看跌吞没形态，卖点出现。

如图6-40所示，2023年3月3日，美克家居（600337）的股价在上涨走
势中创出了新高，而12日BIAS指标线逐渐走低，形成了BIAS指标与股价的
顶背离，同时当日K线形成锤子线的看跌形态，卖点出现。

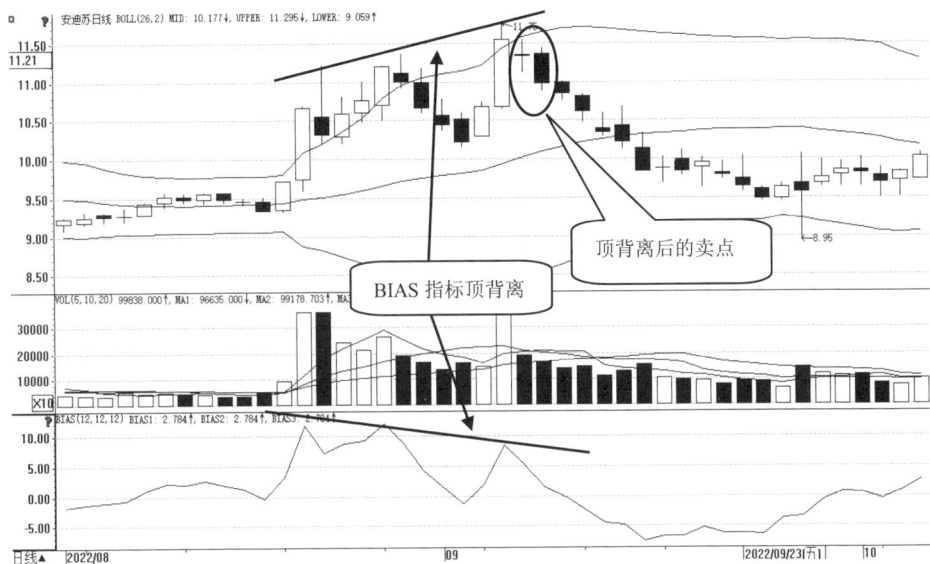

图6-39 安迪苏日K线

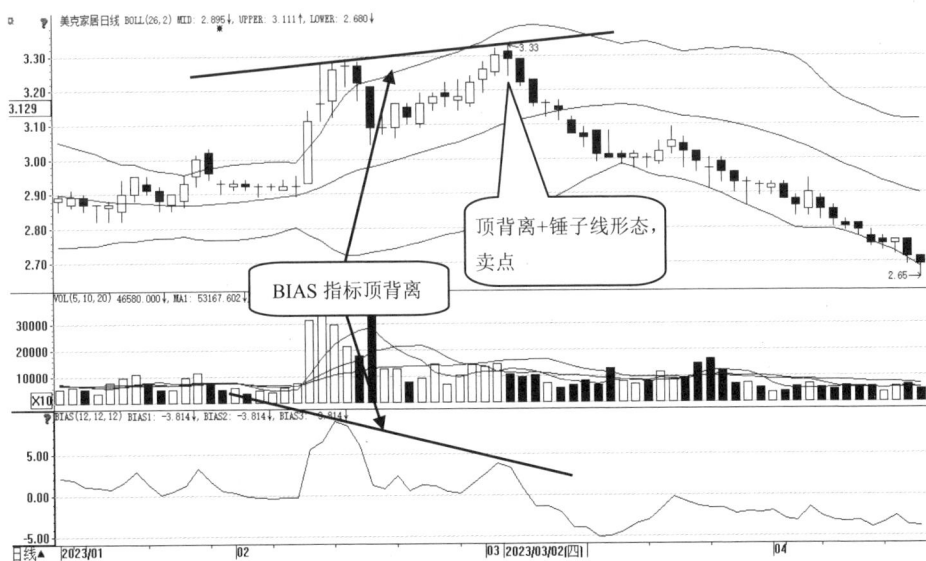

图6-40 美克家居日K线

第 7 章

———

布林线的 2 种交易系统

———

7.1　左侧交易系统

7.1.1　理论基础

以营利为目的的股票操作，从本质上讲只有 2 种操作方法，即左侧交易和右侧交易。本章分别为投资者介绍这 2 种方法的实战用法。

左侧交易的理论基础：股价总是在不断波动，一浪上涨，一浪下跌，再一浪上涨，一浪下跌，如此往复不停。左侧交易的要点是逢低买入，即在股价处于下跌浪尾声时不断买入，使买入成本不断接近最低价；等股价走势转为上涨时，待股价涨到较高位置，出现顶部迹象时卖出。这种操作思路如图 7-1 所示。

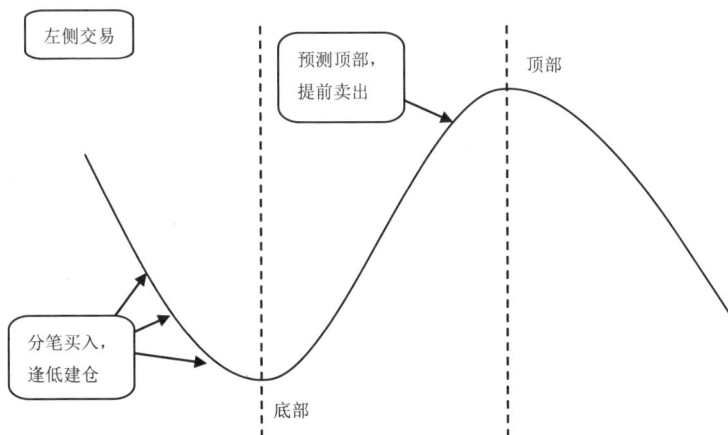

图7-1　左侧交易系统

7.1.2 左侧交易的买点

左侧交易的理论基础在上一小节已经为投资者介绍过，那么何时买入股票才算是左侧交易的合适时机呢？前面章节讲的各种技巧在这里派上了用场。在实战中，根据短线与长线操作的不同，这里提供4个衡量标准。一只股票满足其中一个或一个以上标准，则该股票属于价格偏低的个股，投资者可以关注。

1.股价到达BOLL指标下轨

BOLL指标的中轨始终对股价具有吸引力。当股价向下到达下轨而偏离中轨时，偏离的距离越远，中轨对股价的吸引力越强，股价回归中轨的概率越大。投资者可以把握这种偏离产生的买入机会。

如图7-2所示，2022年12月至2023年2月，同济科技（600846）处于震荡走势中。股价向下跌至BOLL指标下轨处，并得到支撑，企稳回升，走出了一波上涨走势。根据左侧交易的操作方法，投资者可以在股价触及BOLL指标下轨时开始分笔逢低买入，待股价涨高至BOLL指标上轨附近卖出。

如图7-3所示，2022年8月下旬至9月下旬，远东股份（600869）出现一波下跌走势。股价逐渐走低，连续3次跌至BOLL指标下轨处，到达底部。根据左侧交易的操作方法，投资者可以在股价3次触及BOLL指标下轨时分笔买入，持股待涨。

2.技术指标出现超卖或底背离

这里的技术指标包括前面章节中讲过的KDJ指标、RSI指标和MACD指标等。技术指标出现超卖后，随着空方力量的逐渐减弱，股价将产生反弹；底背离也是股价的反转信号，预示着股价将见底回升。

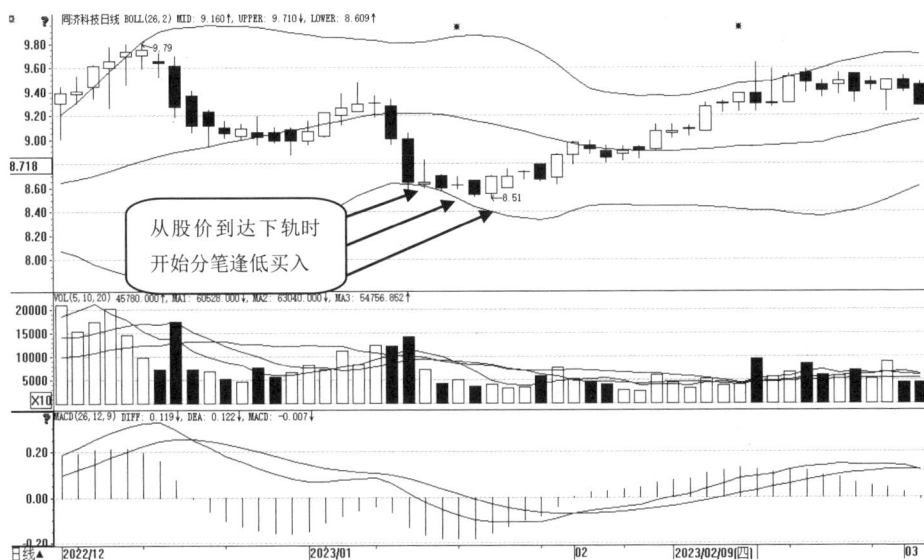

从股价到达下轨时开始分笔逢低买入

图7-2　同济科技日K线

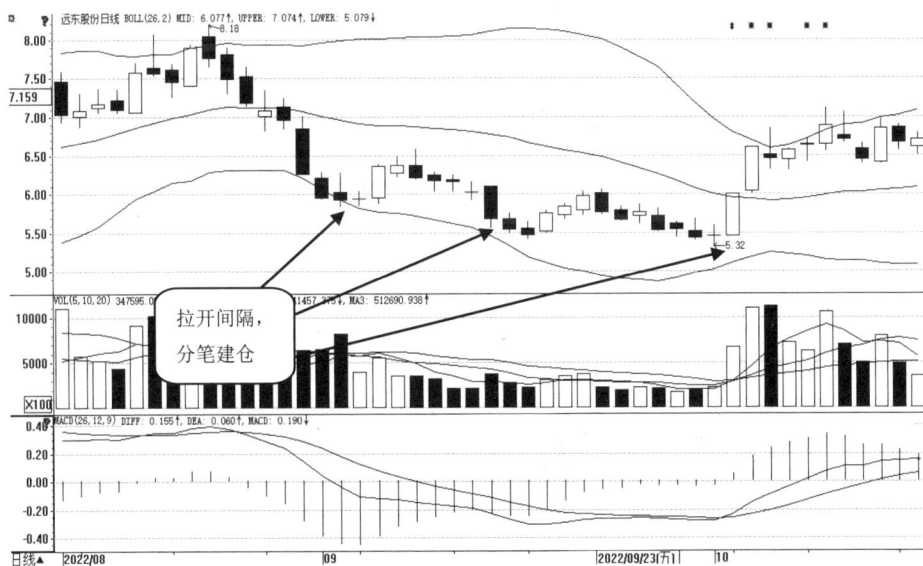

拉开间隔，分笔建仓

图7-3　远东股份日K线

如图7-4所示，2022年12月，东方电气（600875）股价持续下跌。12月
2日，该股的RSI指标向下跌破20进入超卖区域。这表明市场进入空方极度强
势的行情。投资者可以从12月2日开始分笔逢低买入该股。

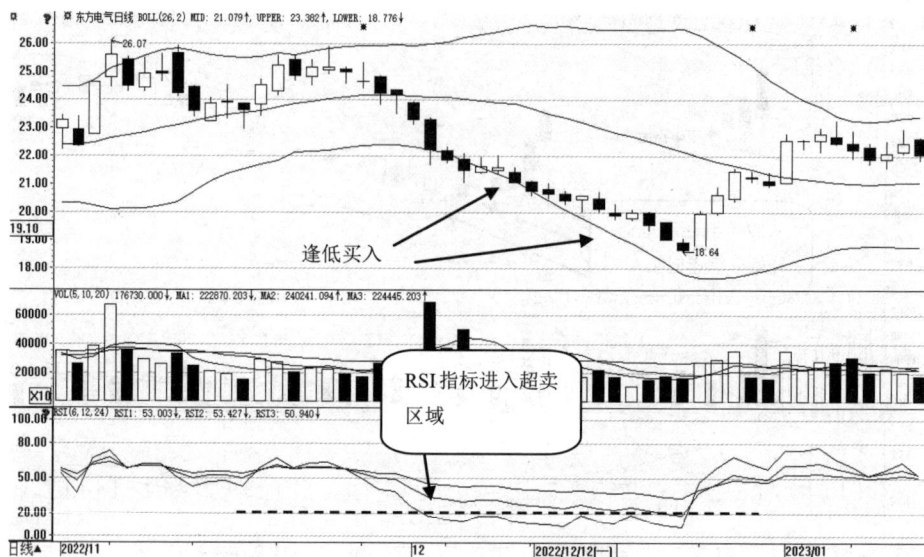

图7-4　东方电气日K线

如图7-5所示，2022年3月至4月，重庆燃气（600917）股价持续下行。在股价下跌的同时，MACD指标走高，形成了MACD指标与股价的底背离。根据左侧交易的操作方法，投资者可于底背离出现后分笔逢低买入该股。

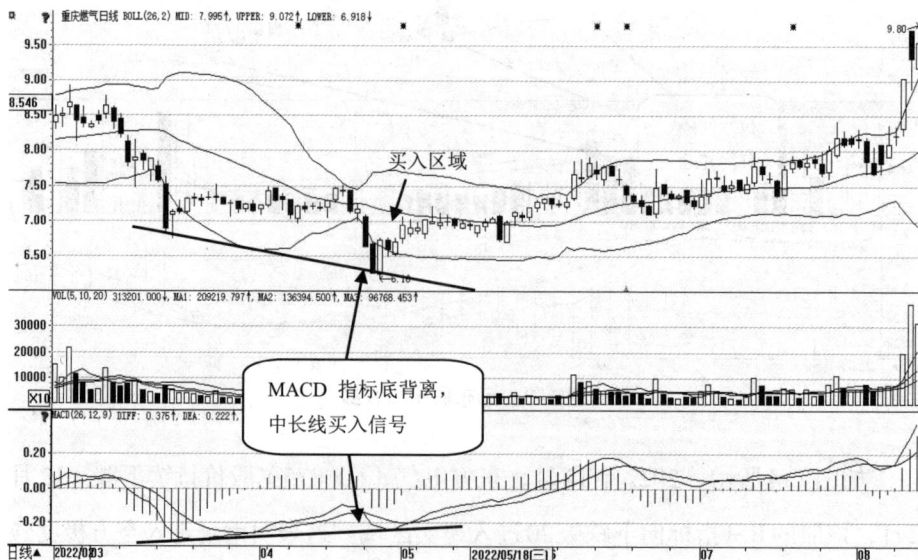

图7-5　重庆燃气日K线

3.股价下跌后成交量持续出现缩量

在下跌走势中，成交量出现持续的缩减，表明个股受关注度持续下降，当股价逐渐企稳回升时，新的一波上涨即将展开。因此，股价持续下跌后成交量出现缩减，也是一个辅助判断股价偏低的标准。投资者可在下跌后期或上涨初期买入股票。

如图 7-6 所示，2022 年 11 月至 2023 年 2 月，伊力特（600197）股价处于上涨走势中。从 2022 年 11 月 11 日开始，股价在跳空到达 BOLL 指标上轨后走出了缩量回调。投资者可以在缩量回调后分笔逢低买入该股票。

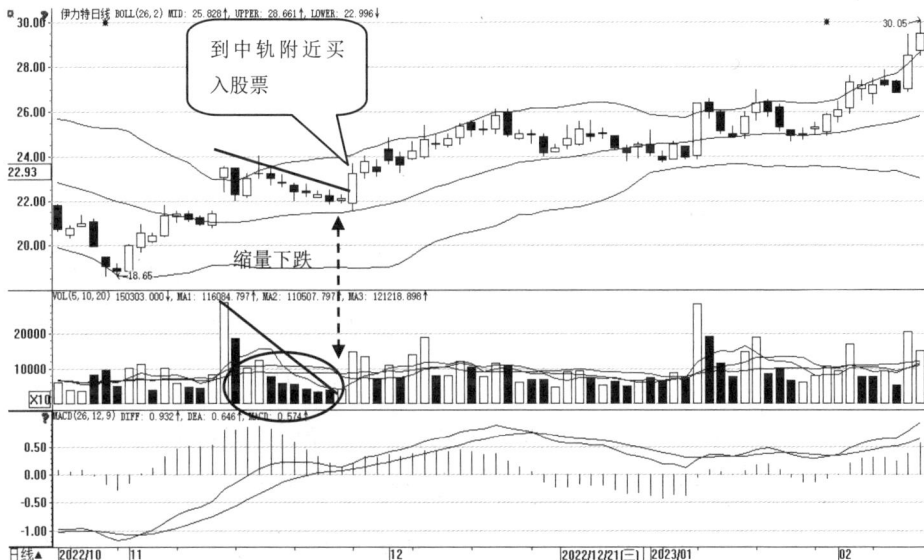

图 7-6　伊力特日 K 线

如图 7-7 所示，2022 年 12 月中旬至月底，大唐电信（600198）股价大幅下跌，从原来的上涨趋势反转向下，跌破 BOLL 指标中轨，一度几次下探至下轨，这个过程伴随着巨幅的放量，说明更多是主力的洗盘动作。之后，该股缓缓向上，逐渐企稳，整体股价没有跌破前期低点。投资者可在股价缩量下跌末期（下轨附近）和缓缓上涨初期趁机买入。

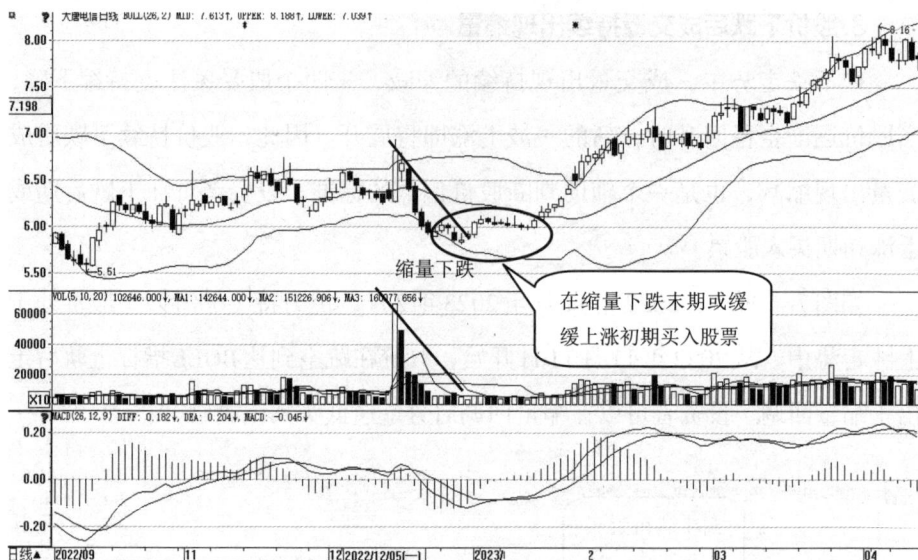

图7-7　大唐电信日K线

7.1.3　左侧交易的卖点

根据左侧交易方法，买入股票和卖出股票都应在顶点之前。那么，依据左侧交易方法如何选择卖出时机呢？在实战中，下面3种方法可以用来预判顶部的产生，投资者可以在使用左侧交易方法卖出股票时予以参考。

1.股价无力回天或形成中轨以上顶部形态

前面介绍的股价无力回天形态以及中轨上方的顶部形态都算是经典的反转信号，尤其是布林格视为所有反转形态基础的"M形顶和W形底"。因此，当股价上涨接近、触碰或击破上轨时，投资者要关注相关反转形态，有意识地加以利用。

如图7-8所示，从2023年3月8日开始，三峡水利（600116）股价持续上涨。3月17日和20日，股价一度上破BOLL指标上轨，但K线形成射击之星的看跌形态，这是M形顶形成的标志，是顶部到来的前兆，投资者可以于3月20日卖出部分或全部股票。

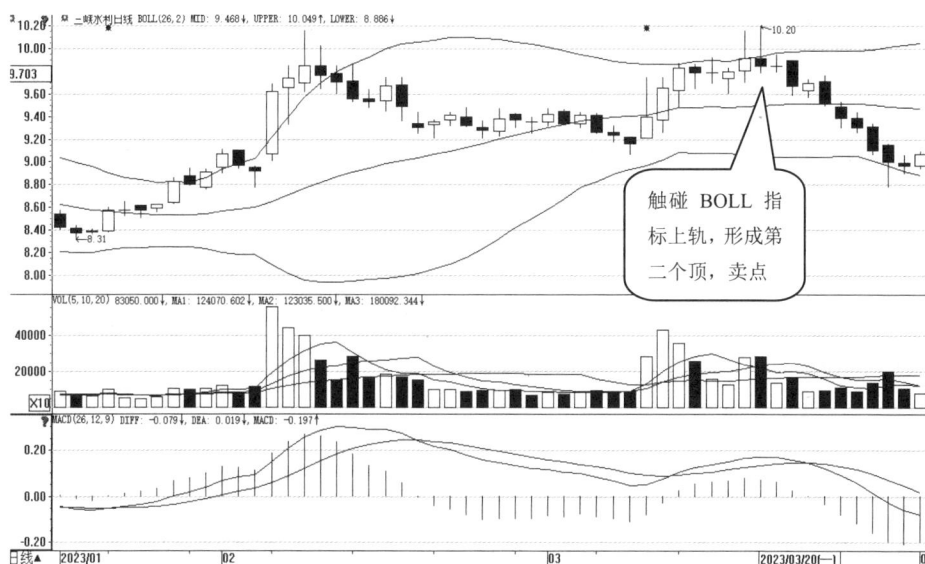

图7-8　三峡水利日K线

如图7-9所示，从2022年9月底开始，建发股份（600153）股价开始新一轮上涨，但很快就上涨乏力，无法再创新高，在BOLL指标上轨附近受阻回落，形成无力回天形态。根据左侧交易的操作方法，投资者可以在股价跌破中轨时卖出股票。

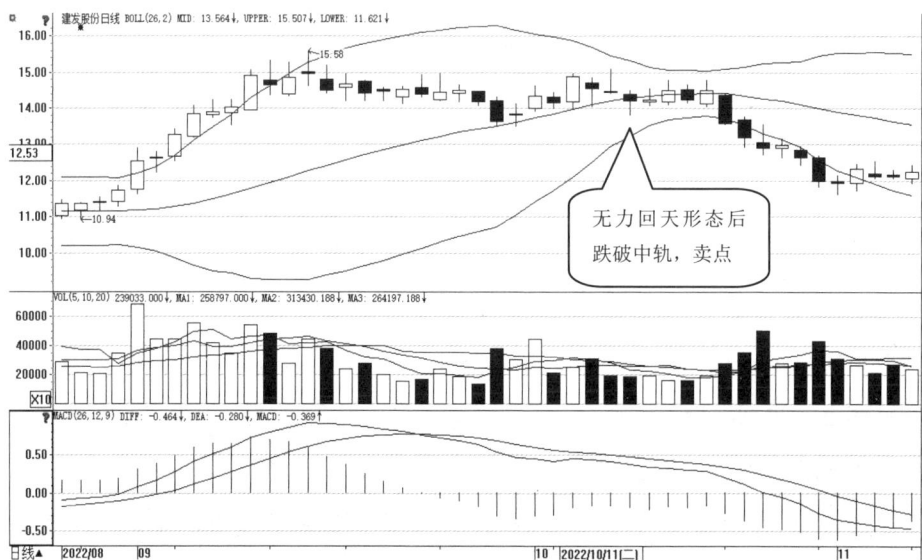

图7-9　建发股份日K线

2.技术指标出现超买或顶背离

这里的技术指标主要指KDJ指标、MACD指标和RSI指标。技术指标出现超买后，随着多方力量的逐渐减弱，股价将有较大概率见顶下跌；顶背离也是股价反转的信号，发出卖出信号。

如图7-10所示，2022年7月1日，宝钛股份（600456）的KDJ指标突破80，进入超买区域。此信号表明多方进入极度强势的状态。7月8日，股价脱离超买区域，根据左侧交易的操作方法，投资者此时可以及时卖出股票。

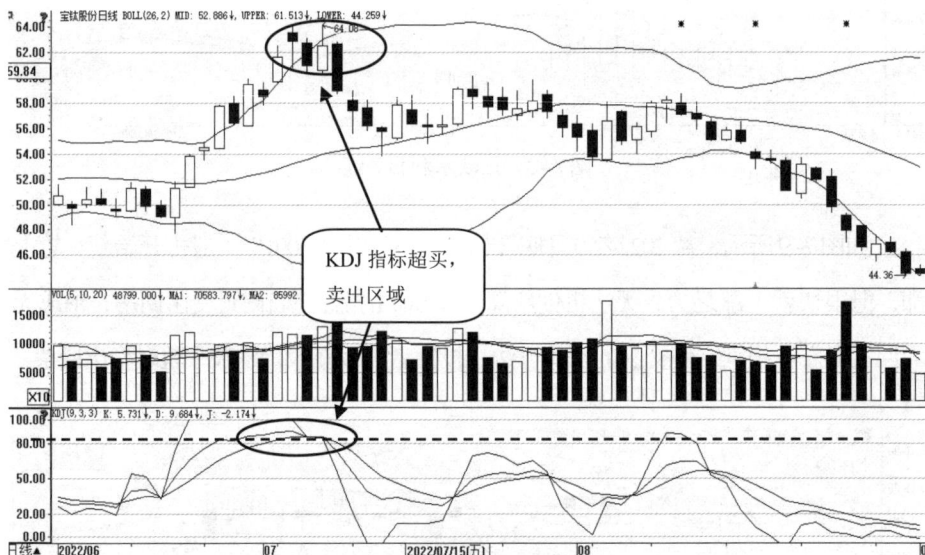

图7-10　宝钛股份日K线

如图7-11所示，2023年2月至3月，华光环能（600475）股价创出新高，而MACD指标不断下行，出现了DIFF线与股价的顶背离。顶背离的出现预示着股价将见顶下跌，后市看空。3月20日，K线在BOLL指标上轨形成锤子线看跌形态，卖点出现。

3.成交量连续出现放量

通过对大多数股票进行走势分析，投资者可以得到这样的结论：小型的波浪上涨到达顶峰附近时，成交量也达到阶段性最大。投资者可以使用这样

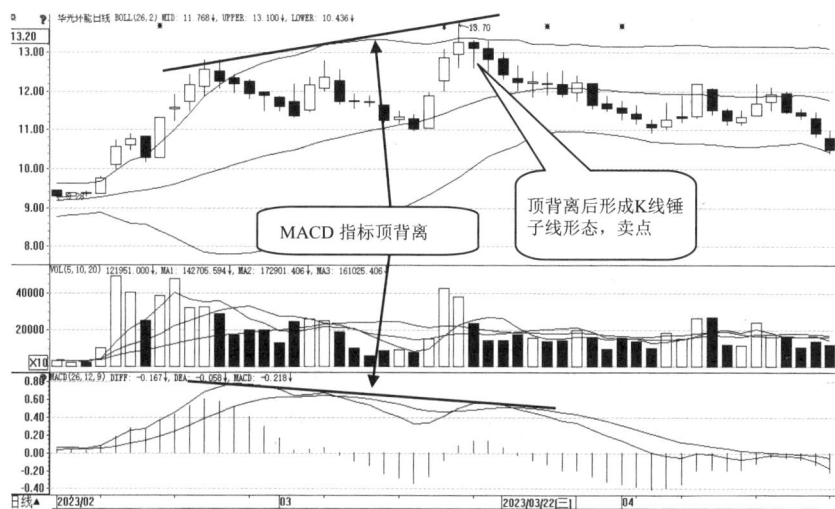

图 7-11 华光环能日 K 线

的规律，在股价上涨后成交量连续出现放量时卖出离场。

如图 7-12 所示，2023 年 5 月中旬起，中国动力（600482）走出了放量上涨的走势。上涨末期，股价加速走高，成交量出现了明显的放大。这种量价配合往往表明股价正在加速到顶。根据左侧交易的操作方法，投资者可在连续放量上涨时卖出股票。

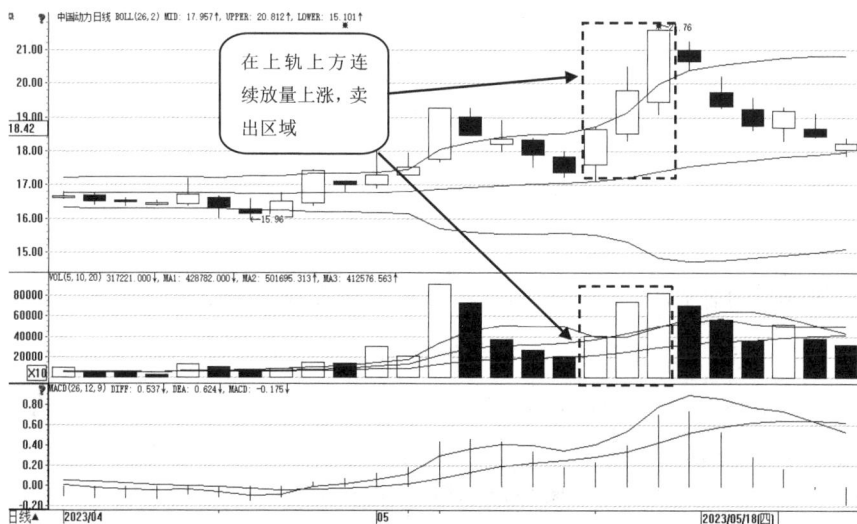

图 7-12 中国动力日 K 线

7.1.4 左侧交易的缺陷及弥补办法

左侧交易这种操作方法有两个缺陷，既不适用于单边下跌的行情中，也不适用于长期横盘的个股。

1.单边下跌的行情

在长期下跌趋势中，股价走出一浪低于一浪的趋势。每一轮创新低的时候，股价以阴线下跌为主，反弹的高度较低，持续时间较短。在这种情况下，过早分笔逢低买入的后果是仓位已经满了，股价仍在下跌。

如图 7-13 所示，2022 年 5 月至 12 月，博信股份（600083，更名为 *ST博信）走出了持续小幅下跌的走势。股价在半年多的时间内以小阴线为主，连续下跌。股价大部分时间处于BOLL指标中轨下方。投资者若选择买入该股，则会陷入长久等待的不利局面。

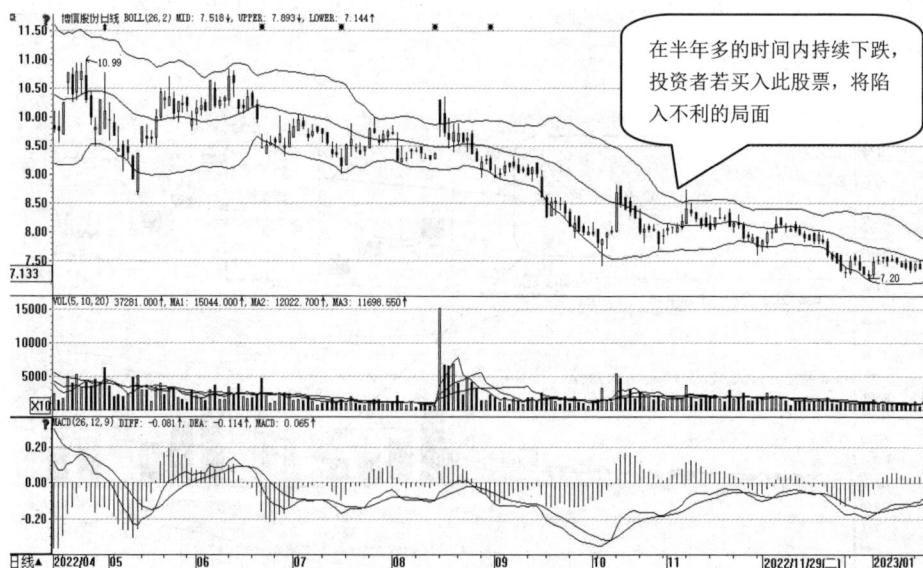

图 7-13 博信股份日 K 线

如图7-14所示，2021年11月至2022年4月，上汽集团（600104）在半年的时间内持续下跌，整体跌幅较大，几乎没有像样的反弹。投资者若选择买入该股，无论怎样分笔逢低买入，不是都将面临被套牢的处境吗？

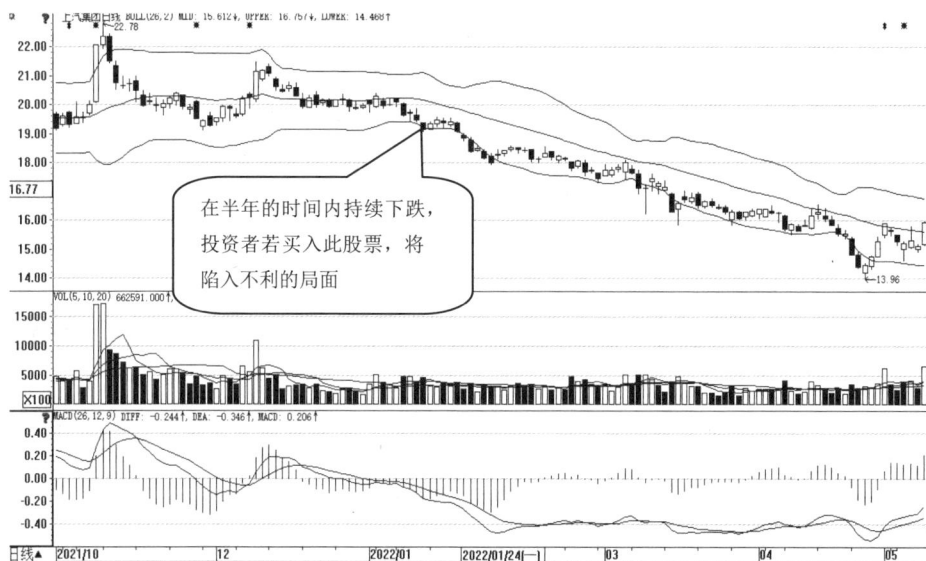

图7-14　上汽集团日K线（前复权）

解决这个问题的方法是了解基本面。大盘指数的走势在很大程度上影响了个股的走势。国家宏观经济形势又影响了大盘指数的走势。当遇到宏观经济形势不利时，投资者可以先耐心等待，在经济见底、大盘指数也大幅走低后逢低买入。

只要投资者对个股和指数的位置有大概的认知，就可以在很大程度上避免买入长期下跌的个股。

2.长期横盘的个股

长期横盘的个股，股价在3~6个月的时间里波动较小，BOLL指标开口较小。长期横盘后，个股可能走出一波强势上涨趋势，也可能出现持续下跌趋势。投资者若在前期逢低买入，则面临长期等待的处境。

如图7-15所示，2021年5月至2022年2月，经过前期下跌后，大名城

（600094）在接近10个月的时间内持续横盘整理。可以看到，该股BOLL指标在横盘期间开口较小。投资者若选择买入该股，则将陷入长期等待。

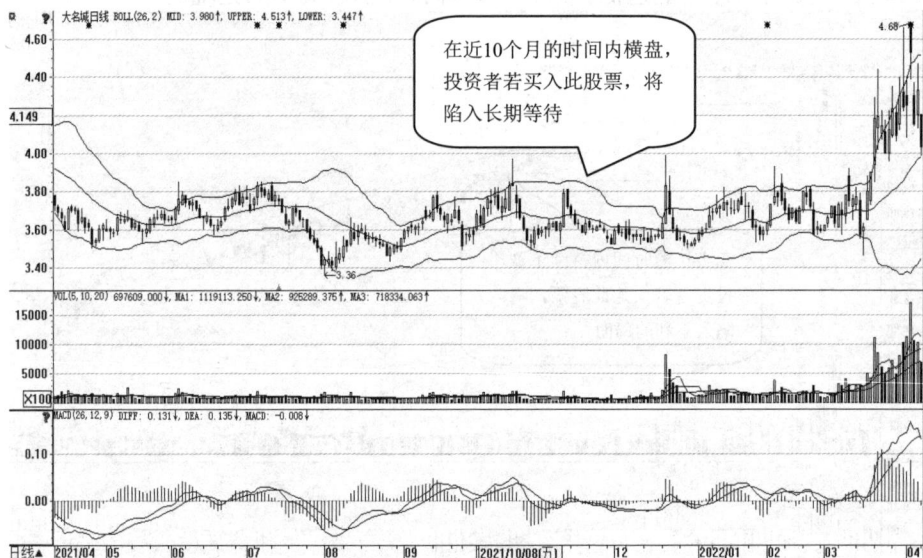

图7-15　大名城日K线

投资者可以通过选股解决此类问题。这要求投资者对个股的价值有粗略了解。通常，避免买入绩差股，挑选股性灵活、成交活跃的个股，可以规避此类问题。

7.2　右侧交易系统

7.2.1　理论基础

右侧交易的理论基础同样遵从这样的事实：股价总在不断波动，一浪上涨，一浪下跌，再一浪上涨，一浪下跌，如此往复不停。右侧交易的要点是追涨买入，即在股价结束下跌，明确进入上涨走势时买入，使买入后股价仍保持上涨；等待股价明确到达顶部，并出现下跌趋势时卖出。这种操作思路如图 7-16 所示。

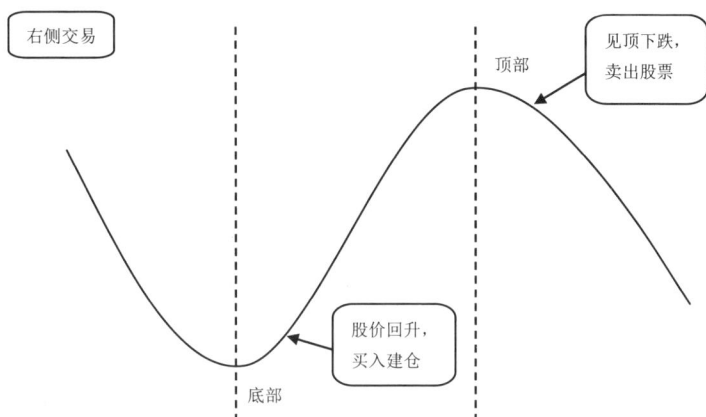

图 7-16　右侧交易系统

7.2.2　右侧交易的买点

右侧交易的理论基础已经为投资者介绍过了。股价经过前期下跌后触底回升，确立明确的上涨之势时，是投资者根据右侧交易系统买入的时机。在实战中，以下 3 个衡量标准常用来判断股价的触底回升。一只股票越多满足其中的标准，则该股票上涨信号越为强烈，投资者可以关注。

1.股价突破BOLL指标中轨

经过前期下跌后，股价倾向于运行在BOLL指标中轨之下。当股价走势开始转为上涨时，若股价自下而上穿过BOLL指标中轨，常预示着股价未来趋势继续向上，发出买入信号。

如图 7-17 所示，2022 年 11 月 1 日，浙江东日（600113）股价放量上涨，走出大阳线并突破BOLL指标的中轨。放量突破中轨，表明上涨动能不断增强，股价短期内走势较强，形成买入信号。投资者可以在 11 月 1 日股价形成放量突破时买入该股。

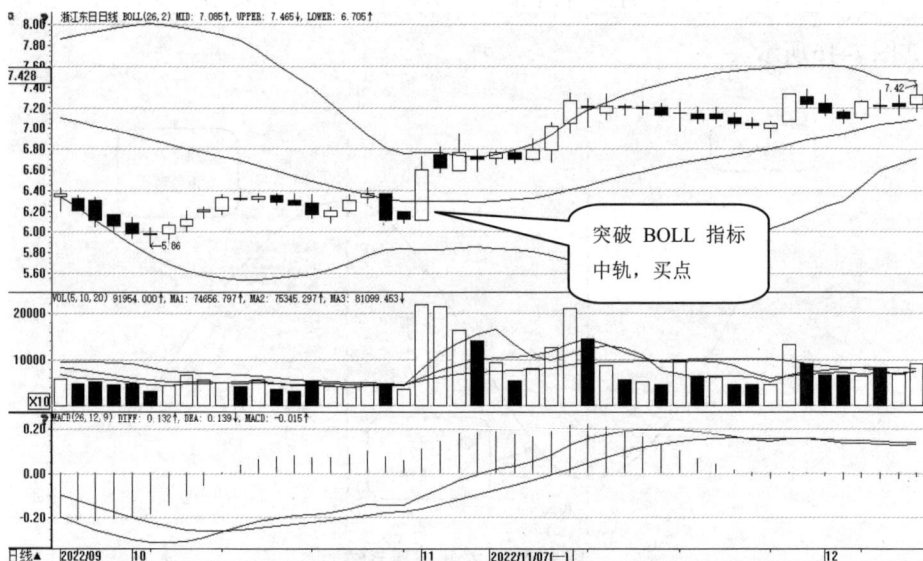

图7-17　浙江东日日K线

2.技术指标出现黄金交叉

技术指标出现黄金交叉，是多方力量转强的表现。金叉出现后，股价继续上涨的概率大。其中，属于摆动类指标的KDJ指标和RSI指标金叉指示短线买点，而趋势类指标MACD指标金叉指示了中长期买点。

如图7-18所示，2023年1月16日，中国卫星（600118）股价持续上涨突破BOLL指标中轨，而该股KDJ指标形成金叉。根据右侧交易的操作方法，金叉发出买入信号，投资者可以在金叉出现时买入该股。

如图7-19所示，2023年1月3日，弘业股份（600128，已更名为苏豪弘业）股价上涨，而该股MACD指标形成金叉。根据右侧交易的操作方法，MACD指标金叉发出中长线的买入信号，投资者可以在金叉出现时买入该股。

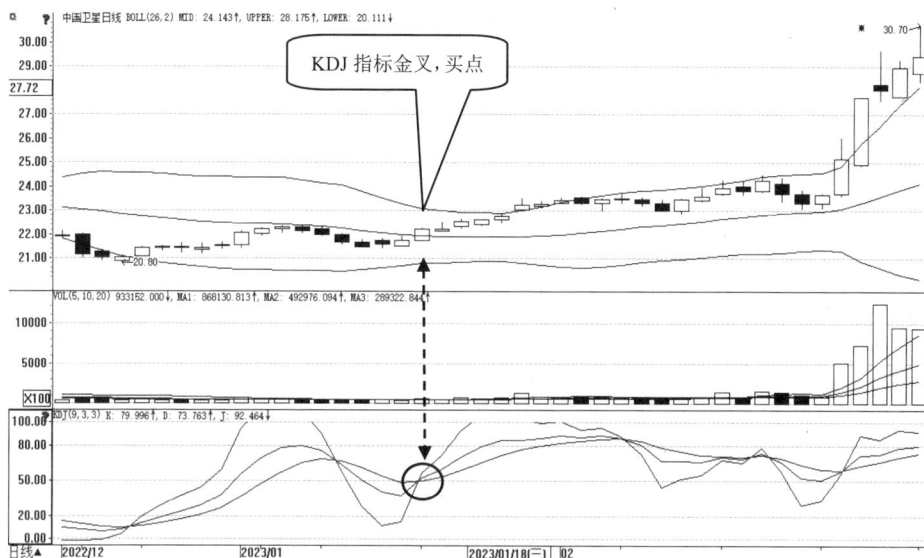

图 7-18　中国卫星日 K 线

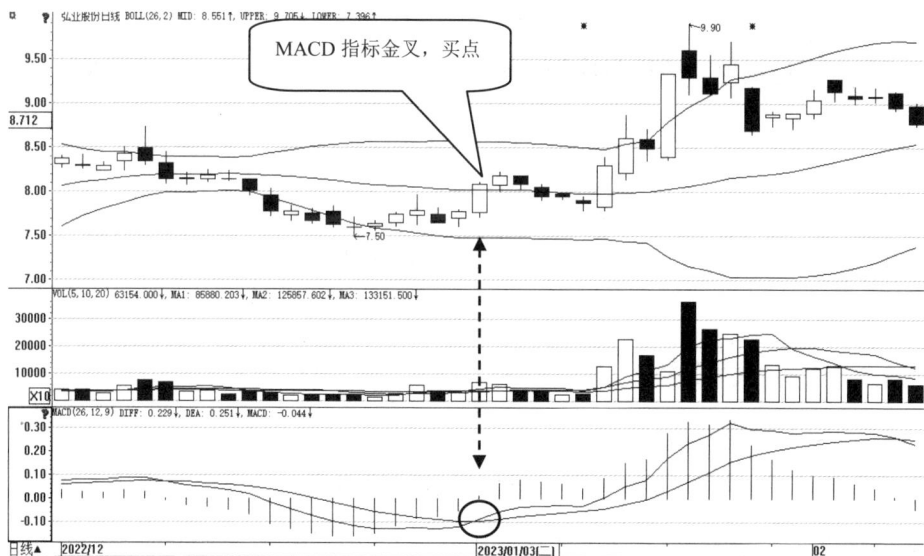

图 7-19　弘业股份日 K 线

3. BOLL 指标中轨角度由向下开始走平

BOLL 指标中轨是股价的一条移动平均线，其方向代表了个股的中期走势方向。股价持续下跌，则中轨方向向下；股价下跌放缓，则中轨开始走平。

中轨走平后，后市股价具有转势的可能性。因此，中轨走平是股价走势由下跌转为上涨时出现的信号。中长线投资者可以参照此信号买入股票。

如图7-20所示，从2022年10月中旬开始，经过前期下跌的生益科技（600183）走出了一波上涨趋势。可以看到，10月底11月初，中轨方向由向下开始走平，并转势向上。根据右侧交易的操作方法，投资者可以在中轨走平时买入该股。

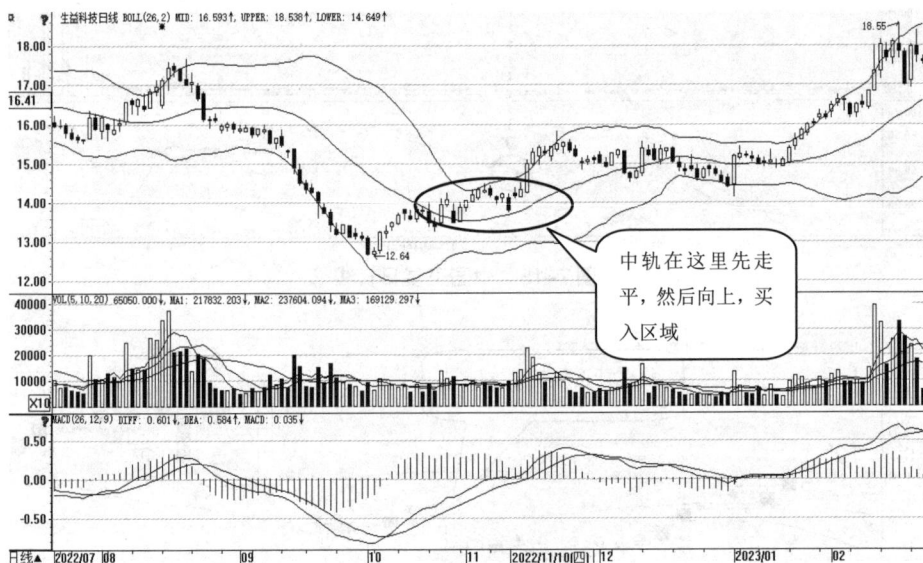

图7-20　生益科技日K线

7.2.3　右侧交易的卖点

右侧交易的卖出方法，要求投资者在股价明确到达顶部并开始回落时，卖出股票。在实战中，投资者可以应用以下3个衡量标准对顶部的形成进行判断。个股满足的标准越多（至少要满足其中1个标准），则顶部信号越强烈。

1.股价跌破BOLL指标中轨

在个股的持续上涨阶段，股价大多数时间处于BOLL指标的中轨之上。若股价上涨放缓，从BOLL指标的中轨上方跌落，并向下击穿中轨时，股价走势由强转弱，后市看空。

如图 7–21 所示，2022 年 9 月 23 日，华资实业（600191）股价下跌跌破了 BOLL 指标的中轨。这种形态表明下跌趋势已经确立。根据右侧交易的操作方法，投资者可以在 9 月 23 日伺机卖出该股。

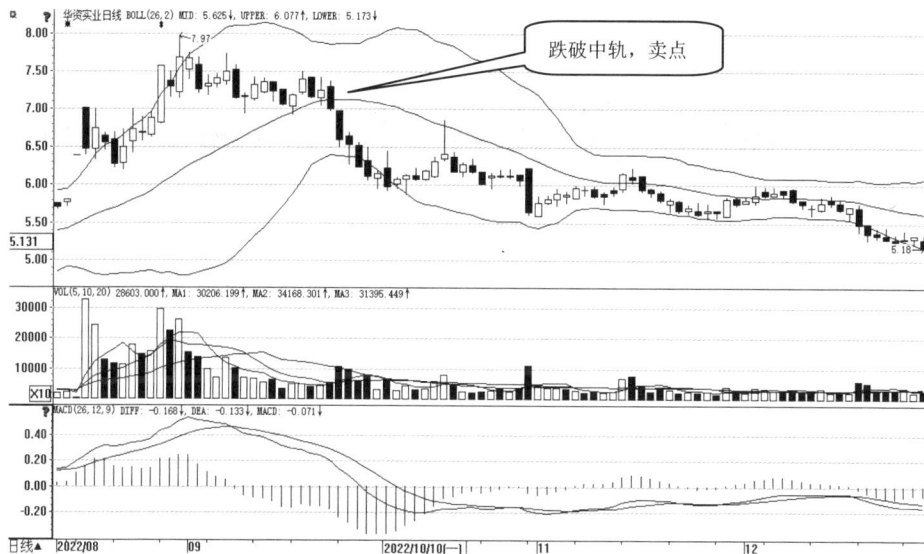

图 7–21　华资实业日 K 线

如图 7–22 所示，2023 年 2 月 24 日，长城电工（600192）股价下跌跌破了 BOLL 指标的中轨。经过前期放量上涨后，这种走势表明下跌趋势确立。投资者可以在 2 月 24 日卖出该股。

2.技术指标死亡交叉

技术指标出现死亡交叉，是空方力量转强的表现。死叉出现后，股价继续下跌的概率大。其中，属于摆荡类指标的 KDJ 指标和 RSI 指标死叉指示短线卖点，而趋势类指标 MACD 指标死叉指示了中长期卖点。

如图 7–23 所示，2023 年 3 月至 4 月，复星医药（600196）走出一波快速涨跌趋势。2023 年 4 月 18 日，该股 KDJ 指标形成死叉，发出短线卖出信号。投资者可以在死叉出现时卖出该股。

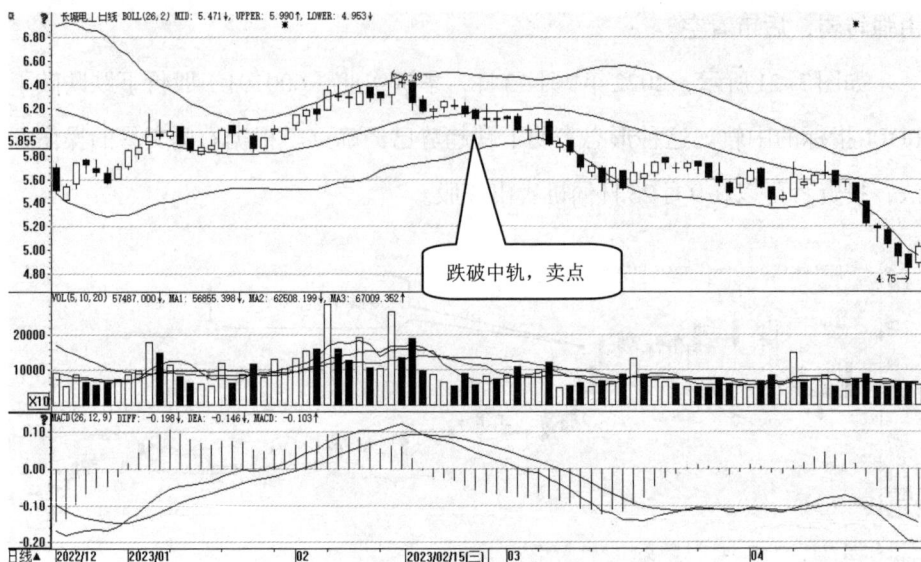

图7-22　长城电工日K线

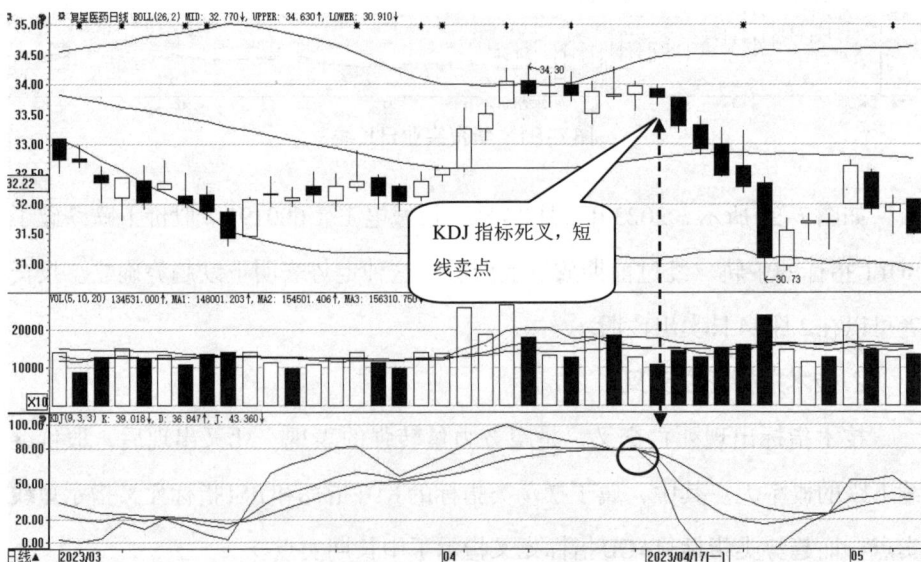

图7-23　复星医药日K线

如图 7-24 所示，2023 年 2 月 27 日，金种子酒（600199）的 MACD 指标中的 DIFF 线跌破 DEA 线，形成 MACD 指标死叉。根据右侧交易的操作方法，投资者可以在 2 月 27 日出现死叉时卖出该股。

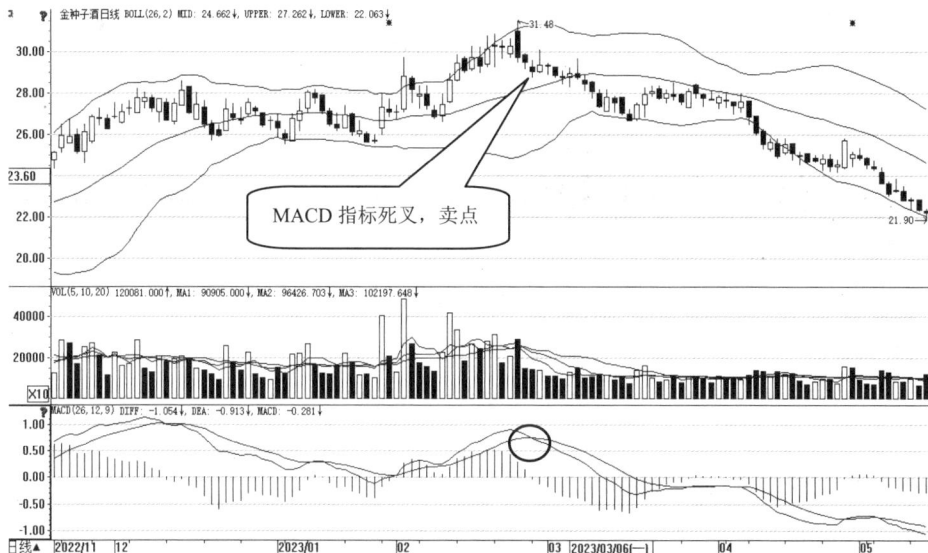

图 7-24　金种子酒日 K 线

3. 高位出现放量滞涨

放量滞涨是常见的由成交量发出的顶部信号。在上涨走势的后期，当股价经过前期大幅上涨而处于高位时，尽管成交量出现明显而持续的放大，但股价不再上涨，K 线多出现带有长长的上下影线的十字线，且重心变化小。它表明空方力量正在积聚，股价接下来出现一波下跌走势的可能性较大。

如图 7-25 所示，2022 年 8 月初，派斯林（600215）在 BOLL 中轨上加速上涨，然后在高位持续震荡，日间波动较大，但股价无法再创新高，在顶部出现放量滞涨的态势。投资者可在放量滞涨区域内果断卖出。

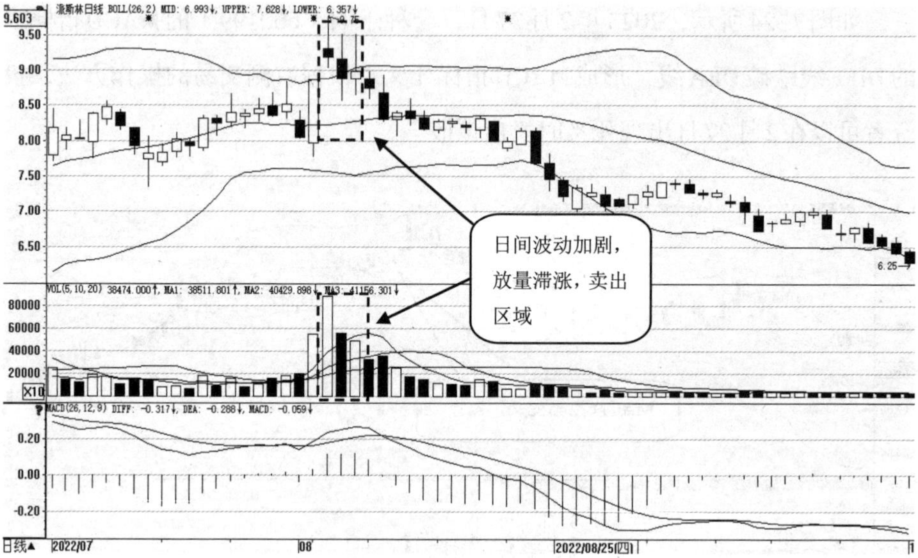

图7-25　派斯林日K线

7.2.4　右侧交易的风险及弥补办法

应用右侧交易的投资者面临两种风险，即买入后被套的风险和卖出后踏空的风险。

1.买入后被套

使用右侧交易方法买入股票，投资者在股价刚刚走出上涨走势时买入股票。有时，刚刚买入了股票，股价就停止上涨，出现下跌，这时投资者就会面临被套的不利境地。买入后被套的情形如图7-26所示。

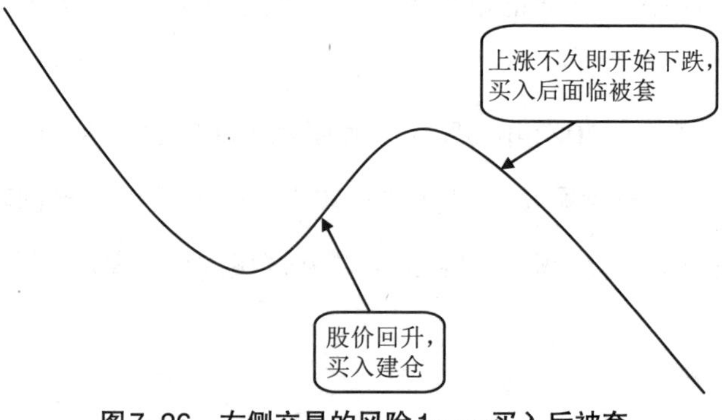

图7-26　右侧交易的风险1——买入后被套

即使是高手也有判断错误的时候。买入股票后即被套，若不妥善解决，有可能发展成深度套牢，会对投资者的信心造成很大打击。

解决这个问题的方法是设置好止损，如图 7-27 所示。短线投资者应设置较为严格的止损点，例如，买入后一旦股价跌破买入价即卖出。中长线投资者可以适当放宽止损标准，如将成本价以下 10%~15% 设置为止损点，若股价到达止损价则卖出股票。错误地买入一只股票后，及时止损卖出，投资者就可以保住本金，寻找新的投资机会了。

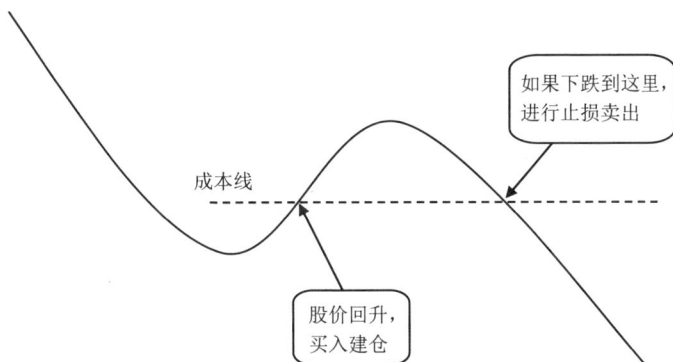

图 7-27　右侧交易的止损方法

如图 7-28 所示，2023 年 3 月 30 日，东百集团（600693）股价放量上涨，突破 BOLL 指标中轨。根据右侧交易的操作方法，投资者买入该股。4 月 6 日，股价并未按预想走势进行，反而跌破了成本线。此时短线投资者应及时卖出股票止损。

如图 7-29 所示，2023 年 1 月 5 日，金瑞矿业（600714）股价上涨，而MACD 指标出现金叉。根据右侧交易的操作方法，投资者买入该股，并在前期低点附近设置止损位。

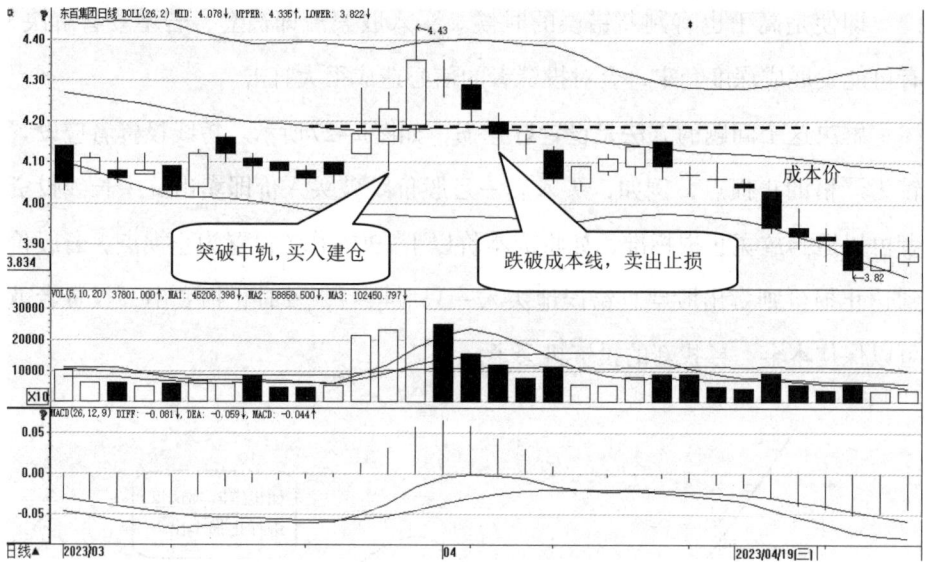

图7-28　东百集团日K线

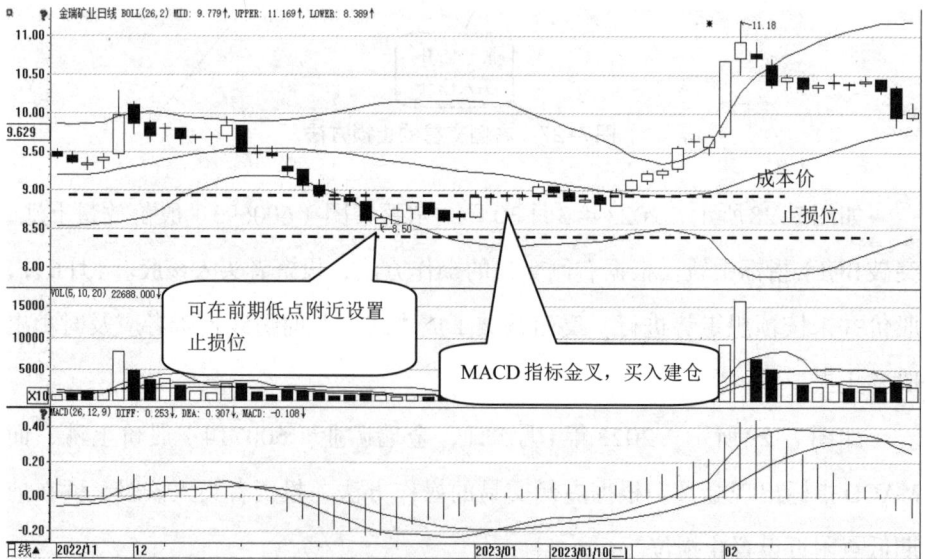

图7-29　金瑞矿业日K线

2.卖出后踏空

在大的上涨趋势中，许多小的波浪共同组成了主升浪。局部的小波浪也具有顶部，而股价出现这种顶部，再经过回调后会继续上涨。中长线投资者若在小的波浪顶部卖出股票，则会踏空后面的上涨走势，如图 7-30 所示。

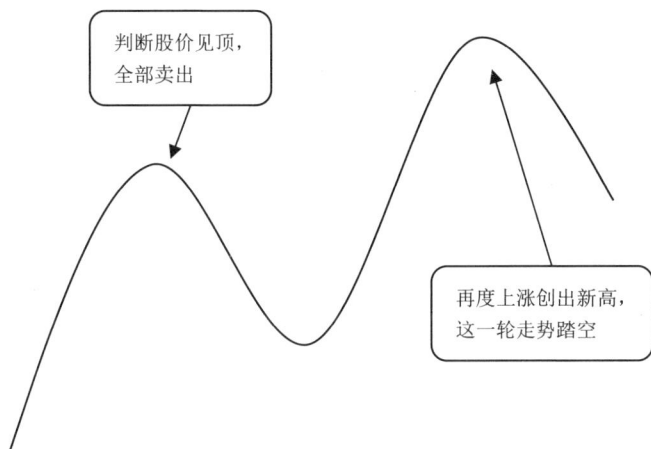

图7-30　右侧交易的风险2——卖出后踏空

若刚刚卖出股票后应即踏空，只能坐看股价上涨，这样的处境也会严重打击投资者的信心，从而对未来的操作带来不利影响。

解决卖出后踏空问题的方法有两种。

一是了解基本面。当国家宏观经济形势不断见好时，大盘指数也会持续上涨。大盘指数在很大程度上又影响了个股的走势。投资者通过观察大盘指数走势可以粗略判断未来个股走势，从而在未来看涨时继续持有个股。

二是分笔卖出股票，如图 7-31 所示。当股价出现顶部迹象，而投资者又不能明确判断未来走势时，可以分笔卖出股票。先卖出一部分股票，若股价再次走高，则可以在更高的价位继续卖出。

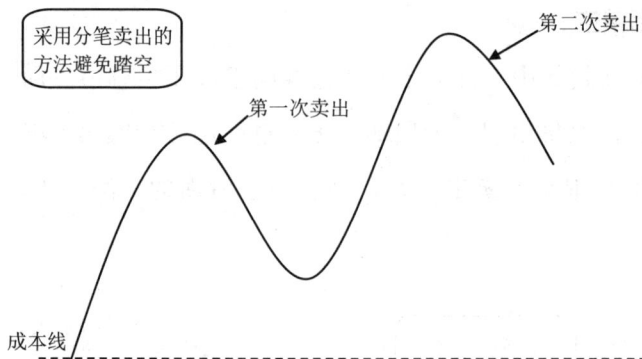

采用分笔卖出的
方法避免踏空

第二次卖出

第一次卖出

成本线

图7-31　右侧交易的卖出方法

　　如图7-32所示，2022年10月至11月，中国高科（600730）股价持续上涨。10月24日和11月7日，该股两次出现BOLL上轨放量大阴线，根据右侧交易的操作方法，投资者可以卖出该股。但后市行情并不确定，因此先卖出一部分股票，从而规避踏空风险。

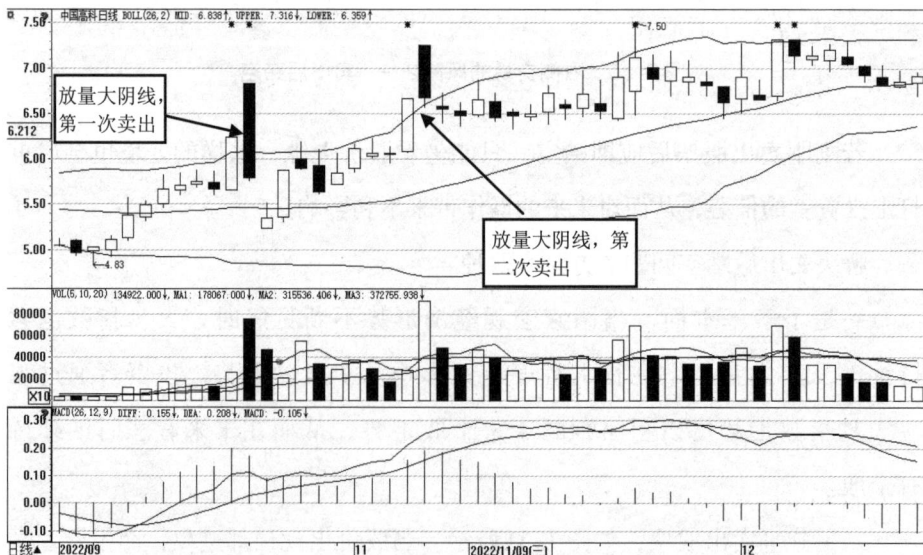

放量大阴线，
第一次卖出

放量大阴线，第
二次卖出

图7-32　中国高科日K线

第 8 章

——

布林线实战案例

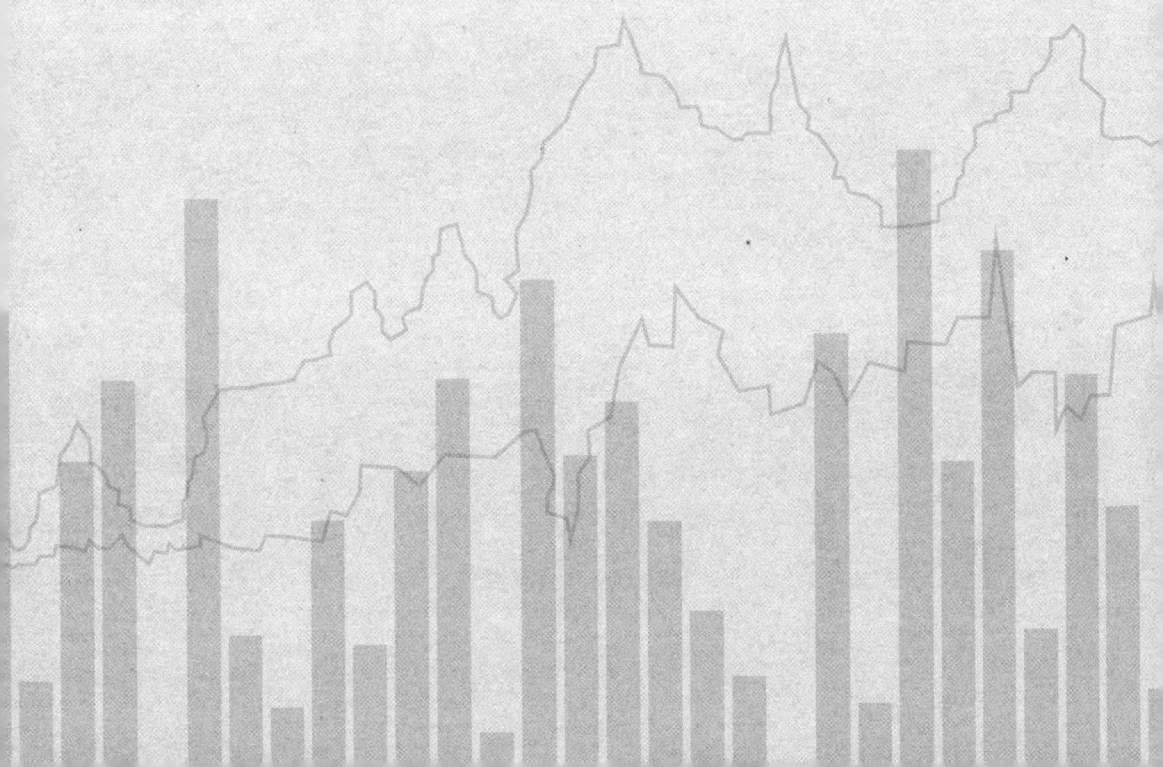

8.1　太极集团（600129）——在 BOLL 指标喇叭口敞开时买入

　　如图 8-1 所示，2021 年 12 月 20 日，经过长期整理的太极集团（600129）股价放量上涨。可以看到，随着股价的强势上涨，BOLL 指标开口放大，形成开口型喇叭口形态，短线买点出现。

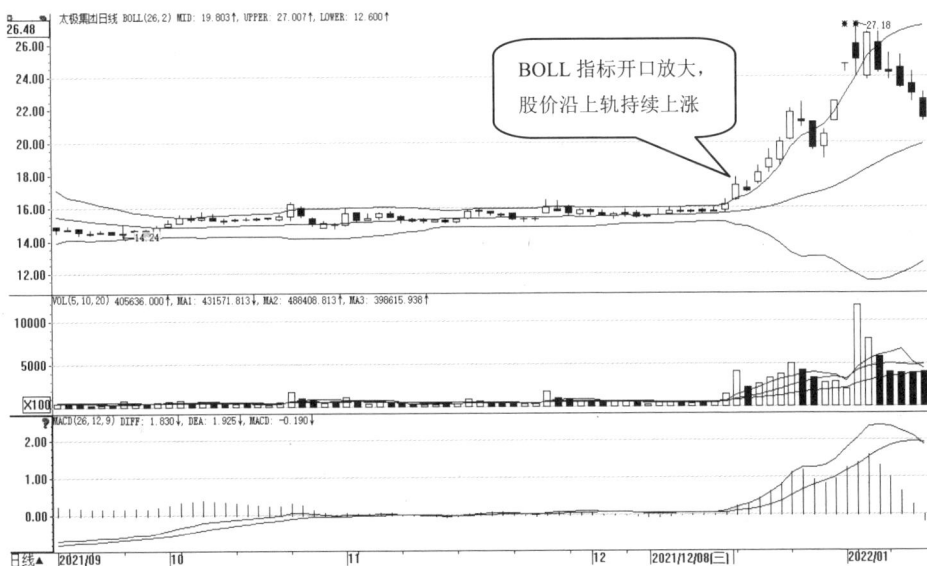

图 8-1　太极集团日 K 线

　　从本案例中，投资者可以看到，具有此类强势拉升走势的个股，其走势可分为两部分，即先长期横盘，再强力拉升。投资者若在股价放量向上时买入，则可在股价快速拉升时获利，如此操作，不是很有效率吗？

　　在实际操作中，投资者若想买入此类强力拉升的股票，需要对目标股票进行筛选。此类强势上涨的股票需要满足以下 3 个条件。

1.前期长时间横盘

具有强力拉升走势的个股，前期走势很平淡，股价往往在一个价格区间内窄幅震荡，BOLL指标开口较小，且上、中、下三条轨道线基本平行。

2.拉升时成交量快速放大

长久沉寂后，股价一旦上涨将一步到位，短期内迅速到达目标价。此时个股成交量异动，持续、快速放大。

3.拉升时BOLL指标开口放大

股价放量上涨时，价格变化具有突然性。股价强势上涨，大幅偏离中轨，使BOLL指标开口明显放大。

如图8-2所示，2023年3月初至4月初，中国出版（601949）股价在BOLL通道上轨和中轨之间缓缓上升，形成一条向上倾斜的通道。4月11日，股价回调到中轨后放量加速上涨，第二天股价放量向上涨停，一举突破上轨，BOLL指标喇叭口向上敞开，形成开口型喇叭口形态，买点出现。之后，该股加速向上，涨幅巨大。

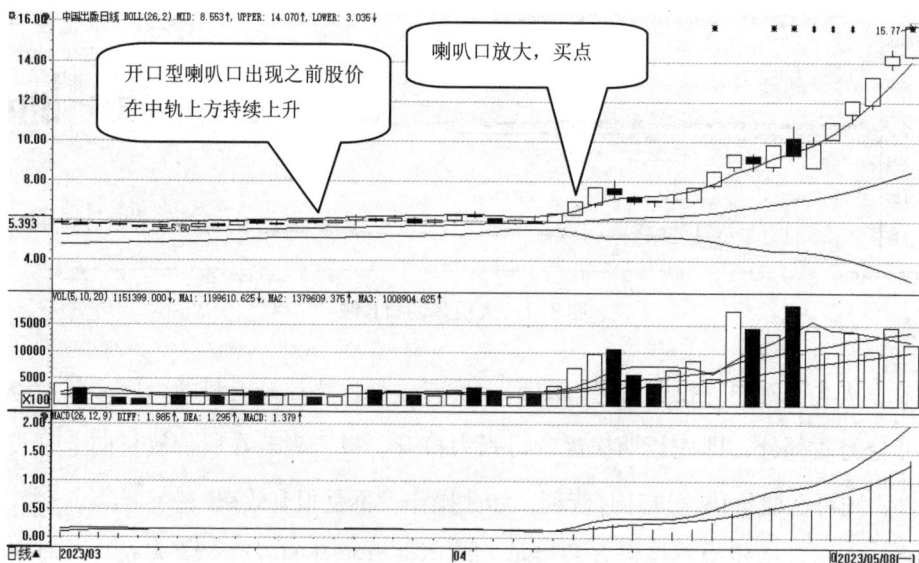

图8-2　中国出版日K线

8.2　东方材料（603110）——在 BOLL 指标下轨
分笔买入

如图 8-3 所示，2022 年 3 月至 4 月，东方材料（603110）股价沿 BOLL 指标下轨下跌。前面介绍了 BOLL 指标的特点：股价总是围绕中轨波动。2022 年 4 月 11 日，该股股价跌破下轨，这时投资者满仓买入，持股待涨。然而股价按照惯性继续下跌，前期持股的投资者信心就会受到打击。

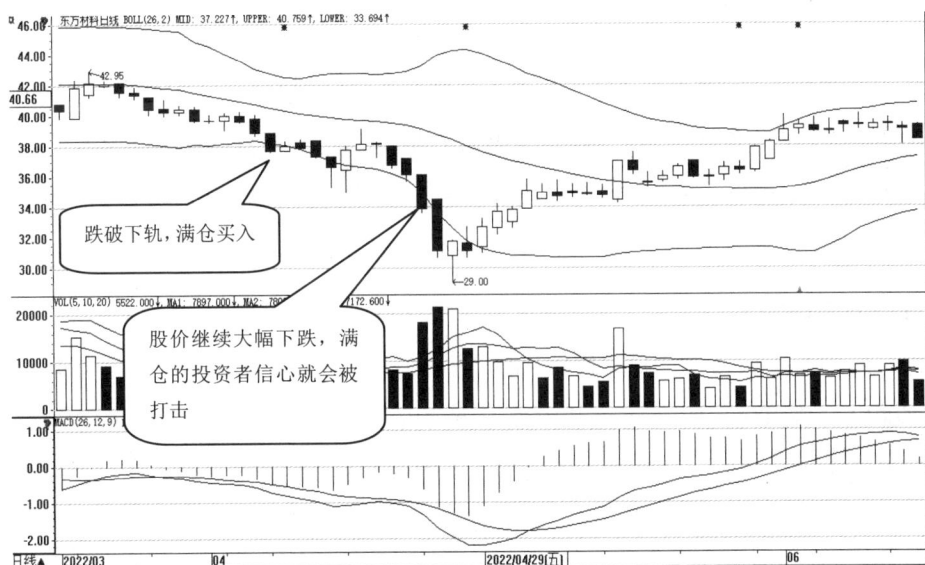

图 8-3　东方材料日 K 线 1

如图 8-4 所示，仍以东方材料（603110）的股价走势为例，按照左侧交易的买入方法操作，投资者可以得到不同的结果。左侧交易的买入要点是分笔逢低买入。当股价沿 BOLL 指标下轨下跌时，投资者可以逐笔买入。待股价企稳回升，投资者则可以持股待涨。

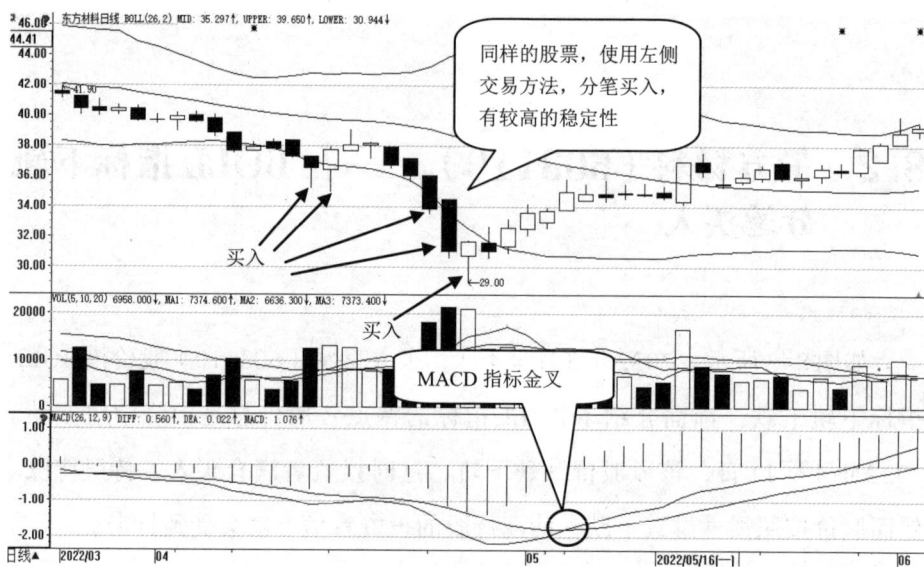

图8-4　东方材料日K线2

　　通过上面的例子，投资者可以看到，使用左侧交易方法买入股票的关键点是分笔逢低买入。那么卖出股票时是否仍需要应用左侧交易方法呢？这里并没有最佳答案，即以左侧交易方法买入股票后，以左侧或右侧交易的方法卖出股票均可。孰优孰劣，投资者需要在实战中挑选适合自己的卖出方法。

　　如图8-5所示，2022年4月底至5月底，经过前期整理后，卓郎智能（600545）股价走出了一波强势上涨走势。投资者使用左侧交易方法，前期分笔逢低买入。5月26日，股价连续强势上涨突破BOLL指标上轨，此时投资者可以继续依据左侧交易法则估顶卖出股票。

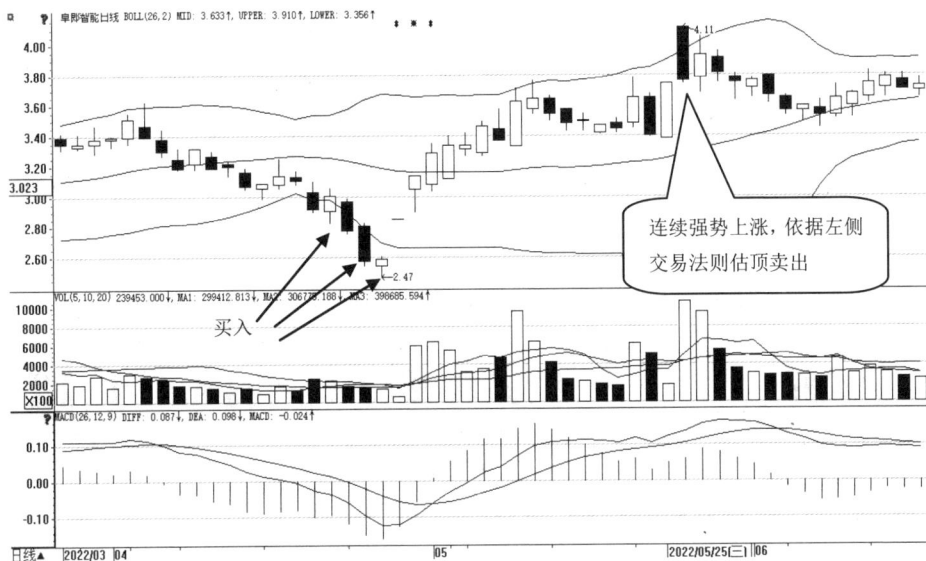

图 8-5 卓郎智能日 K 线

8.3 云天化（600096）——在 KDJ 指标出现 "超卖区金叉" 时买入

　　如图 8-6 所示，2023 年 1 月 6 日，云天化（600096）股价在 BOLL 指标下轨附近企稳，该股 KDJ 指标在超卖区域形成金叉，这是经典的短线买点。之后，该股持续上涨。

　　1 月 19 日，股价向上突破中轨。2 月 3 日，股价上冲到上轨附近回落，KDJ 指标在超买区域形成死叉，卖点出现，投资者要注意及时出场。

　　实战中，"超卖区域金叉" 实际是 KDJ 指标超卖和 KDJ 金叉两个看涨信号的叠加，所以准确率相对较高。

　　有时，技术指标出现超卖后，股价只是出现小幅反弹，很快继续走弱，甚至创出新低。遇到这样的情况，短线投资者应在股价下跌至买入价附近时及时止损，以保住自己的本金。

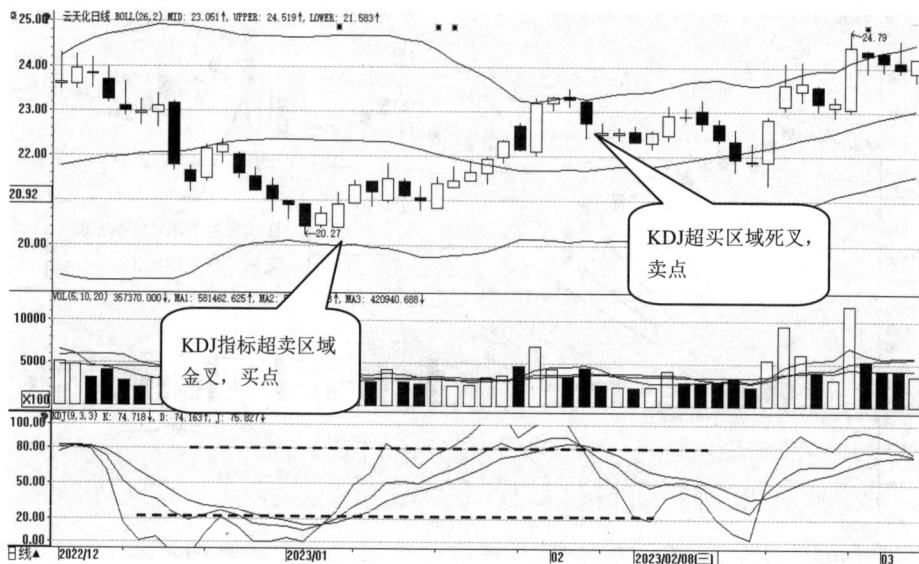

图8-6 云天化日K线

8.4 绿的谐波（688017）——在中轨方向向上时买入

如图8-7所示，2022年5月至7月，前期持续下跌的绿的谐波（688017）
走出了一波上涨走势。可以看到，5月上旬，该股BOLL指标中轨方向由向下
开始走平，并转势向上。根据右侧交易的操作方法，投资者可以在中轨走平
并开始向上时买入该股。

BOLL指标中轨的运行方向代表了个股的中期走势方向。中轨方向由向下
转为向上时，表明股价中期走势开始看涨。若在中轨方向转为向上时，股价
保持在中轨上方，得到中轨支撑，则这种形态的看涨信号更为明确。

如图8-8所示，2022年9月至10月，浙数文化（600633）股价持续下跌。
2022年11月开始，该股BOLL指标中轨方向由向下开始走平。当中轨方向开
始向上时，股价企稳回升，保持在中轨上方。此后该股走出了一波上涨趋势。
投资者可以在中轨方向开始向上时买入该股。

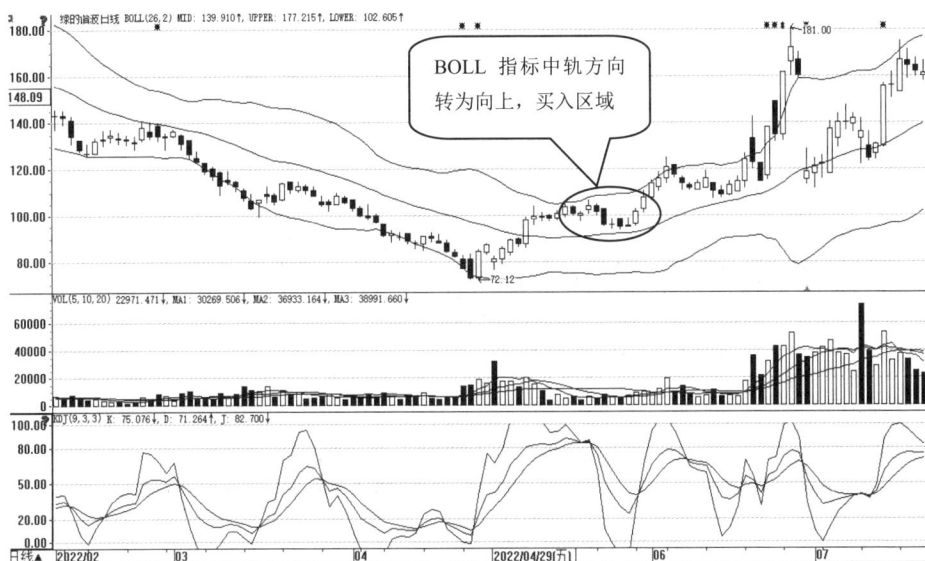

图 8-7 绿的谐波日 K 线

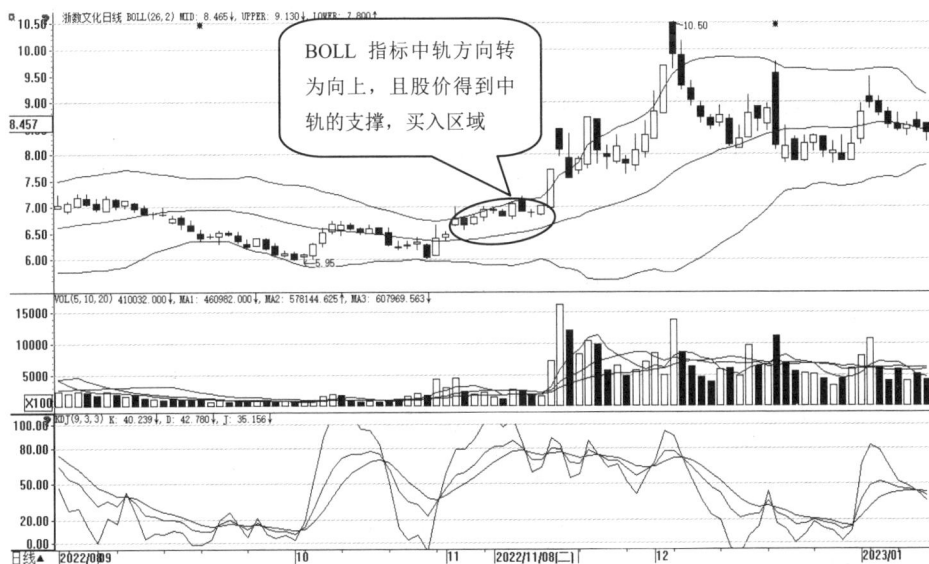

图 8-8 浙数文化日 K 线

中轨方向转为向上时，后市股价有继续上涨、回调后再上涨和持续下跌 3 种可能。若投资者不能准确判断，则应先进行观察，等待走势明朗。

如图 8-9 所示，2022 年 5 月至 6 月，经过前期下跌后，国新文化（600636）

股价震荡上涨，BOLL 指标中轨方向由向下开始转势向上。而股价此时已经触及 BOLL 指标上轨，并于此后跌破中轨，走势转弱，不构成买入条件。

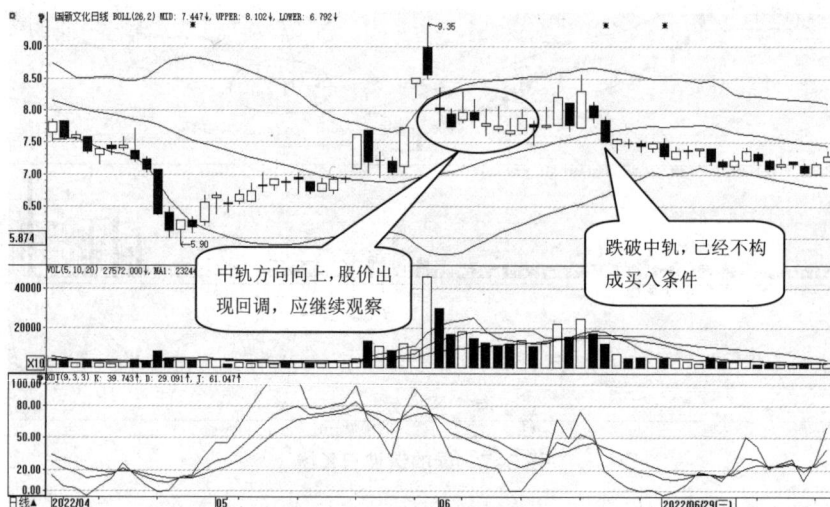

图 8-9　国新文化日 K 线

如图 8-10 所示，2023 年 1 月中旬后，经过前期下跌后，中船防务（600685）股价震荡上涨，BOLL 指标中轨方向由向下开始转势向上。股价触及 BOLL 指标上轨后出现回调，并在中轨处得到支撑企稳。投资者可于该股企稳后买入。

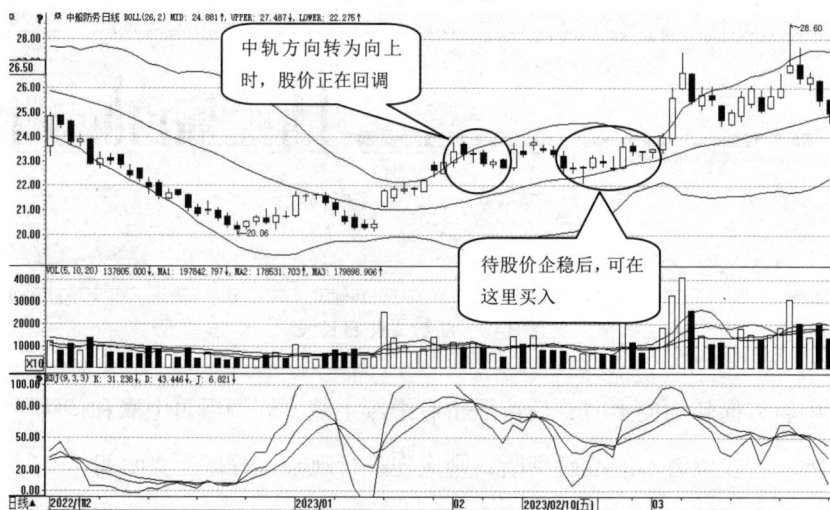

图 8-10　中船防务日 K 线

8.5 新华医疗（600587）——在 MACD 指标金叉出现时买入

如图 8-11 所示，2023 年 1 月 3 日，新华医疗（600587）股价上涨，同时该股 MACD 指标出现金叉。根据右侧交易的操作方法，MACD 指标金叉发出中长线的买入信号，投资者可以在金叉出现时买入该股。

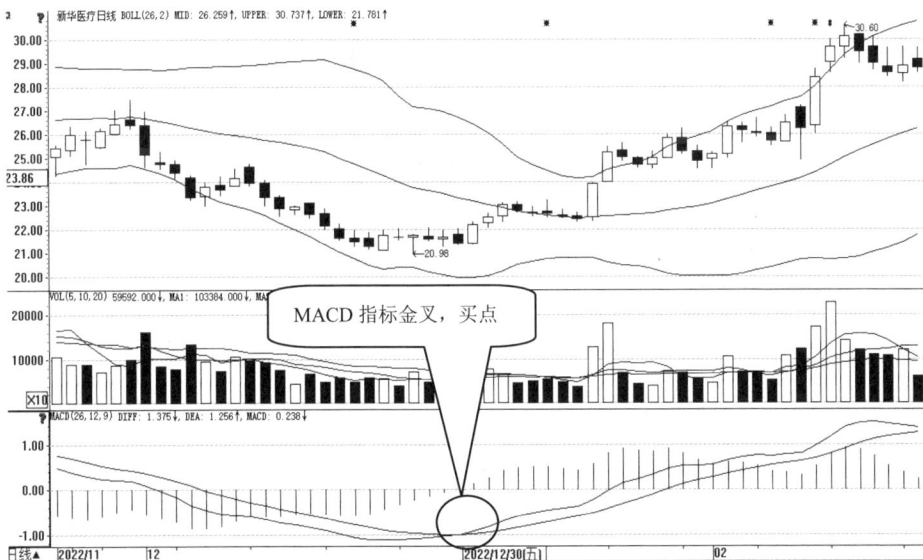

图 8-11 新华医疗日 K 线

MACD 指标的黄金交叉是常见的股价底部反转信号。作为趋势类指标，MACD 指标的运行方向与股价走势相关联。若金叉出现前，DIFF 线与股价底背离，则反转信号更可靠；金叉出现后，MACD 指标中的 DIFF 线与 DEA 线整体方向保持向上且在零轴上方，则是对股价持续上涨的确认。

如图 8-12 所示，2023 年 1 月 17 日，中信海直（000099）股价上涨，而该股MACD指标形成底背离后的金叉。投资者可在MACD指标金叉出现时买入。此后，该股DIFF线与DEA线突破零轴，且整体方向向上，表明上涨走势较为稳健。

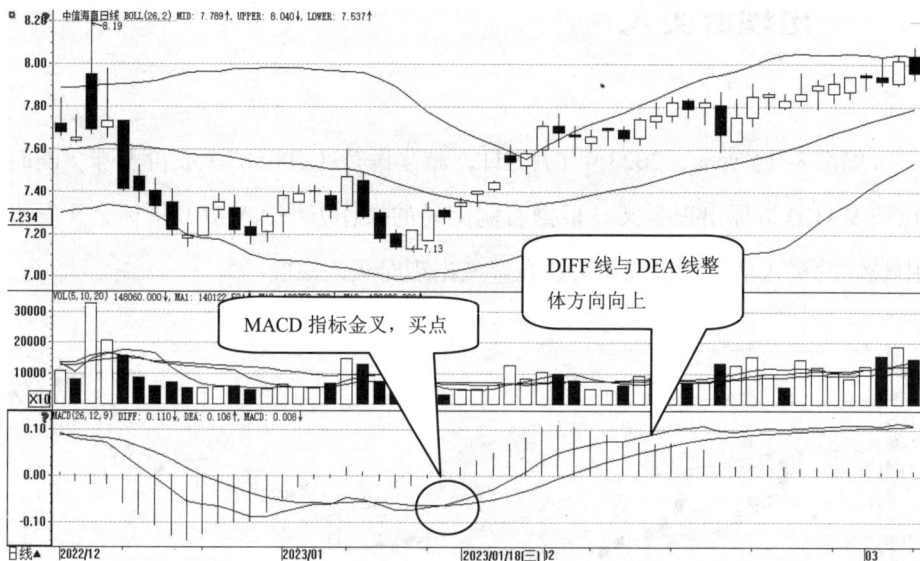

图8-12　中信海直日K线

如图8-13所示，2023年1月3日，TCL科技（000100）股价企稳回升，而该股MACD指标形成金叉。此后，该股DIFF线与DEA线整体方向保持向上，表明上涨走势较为稳健。投资者可在MACD指标金叉出现时买入该股。

将MACD指标黄金交叉作为买入条件也存在准确率问题。有时，MACD指标金叉出现后，股价即开始下跌。若股价跌破成本价，投资者则应及时止损，卖出股票。

如图8-14所示，2022年9月20日，川能动力（000155）MACD指标形成金叉，发出中长线的买入信号。投资者在金叉出现时买入该股。此后，该股小幅上涨突破BOLL指标中轨后即开始下跌。9月23日，股价跌破成本线，此时投资者应止损卖出。

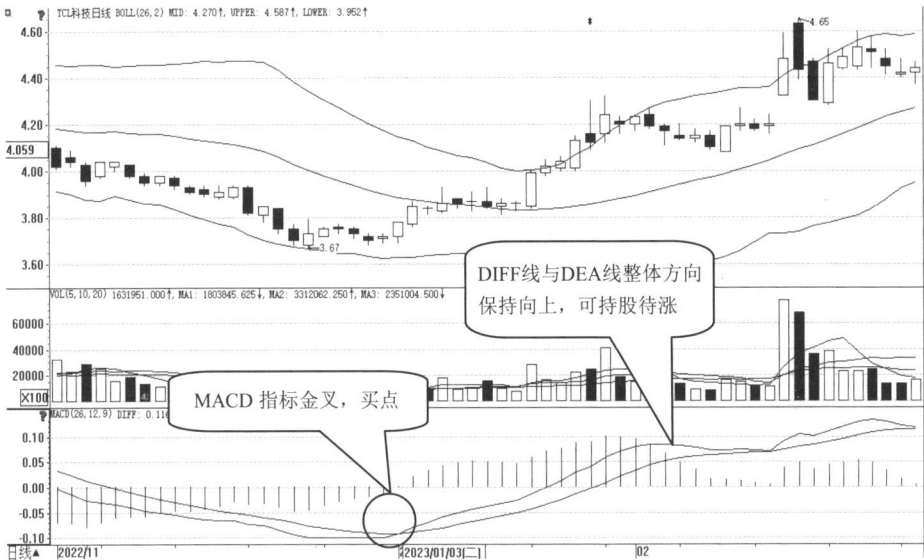

图8-13 TCL科技日K线

图中标注文字：

MACD 指标金叉，买点

DIFF线与DEA线整体方向保持向上，可持股待涨

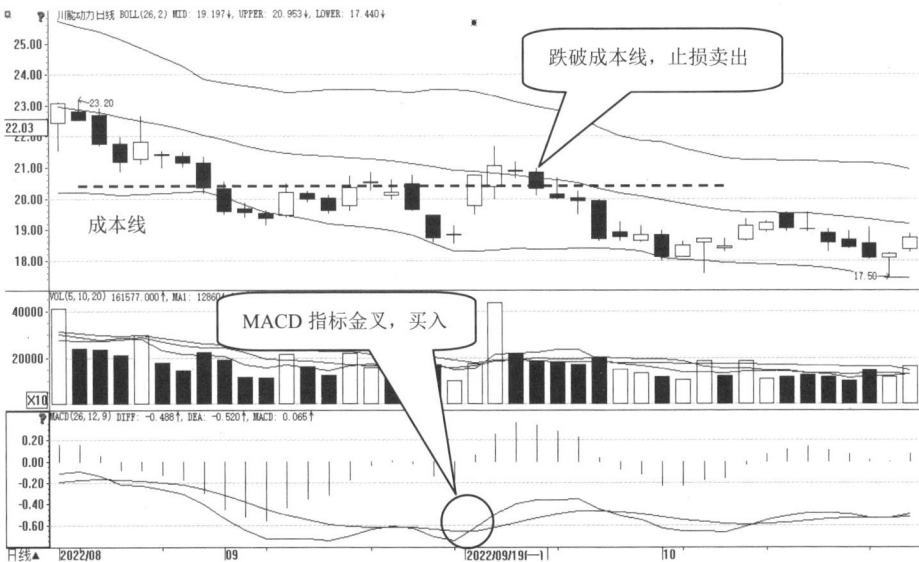

图8-14 川能动力日K线

图中标注文字：

跌破成本线，止损卖出

成本线

MACD 指标金叉，买入